中国科学院科学出版基金资助出版

“十二五”国家重点图书出版规划项目
轨道交通科技攻关学术著作系列

高速铁路路基工程

叶阳升　等　著

科学出版社
北京

内 容 简 介

本书对高速铁路路基工程进行了系统的阐述，内容包括路基工程的作用与要求，路基形式与基床结构，路基填料与压实质量控制，地基处理方法与新桩型，路基变形监测与评估，边坡支挡与防护结构，路基防排水与沥青混凝土新型结构，软土、膨胀土、湿陷性黄土、冻土、盐渍土、泡沫轻质土等特殊土路基，涵盖了从秦沈客运专线建设以来我国高速铁路路基领域最新的研究成果，为我国高速铁路路基设计、建造和维护技术的发展提供了有力的支撑。

本书可供高速铁路路基工程领域的科研工作者、工程技术人员、研究生、本科生等参考。

图书在版编目(CIP)数据

高速铁路路基工程 / 叶阳升等著. —北京：科学出版社，2020. 10
(轨道交通科技攻关学术著作系列)
"十二五"国家重点图书出版规划项目
ISBN 978-7-03-064283-7

Ⅰ. ①高…　Ⅱ. ①叶…　Ⅲ. ①高速铁路-铁路路基-路基工程-研究　Ⅳ. ①U213. 1

中国版本图书馆 CIP 数据核字(2020)第 012605 号

责任编辑：刘宝莉　周　岩 / 责任校对：郭瑞芝
责任印制：师艳茹 / 封面设计：陈　敬

科 学 出 版 社 出版
北京东黄城根北街 16 号
邮政编码：100717
http://www.sciencep.com
北京通州皇家印刷厂 印刷
科学出版社发行　各地新华书店经销
*
2020 年 10 月第　一　版　开本：720×1000　1/16
2020 年 10 月第一次印刷　印张：15 3/4
字数：315 000

定价：135. 00 元

(如有印装质量问题，我社负责调换)

序

路基是铁路线路工程的一个重要组成部分，是承受轨道结构重量和列车荷载的基础，也是线路工程中最薄弱、最不稳定的环节之一。我国早期修建铁路时，长期存在“重桥隧轻线路，重线路轻路基”的观念，新线建设中并没有把路基当成土工构筑物来对待，在路基修筑时选用的填料性能优劣不一，常常就近取土填筑路基，致使新修的路基强度偏低，变形较大。随着我国高速铁路的发展，列车的安全、高速运行对线路提出了严格的要求，铁路路基不仅要求静态平顺，而且还要求动态条件下平顺。列车速度的提高使路基承受荷载的大小与频率发生了改变，导致路基动力响应发生了较大变化。路基动力响应大小与分布关系到路基强度、疲劳特性、累积变形及其动力稳定性，并直接影响高速铁路路基设计、使用和养护维修。

自 1999 年秦沈客运专线建设以来，叶阳升带领中国铁道科学研究院路基工程研究团队针对高速铁路路基相关技术及标准开展了大量研究，内容包括路基形式与基床结构、路基填料及压实质量控制、地基处理、路基变形监测与评估、边坡支挡与防护结构、路基防排水及特殊土路基等多个方面，有效地解决了高速铁路路基结构设计、工后沉降高精度控制和长期稳定性等一系列问题，建立了面向动变形精确控制的高速铁路路基设计方法与层状强化路基结构，提出了路基填料精细化分类方案与压实质量控制体系，发展了适用于高速铁路地基处理的新桩型，建立了路基建设期观测评估和运营期监测预警技术体系，完善了路基边坡支挡与防护结构，研发了沥青混凝土防水封闭结构，形成了软土、膨胀土、湿陷性黄土、冻土、盐渍土、泡沫轻质土等特殊土路基的处置方案。这些都是我国高速铁路路基工程自主创新的最新成果，为我国高速铁路路基设计、建造与维护的发展提供了支撑，对推动世界高速铁路技术的发展具有重要作用。

高速铁路的发展方兴未艾。随着我国“八纵八横”高速铁路网络建设的不断推进，高速铁路建造与运营管理技术仍需不断深化和完善；为更好地服务“一带一路”倡议，实现我国高速铁路标准向国际标准的引领性跨越，我国高速铁路技术体系在目标国的创新发展仍需不断努力。为此，我希望广大科技工作者，能够借鉴中国铁道科学研究院路基工程研究团队的经验，在学科交叉上擦出智慧的火花，在产学研用上挖掘出协同创新的巨大潜力，为中国铁路技术的进步和铁路事业的发展做出新的更大的贡献。

中国工程院院士

2020 年 6 月 1 日

前　言

我国高速铁路跨越高寒、亚热带沿海、大风干旱等不同地域，穿越冻土、软土、膨胀土及艰险山区等复杂地质单元。在高速列车高频动载和多重环境因素耦合作用下，如何确保高速铁路路基的毫米级变形控制与长期可靠耐久，是保证高速铁路安全、平稳、舒适运行的重大难题，世界上无成熟经验可供借鉴。中国铁道科学研究院路基工程研究团队，从秦沈客运专线综合试验开始，结合重大工程建设持续开展自主创新，建立了高速铁路路基结构设计理论与方法，构建了高速铁路路基工程技术与标准体系，保障了不同速度等级、不同地质条件、不同气候环境下高速铁路路基变形的高精准控制与长期耐久可靠。

本书是对上述研究成果的总结和提炼，内容涵盖了路基结构形式与设计方法、填料分组分类与压实质量控制、地基处理、路基变形监测与评估、边坡支挡与防护结构、路基防排水、特殊土路基等方面的系列关键创新技术，支撑了我国高速铁路路基的大规模高质量建造。

感谢周镜院士对本书的无私指导与认真审阅。感谢韩自力、蔡德钩、张千里、闫宏业、魏少伟、尧俊凯、陈锋、王仲锦、刘杰、朱忠林、姚建平、王立军、朱宏伟、程爱君、郭浏卉、郭增强、李泰灃、杜翠、李付军、石越峰、毕宗琦、李竹庆、吕宋等对本书研究成果整理的大力支持与帮助。

本书参考引用了课题组多年来的部分研究成果及国内外其他学者的研究成果，作者尽可能地在参考文献部分列出，在此对广大研究者和同仁一并表示感谢。

由于作者水平有限，书中难免存在不足之处，恳请广大读者批评指正。

目　　录

第1章　绪　　论

高速铁路具有安全可靠、平稳舒适、方便快捷、节能环保等特点，是我国综合交通运输体系的骨干，集客运、物流、战备保障等效用于一体，是国民经济大动脉、关键基础设施和重大民生工程，对国民经济和社会发展起着至关重要的作用。截至2019年底，我国铁路运营里程达13.9万km，位居世界第二；高速铁路运营里程达3.5万km，最快运营速度350km/h，位居世界第一，已基本形成“八纵八横”覆盖全国的高速铁路网络。

稳固耐久的线桥隧等基础设施是确保高速铁路安全平稳运营的前提，路基工程是其中重要的组成部分。截至2019年底，我国高速铁路路基长度已达1.08万km，占高速铁路运营里程的30.9%。高速铁路路基与桥梁、隧道等结构构成稳定、完整、贯通的线路，共同保障高速列车的安全、平稳、可靠运行。

1.1　路基工程的作用

高速铁路路基工程包括地基、路基本体、路基支挡防护结构、路基防排水设施以及由于修筑路基可能引起的改河、改沟等配套工程，是庞大而复杂的系统工程。在承受长期列车动荷载、复杂地质与气候环境的作用下，高速铁路路基工程各部分发挥不同的作用，共同保证路基的稳定性与耐久性。

地基处理是通过置换、排水固结、灌入固化物、振密或挤密、桩基及复合地基等方法提高地基承载力、增强地基稳定性的措施，可为高速铁路安全运营提供稳定可靠的基础。

路基本体是为了能按线路设计要求铺设轨道而构筑的部分，其中基床是受列车动力和环境气候影响最显著的部分，其作用是将轨道结构传递的荷载减小至下部路基能够承受的水平，防止道砟压入路基、基床表层翻浆冒泥等病害的产生，同时减少基床以下部分受气候环境的影响，确保路基处于长期稳定状态。

路基防护结构是为确保路基状态良好而设置的防护措施，具有防护路基坡面土体、保持坡面完整的功能。防护结构保护路基在长期自然风化营力作用下，不发生溜坍、掉块和冲沟等坡面变形与破坏，确保修建在河滩上和水库边的路基在水流冲刷下保持稳定，提高路基的抗洪能力。

路基支挡结构是为保持路基边坡稳定或线路安全运营而设置的工程结构，其作用是支撑路堤或路堑边坡、隧道洞口以及桥梁与路堤连接处，防止山体或土坡坍滑，保持坡体稳定。

路基防排水设施是为排出地表水和降低地下水而采取的措施，其作用是将地表水迅速引排至路基范围之外，防止地表水停滞下渗或流动冲刷，降低或者保持地下水位，阻止地下水进入基床，使路基处于干燥或者稳定的含水状态。

1.2　路基工程的要求

为保持高速铁路轨道结构的稳定、线路的平顺，保证线路使用年限并降低运输成本，高速铁路路基工程应具有足够的整体稳定性、强度与刚度及耐久性。

(1) 路基的整体稳定性要求。路基工程各部分建成后，将改变原地面的受力平衡状态。在路堤区段，路基填土增大了地基的荷载；在路堑区段，路堑开挖使两侧边坡土体失去支承力，可能导致边坡溜坍或滑坡；天然坡面特别是陡坡面上填筑路基时，可能因荷载增加而产生滑坡。因此，应采取一定措施保证路基的整体稳定性。

(2) 路基的强度与刚度要求。强度是指路基抵抗应力作用和避免破坏的能力，刚度则是指路基抵抗变形的能力。路基必须具有足够的强度，确保能抵抗列车荷载产生的动应力而不至破坏，并保证路基边坡应能长期稳定不坍滑。同时，路基必须具有足够的刚度，保证其在静、动荷载作用下，不产生大于容许值的沉降变形，确保其弹性变形能满足高速铁路安全性和舒适性要求。因此，路基工程应采取合理的地基处理措施，选择合适的填料进行压实，并设置完善的防排水系统，保证路基在列车动荷载、轨道和填土重力荷载下不产生破坏与过大的变形。

(3) 路基的耐久性要求。由于路基是在复杂条件下工作的土工结构物，各种自然因素影响着它的强度和稳定性，如风、雪、雨、地震、水流等常会对路基造成破坏作用，因此，高速铁路路基应具有足够的耐久性。高速铁路路基主体结构设计使用年限为100年，边坡防护结构为60年。路基边坡防护、排水设施采用混凝土结构时使用年限应满足混凝土结构耐久性设计的相关要求。因此，应进行科学设计、合理选材与严格施工，确保高速铁路路基在复杂环境因素长期作用下具有足够的耐久性。

1.3 路基工程的发展

1. 基床结构

20世纪50年代，日本开始研究新干线路基，当时日本铁路并无保护层的概念。1964年日本建成的世界第一条高速铁路在应用中出现基床问题后，开始重点研究基床表层的设计与施工。20世纪70年代，为满足大运量、高速度的运输需求，减少路基病害，欧洲铁路联盟在路基上部的受力条件、结构、材料等方面开展了深入研究。法国在制定高速列车(train à grande vitesse，TGV)线路技术标准前对全国既有铁路路基进行了全面调查，发现通过增加轨枕下基床垫层厚度有助于防止路基病害的产生，当总厚度超过60cm时，线路状况良好，基床病害的发生概率很小。德国对提高路基承载能力、消除基床病害也进行了深入研究，提出在新建路基表面设置基床保护层的措施，并同时要求既有线路基按不同的线路等级有计划地逐步增加基床保护层。

20世纪80年代末至90年代，我国在适应不同线路等级、土质和水文气候条件的基床结构及其技术条件方面开展了系统的研究与工程实践，进一步细化了不同轴重和土质条件下的基床表层参数，提出了基床表层、基床底层与基床以下填土的压实系数(相对密度)及地基系数K_{30}的控制标准，为我国高速铁路基床结构的提出奠定了基础[1]。在国家“八五”科技攻关项目“高速铁路路基设计技术条件研究”中，研究了高速铁路路基荷载条件与基床表层受力特点，测试分析了基床表层填料的渗透与动力特征，提出了高速铁路路基主要设计参数的建议：基床表层填料采用级配砂砾石，下部填料密实度应达到0.97以上，$K_{30}>70$MPa/m，工后沉降应控制在12～15cm。20

世纪 90 年代末，我国在秦沈客运专线建设中首次按土工结构物对路基进行了设计与施工。试验段设置了基床表层级配碎石厚度为 0.4m、0.5m、0.6m 和 0.7m 的基床结构，测试分析了各工况下轨枕荷载、基床动应力、基床表层加速度与动变形等参数；通过降雨模拟试验，测试了级配碎石层的平均渗透系数，分析了基床表层的防排水性能；通过现场试验，测试了基床填料动应力与动变形变化情况，分析了动应力沿深度的衰减系数；结合高速铁路基床的使用要求，利用临界体积效应剪应变理论，初步建立了基于应变控制的基床结构设计方法，明确了级配碎石基床表层厚度[2]。

21 世纪以来，我国系统开展了高速铁路路基基床结构设计方法及参数的研究[3~8]。基床表层厚度以控制路基面动变形和基床底层的动应变为准则，路基内部动应力和动变形采用 Boussinesq 方程进行计算，按照 Odemark 的模量与厚度当量假定将不同模量的层状结构等效成均质半空间体，计算模量的选取考虑了应变水平的影响，建立了基于控制累积效应的路基基床结构设计方法，为中国高速铁路路基大规模建设提供了理论支撑。

2. 路基填料

路基工程在早期被视为土石方工程，控制标准较低。1961 年铁道部颁布的《标准轨距铁路设计技术规范》[9]中，将“路基”列为第四章；1975 年铁道部颁布的《铁路工程技术规范》[10]中将“路基”列为“第一篇 线路”的第四章。这些标准在填料方面未做详细规定，路基施工基本按就地取材原则就近挖填，工程质量难以保证。

1986 年，《铁路路基设计规范》(TBJ 1—85)[11]中首次增加了填料的分类及其使用条件，根据土石的颗粒组成、颗粒形状、塑性指数及液限等，将填料分为岩块、粗粒土和细粒土三大类。根据风化程度将岩块中软块石分为 A、C、D 三类，根据细颗粒含量将漂石土、卵石土、碎石土和圆砾土、角砾土分为 A、B、C 组，根据级配将砾砂、粗砂、中砂分为 A、B 组，细粒土主要根据液-塑限进行划分。

在长期实践中，《铁路路基设计规范》(TBJ 1—85)[11]逐渐暴露出一些问题，如：填料分类依据简单，混淆了岩石类和土类的性质；局部粒组划分界限不当，填料分组只考虑土的可压实性而忽略土的变形特性等。针对这些问题，《铁路路基设计规范》(TB 10001—2005)[12]对填料的分类分组进行了完善，采用粒径累积法分类体系，对土进行了两级定名，一级为基本定名，二级用颗粒级配和细粒含量进行细分。粒组划分增加 60mm 的界限，将 20～60mm 定为粗砾，60～200mm 定为卵石（碎石），其余均与原填料分类和岩土分类相同；细粒含量的界限由原来的 15%和 30%改为 5%和 15%；将细砂、粉砂、黏砂合并为细砂类；细粒土则利用塑性图定名，与土的工程分类国家标准基本一致[13]。

随着我国高速铁路的快速发展，高速铁路建设过程中出现了一些新的问题：良好级配的 A 组砂类填料难以压实；填料为软岩或强风化岩时，填料的颗粒级配变化大，而且稳定性差；B 类填料的工程性质差异显著，不利于质量控制等。为满足高速铁路工程建设的需要，进一步完善了填料级配、分类以及分组。张千里等[14,15]根据泰勒最大干密度理论和粒子干涉理论对填料级配方案进行了更细致的划分；采用大粒径质量累积法，并综合考虑细粒含量、级配、塑性和颗粒形状，细化了铁路路基填料分类方案，形成了适用于高速铁路路基的填料分类分组标准，为我国高速铁路路基工程发展提供了技术支撑。

3. 路基压实

20 世纪 70 年代以来，为了更有效地对路基压实质量进行控制，不同国家提出各自的压实标准，其中最具代表性的是德国和法国采用的变形模量 E_{v2}（含 E_{v1}）、日本采用的地基系数 K_{30}、美国采用的加州承载比（California bearing ratio，CBR）等标准。

我国早期路基采用就近挖填的方式修筑，对路基压实质量控制不严格。20 世纪 80 年代，我国《铁路路基设计规范》（TBJ 1—85）[11]首次提出填料压实标准，细粒土、黏砂、粉砂采用压实系数 K，粗粒土采用相对密度 D_r 作为压实质量控制指标。1984 年，在大秦重载铁路路基的设计过程中，首次针对不同填料类型增加了地基系数 K_{30} 指标[16]。

根据大秦铁路现场经验，在《铁路路基设计规范》（TB 10001—1999）[1]编制过程中，增加了 K_{30} 作为压实质量控制指标，并规定细粒土采用 K 和 K_{30}、粗粒土采用 D_r 和 K_{30} 的双指标控制方式，巨粒土采用 K_{30} 单指标控制。鉴于粗粒土填料相对密度指标 D_r 使用不便，1998～2003 年，京沪高速铁路、秦沈客运专线及速度为 200km/h 的客货共线铁路路基压实标准采用孔

隙率 n 代替相对密度指标 D_r 进行压实质量控制。

随着我国重载铁路、高速铁路建设的不断发展，对路基的变形提出了更高的要求，修建秦沈客运专线时引入了德国采用的动态变形模量 E_{vd} 作为路基压实质量控制指标。2005 年 10 月，我国客运专线铁路路基开始采用无砟轨道，为了严格控制路基沉降变形，加强施工压实质量的管理，又引进了德国采用的变形模量 E_{v2} 充实路基压实标准。在我国《新建时速 200～250 公里客运专线铁路设计暂行规定》[17] 和《新建时速 300～350 公里客运专线铁路设计暂行规定》[18] 中，基床表层级配碎石压实质量控制指标有 4 项，即地基系数 K_{30}、变形模量 E_{v2}、动态变形模量 E_{vd} 和孔隙率 n，其中前 3 项为力学指标。与国内外相关填筑工程相比，检测指标偏多，造成现场检测工作量较大，停工时间过长，影响施工进度，且出现了力学指标之间不匹配的现象。随后我国依据多条线路实测数据对高速铁路路基压实指标进行了优化[19,20]。目前《高速铁路设计规范》(TB 10621—2014)[21] 中采用压实系数 K 与地基系数 K_{30} 双指标控制压实质量，采用动态变形模量 E_{vd} 作为补充。

随着信息技术、传感技术、机械自动控制技术的不断进步，铁路路基压实智能化水平逐步提高[22]。路基智能压实控制的关键是路基压实质量连续检测技术。20 世纪 70 年代，德国、瑞典等国家开始研究振动轮加速度在压实过程中的变化规律，提出了压实振动连续检测的构想；自 20 世纪 80 年代开始，德国、瑞典等国家都在该领域进行了深入研究和探索，形成了压实计值(compaction meter value，CMV)、压实控制值(compaction control value，CCV)、振动模量 E_{vib} 等压实质量连续控制指标。国内对该技术的研究最早始于 20 世纪 90 年代，2008 年铁道部组织技术力量对这项技术从理论体系、测试技术、工程应用和规程编制等方面进行了系统研究，提出了振动压实值(vibratory compaction value，VCV)指标，并颁布了《铁路路基填筑工程连续压实控制技术规程》(Q/CR 9210—2015)[23] 和《路基压实振动连续检测系统》(Q/CR 745—2020)[24]，对连续压实检测的工作流程与检测要求作出规定。2020 年，叶阳升等[25] 基于填料振动碾压全时程有效能量传递规律与多级谐波频谱特征，提出了能量压实值(compaction energy value，CEV)指标，针对高速铁路粗粒土填料进一步提升了压实质量连续检测的有效性。

4. 地基处理

我国幅员辽阔，地形地质环境多变，铁路路基工程建设要经过软土、黄土、膨胀土、盐渍土、冻土、沙漠土、液化砂土等特殊岩土区域，给铁路地基处理带来巨大挑战。在总结普速铁路地基处理技术的基础上，我国高速铁路地基处理经过大量理论与工程试验研究，形成了适用于各种复杂地质条件的地基处理措施与方法，解决了我国高速铁路路基工程变形控制难题，为高速铁路的平顺、安全运营提供了基础保障。

铁路路基在通过沿海及湖泊沼泽地区时，常常会遇到软土地基问题。软土地基变形将对铁路运营造成较大危害，影响行车安全。从20世纪50年代开始，我国铁路部门针对软土地基处理问题开展了大量软基试验研究，提出了排水固结、挤密桩、搅拌桩、粉喷桩等措施来提高地基承载力与控制工后沉降，较好地解决了普速铁路软土地基处理问题[26]。

我国西北和华北广大地区存在着厚度不同、类型复杂的黄土地层。黄土地区的铁路路基在浸水后易失稳，造成路基的沉陷。20世纪50年代以来，黄土地基处理主要是针对黄土陷穴产生的路基病害采取土工合成材料封闭层、换土、灌砂、灌浆和石灰桩等处理方法[27]。

20世纪60年代铁路部门针对列车荷载作用产生的振动液化问题进行了研究，提出了砂土振稳密度的概念[28]。1975年，应用饱和砂土振稳密度特性理论，对青藏铁路察尔汗盐湖段饱和粉细砂地基进行了研究，判断其在列车振动荷载作用下会产生振动液化问题。针对该问题，研究者提出了采用挤密砂桩加固的技术措施，显著提高了砂土地基的承载力[29]。20世纪80年代，针对沿长江流域分布的大量片状云母粉细砂进行试验研究，研究者提出了片状云母粉细砂的抗震加固标准，解决了南京长江大桥抗震加固的问题[30]。

1996年，铁道部制定了第一部地基处理标准《粉体喷搅法加固软弱土层技术规范》(TB 10113—96)[31]，明确了粉喷桩加固软弱土层的设计、施工与检验的技术要求，但未对各种地基方法进行系统的规定。

1998年，国务院批准秦沈客运专线开工建设。秦沈客运专线是中国第一条快速客运专线，是中国铁路步入高速化的起点，全线设计速度达到200km/h或以上，对地基处理提出了更严格的要求。设计要求过渡段沉降变形不大于8cm，区间沉降变形不大于15cm，工后第一年沉降变形不大于4cm[32]。1999年，针对秦沈客运专线沿线大量的软土及松软土地基，铁道部在秦沈客运专线盘锦北站进行了软弱地基处理试验，对采用的三类六种地基处理措施进行了研究[33]。第一类是半刚性桩复合地基处理措施，为水泥搅拌桩和水泥粉喷桩；第二类是挤密桩复合地基处理措施，为砂桩和碎石桩；第三类是排水固结地基处理措施，为袋装砂井和塑料排水板。试验结果表明，上述地基处理技术均能满足秦沈客运专线对沉降变形控制要求，并在工程中得以成功应用，保障了 2003 年秦沈客运专线开通运营，为后续高速铁路地基处理提供了宝贵的经验。

2005 年以后，我国开始大规模的高速铁路建设，速度为 300km/h 及 350km/h 的无砟轨道高速铁路对路基工后沉降提出了更高的要求。设计要求路基工后沉降小于 15mm，过渡段差异沉降不大于 5mm[25]。采用已有地基处理方法难以满足高速铁路高平顺性控制要求，因此铁路系统开展了系列工程试验，研究了水泥粉煤灰碎石(cement fly-ash gravel，CFG)桩、管桩、桩网结构、桩板结构等地基处理技术的适用性，明确了不同地质环境下地基处理技术选用原则及设计方法。2006 年，针对郑西高速铁路湿陷性黄土地基开展了现场工程试验，试验段采用了柱锤冲扩桩、水泥土挤密桩和强夯等三种地基处理措施，对比分析了不同湿陷性黄土地基处理方法的效果，明确了各地基处理技术的工艺参数[34]。2006 年，针对合宁铁路膨胀土地基开展了现场试验，明确了膨胀土地基处理深度的原则，提出了采用膨胀力平衡法、路基动应力法、大气影响深度法等确定膨胀土地基处理深度的方法，为该地区高速铁路建设地基处理提供了参考[35]。2007 年，针对温福铁路深厚层软土地段，设置了地基处理试验段，采用了“预应力管桩＋钢筋混凝土桩帽＋土工格栅碎石加筋垫层”的处理形式。试验结果表明，加固后路基总沉降量小、侧向变形小，该地基处理技术方案是可行的[36]。2008 年，针对京沪高速铁路沿线深厚软土及松软土地层，设置了李窑、凤阳地基处理试验段，深入开展了 CFG 桩、桩网和桩板等地基处理技术的研究，在地基变形、桩土荷载分担、桩网结构计算等方面取得大量成果[37]。

在总结我国铁路工程地基处理设计、施工及运营中的经验和教训，吸纳上述高速铁路地基处理经验与科研成果的基础上，铁路系统制定了《铁路工程地基处理技术规程》(TB 10106—2010)[38]。该规范规定了换填垫层、冲击(振动)碾压、强夯及强夯置换、袋装砂井及塑料排水板、碎石桩、挤密砂桩、灰土挤密桩、柱锤冲扩桩、水泥土搅拌桩、旋喷桩、水泥粉煤灰碎石桩及素混凝土桩、钢筋混凝土桩网(桩筏)结构、钢筋混凝土桩板结构、注浆等地基处理技术设计、施工、质量检验的要求，解决了我国高速铁路建设在各种复杂地质条件下的变形控制难题，保证了我国高速铁路的安全平稳运营。

5. 变形观测与评估

高速铁路线路的高平顺性对承载轨道结构的路基提出了严格的沉降变形控制要求。为保证路基工后沉降满足要求，需在高速铁路路基填筑过程中对沉降变形进行观测，并对变形的稳定性和发展趋势进行动态预测与评估，根据评估结果确定路基填筑速度与铺轨时机。

高速铁路发展较早的德国、法国、日本等国家非常重视沉降变形的观测评估工作。德国建立了完善的沉降变形观测评估系统，以保障无砟轨道的铺设施工。我国高速铁路发展初期，主要借鉴了德国、法国、日本等国家的路基修筑经验，1999 年开工修建的秦沈客运专线，设计速度达到 250km/h，对有砟轨道路基工后沉降提出了严格要求，建设阶段对软土和松软土地段进行了地基处理，路基填筑过程中进行了沉降变形观测，并根据沉降变形数据进行了总沉降量的推算，从而保证了工后沉降达到设计要求。2005 年新建的遂渝铁路修建了无砟轨道试验段，开展了基础工程变形长期测试与研究，相关成果为后续无砟轨道沉降变形评估奠定了基础。

在借鉴国外经验及秦沈客运专线和遂渝铁路科研成果的基础上，新建高速铁路路基工程全面开展了沉降变形观测与评估工作。2006 年，铁道部工程管理中心发布了《客运专线铁路无砟轨道铺设条件评估技术指南》[39]，成功指导了新建无砟轨道路基沉降变形观测与评估。有砟轨道高速铁路也参照无砟轨道铁路开展了相应的沉降变形观测与评估工作。

2016 年，基于高速铁路建设的理论研究和工程实践，中国铁路总公司颁布了《铁路工程沉降变形观测与评估技术规程》(Q/CR 9230—2016)[40]。该规范紧跟工程测量技术的发展，提出了适应铁路沉降变形观测要求的设备精度参数，建立了适应铁路纵向延长特点的单程附合水准路线和支线环水准路线等沉降变形观测路径，优化了观测点与观测断面的布置方式，确定了沉降变形观测频率，提出了双曲线法、三点法等多种沉降变形预测方法，完善了沉降变形预测的技术条件，使沉降变形预测过程能够相互校核，保证了预测结果的准确性与可靠性。目前我国铁路沉降变形观测技术与评估方法已较为成熟，建立了针对不同运营要求的变形监测技术体系，形成了满足高速铁路平顺性要求的路基沉降变形观测与评估方法和标准，为高速铁路的安全平稳运营提供了重要保障。

6. 路基边坡支挡

我国铁路路基边坡支挡加固技术的发展分为刚性支挡防治、刚性与柔性支挡并重防治及综合防治三个阶段[41]。

20 世纪 50 年代，宝成铁路建设过程中，重力式挡墙成为治理大中型边坡病害的重要手段，并发展出不同断面形式。1954 年宝成铁路史家坝 4 号隧道北口左侧灰岩边坡发生顺层坍滑，采用了钢筋混凝土榫桩治理。1958 年铁路部门开始应用卸荷板挡土墙进行路基边坡病害整治。

20 世纪 60 年代，为解决抗滑挡土墙基础开挖困难的问题，铁路部门在贵昆铁路二梯岩滑坡治理中采用沉井式抗滑挡土墙。1966 年在成昆铁路沙北 1 号滑坡及甘洛车站 2 号滑坡中首次采用钢筋混凝土挖孔桩及垂直钻孔群疏排地下水来加固滑坡。

20 世纪 70 年代，随着施工技术的进步，抗滑结构形式不断完善。开排架桩、刚架桩、椅式桩墙等新结构形式的出现，改变了抗滑桩的受力状态，节省圬工和钢材。同时，由于施工机械的发展，锚定板挡土墙、锚定板与锚杆联合使用的各类轻型挡土墙也开始用于滑坡治理。1979 年我国首次在云南建成加筋土挡墙试验工程，并提出采用 L 形挡土墙治理冻土边坡。

20 世纪 80 年代，在滑坡整治中抗滑桩开始大量应用。1981 年宝成铁路水害抢修中略阳至广元段的 20 个滑坡治理中有 14 个采用了抗滑桩，使得抗滑桩成为治理大型滑坡的“重型武器”。1983 年成都铁路局在川黔铁路 K180 路基滑坡中采用了 H 形排架抗滑桩，推动了抗滑桩结构的发展。1984 年铁道部科学研究院提出在单桩顶部增设锚固于滑面以下稳定地层的锚索，形成锚索抗滑桩，并在治理松藻矿务局金鸡岩滑坡中首次使用。

20 世纪 90 年代，我国锚固技术快速发展，演化出了多种类型锚固结构形式，如喷锚支护、土钉墙、预应力锚索地梁、锚杆抗滑挡墙、预应力锚索抗滑桩、预应力锚索抗滑桩板墙、预应力锚索框架等。随着支挡工程在机械化程度、环境保护、耐久性等方面相关要求的日益提高，支挡技术逐步向轻型化、工厂化、耐久性强的方向发展，高轻型预应力锚索桩板墙、高轻型锚定板挡土墙、高陡度预应力锚索框架等新型支挡结构先后诞生[42~44]，多次分段控制注浆钢花管等加固新技术也被陆续提出[45,46]。

7. 路基边坡防护

我国铁路路基边坡防护措施主要有工程防护、生态防护以及二者结合的组合防护形式。早期边坡多采用工程防护，随着社会的发展，坡面防护逐渐向生态环保的方向发展，植被工程逐渐部分取代水泥混凝土等圬工结构。

20世纪80～90年代，边坡防护多采用实体护坡(墙)、喷射混凝土护坡、骨架防护等措施。1986年，皖赣铁路针对路基塌方落石等病害，采用了浆砌片石进行坡面防护；针对路堑风化剥落等病害，采用了喷射混凝土防护方案，应用效果良好[47]。1997年，京九铁路针对膨胀土路基引起的坡面病害，采用了浆砌片石防护[48]。1997～2000年，京九铁路大部分地段实行浆砌片石拱形骨架边坡防护。2002年，秦沈客运专线坡面采用4m×4m拱形或3m×3m方格形浆砌片石骨架护坡防护[49]。骨架防护与实体浆砌片石护坡相比，在满足坡面防护功能的情况下，具有节省材料、降低工程造价的优势，因而在边坡防护工程中得到广泛应用。骨架防护结构主要有矩形、菱形、人字形和拱形等护坡形式，可以现场浇筑也可用预制构件拼装。

我国边坡生态防护技术发展较晚，20世纪90年代以前，没有形成系统的生态护坡方法，多采用撒草籽、铺草皮等单一方法。1989年，我国完成了最早的喷播试验，经过不断完善，目前已经广泛应用于铁路、公路等绿化工程。1993年，土工材料植草护坡技术被引进，经过深入研究，开发研制出了各式各样的土工材料产品，如土工格栅、三维植被网、土工网等。这些土工材料结合植草技术在公路、铁路、水利工程的边坡防护中陆续得到应用。2000年后，出现了植生袋、生态袋等柔性结构绿化方法。近年来，随着材料学、植物学、土壤学和岩土工程等学科的发展，在传统生态护坡技术的基础上，采用了更加环保的材料或更先进的技术，开发出新型生态防护技术。2014年，杭黄铁路利用生态袋和土工格栅，采用三维柔性生态护坡技术进行路基边坡防护。2018年，京张高速铁路以生态袋固土技术为基础，应用锚拉式岩质边坡绿色防护技术，克服了岩质路堑边坡绿化的难题[50]。2019年，中国铁道科学研究院集团有限公司在传统喷播技术基础上，研发了新型基质辅助材料，提出了纤维结构团粒喷播技术，成功应用于京雄高速铁路、太焦高速铁路的路基边坡防护工程[51]。目前，路基边坡防护正由工程防护逐渐向生态防护与工程防护相结合的方向发展。

参考文献

[1] 中华人民共和国行业标准.铁路路基设计规范(TB 10001—1999).北京:中国铁道出版社,1999.
[2] 叶阳升,戈鹤川,刘百华.秦沈客运专线综合试验科技攻关项目研究报告.北京:中国铁道科学研究院,2004.
[3] 张千里,韩自力,吕宾林.高速铁路路基基床结构分析及设计方法.中国铁道科学,2005,26(6):53-57.
[4] 张千里,马伟斌,蔡德钩,等.铁路路基基床结构设计方法及参数的研究.北京:中国铁道科学研究院,2008.
[5] 董亮,赵成刚,蔡德钩,等.高速铁路路基的动力响应分析方法.工程力学,2008,25(11):231-236.
[6] 叶阳升,罗梅云.多年冻土区路基的结构设计分析.铁道工程学报,2007,(1):92-95.
[7] 张千里,朱忠林,董亮,等.无碴轨道路基仿真与设计方法的研究.北京:中国铁道科学研究院,2008.
[8] 叶阳升,蔡德钩,魏少伟,等.高速铁路无砟轨道路基动应力分布特征及解析算法.中国铁道科学,2020,41(6):1-9.
[9] 中华人民共和国铁道部.标准轨距铁路设计技术规范.北京:人民铁道出版社,1961.
[10] 中华人民共和国铁道部.铁路工程技术规范.北京:人民铁道出版社,1975.
[11] 中华人民共和国铁道部部标准.铁路路基设计规范(TBJ 1—85).北京:中国铁道出版社,1986.
[12] 中华人民共和国行业标准.铁路路基设计规范(TB 10001—2005).北京:中国铁道出版社,2005.
[13] 叶阳升.论铁路路基填料分类.中国铁道科学,2004,25(2):36-42.
[14] 张千里,叶阳升,王仲锦,等.铁路路基填料分类标准深化研究.北京:中国铁道科学研究院,2011.
[15] 王仲锦,张千里,叶阳升.铁路路基填料分类深化研究.中国铁道科学,2012,33(2):13-20.
[16] 左大超.大秦线重载铁路路基设计.路基工程,1989,(4):170-172.

[17] 中华人民共和国行业标准. 新建时速200～250公里客运专线铁路设计暂行规定. 北京：中国铁道出版社，2005.

[18] 中华人民共和国行业标准. 新建时速300～350公里客运专线铁路设计暂行规定. 北京：中国铁道出版社，2007.

[19] 叶阳升，张千里，程爱君，等. 铁路路基压实质量控制参数优化与控制体系的研究. 北京：中国铁道科学研究院，2008.

[20] 吕宾林，张千里. 地基系数变形模量及动态变形模量的测试与对比. 铁道建筑，2006，(2)：55-57.

[21] 中华人民共和国行业标准. 高速铁路设计规范(TB 10621—2014). 北京：中国铁道出版社，2014.

[22] 何华武，朱亮，李平，等. 智能高速铁路体系框架研究. 中国铁路，2019，(3)：1-8.

[23] 中国铁路总公司企业标准. 铁路路基填筑工程连续压实控制技术规程(Q/CR 9210—2015). 北京：中国铁道出版社，2015.

[24] 中国国家铁路集团有限公司企业标准. 路基压实振动连续检测系统(Q/CR 745—2020). 北京：中国铁道出版社，2020.

[25] 叶阳升，蔡德钩，朱宏伟，等. 基于振动能量的新型高速铁路路基压实连续检测控制指标研究. 铁道学报，2020，42(7)：127-132.

[26] 姚建平，蔡德钩，闫宏业，等. 我国高速铁路地基处理综述//第11届全国地基处理学术讨论会. 海口，2010.

[27] 石玉玲，门玉明. 黄土陷穴治理方法综述//第九届全国土力学及岩土工程学术大会. 北京，2003.

[28] 铁道部科学研究院铁道建筑研究所土工室. 饱和粉细砂地基振动液化的研究. 铁道科技动态，1977，(15)：1-5.

[29] 林永熙. 青藏铁路察尔汗盐湖路基. 铁道建筑，1986，(5)：42.

[30] 南京长江大桥抗震加固技术编委会. 南京长江大桥抗震加固技术. 北京：中国铁道出版社，1998.

[31] 中华人民共和国行业标准. 粉体喷搅法加固软弱土层技术规范(TB 10113—96). 北京：中国铁道出版社，1996.

[32] 宋绪国. 秦沈客运专线软弱地基处理措施的选择与设计. 铁道标准设计，1999，(4)：3-5.

[33] 刘远锋，吴连海，李国和，等. 秦沈客运专线软土路基地基处理综合试验研究. 路基工程，2002，(5)：20-23.

[34] 叶阳升，赵有明，姚建平，等. 郑西客运专线湿陷性黄土路基关键技术研究——湿陷性黄土地基处理措施与沉降观测试验研究总报告. 北京：中国铁道科学研

究院,2008.
[35] 史存林. 合宁线原状地基土的膨胀力试验研究. 北京:中国铁道科学研究院,2006.
[36] 余雷. 预应力管桩在温福铁路软土路基中的设计与应用. 铁道工程学报,2007,12(S1):108-112.
[37] 蔡德钩,叶阳升,张千里,等. 桩网支承路基受力及加筋网垫变形现场试验研究. 中国铁道科学,2009,30(5):1-8.
[38] 中华人民共和国行业标准. 铁路工程地基处理技术规程(TB 10106—2010). 北京:中国铁道出版社,2010.
[39] 中华人民共和国行业标准. 客运专线铁路无砟轨道铺设条件评估技术指南(铁建设[2006]158 号). 北京:中国铁道出版社,2006.
[40] 中国铁路总公司企业标准. 铁路工程沉降变形观测与评估技术规程(Q/CR 9230—2016). 北京:中国铁道出版社,2016.
[41] 张玉芳,魏少伟,李健,等. 道路边坡灾害整治新技术及应用//2018 世界交通运输大会. 北京,2018.
[42] 李中国,柳墩利,万军利. 高填方预应力锚索桩板墙锚索拉力的原位监测与分析. 铁道建筑,2010,(3):57-59,62.
[43] 梁瑶,周德培,赵刚. 预应力锚索框架梁支护结构的设计. 岩石力学与工程学报,2006,(2):318-322.
[44] 张玉芳,杨延,房锐. 高轻型支挡技术及应用. 北京:科学出版社,2010.
[45] 张玉芳,魏少伟,周文皎,等. 多次分段注浆钢花管桩群结构抗滑性能模型试验研究. 岩石力学与工程学报,2019,38(5):982-992.
[46] 周文皎,魏少伟,张玉芳. 多次分段注浆钢花管单桩抗滑性能模型试验研究. 岩土力学,2019,40(11):4412-4420.
[47] 李文业,郑明显. 皖赣线中段路基病害整治的情况. 路基工程,1989,(4):42-44.
[48] 张廷凯,何胜利,高歌. 京九线膨胀土路基的防护方法. 上海铁道科技,2002,(4):15-16.
[49] 郭建忠. 秦沈客运专线路基坡面防护设计技术问题探讨. 路基工程,2002,(5):35-36.
[50] 宣立华. 岩质路堑边坡绿色防护技术在京张高速铁路的应用研究. 铁道勘察,2019,(1):77-81.
[51] 张英龙. 高速铁路路基边坡纤维结构团粒喷播生态防护技术. 铁道建筑,2020,60(5):80-83.

第 2 章　路基形式与基床结构

高速铁路路基结构直接承受列车与轨道荷载作用，是线路工程的核心组成部分，是列车高速运行的基础保障。我国高速铁路运营速度最高可达350km/h，这对路基变形，尤其是动变形提出了严格要求。传统铁路路基被视为土石方工程，以强度与经验设计为主，无法满足高速铁路基床结构高平顺性要求；相较于日本、德国、法国等国家，我国气候、地质环境条件更加复杂，路基动变形控制标准更加严格，上述国家的高速铁路路基设计方法难以直接在我国应用，无相关成熟经验可借鉴。基于此，我国开展了系统的高速铁路路基结构创新研究，系统揭示了高速铁路路基结构动力响应三维空间分布规律，发明了刚度递减、变形可控、性能稳定的高速铁路层状路基结构，建立了基于动变形控制的高速铁路路基结构设计方法与检定技术，为高速铁路路基大规模建设提供了技术支撑。

2.1　路基形式与断面组成

2.1.1　路基形式

路基由路基本体和附属设施两部分组成。路基本体是指为了能按线路设计要求铺设轨道和运营条件而构筑的部分；路基附属设施是指为确保路基本体稳固而修建的附属工程，包括路基防排水设施、路基防护与加固设施两大类。

路基本体的设计要考虑断面形式、构造尺寸等。路基横断面的基本形式分为路堤、路堑、半路堤、半路堑、半路堤半路堑等。当铺设轨道的路基面高于天然地面时，路基以填筑方式构成，称为路堤；当铺设轨道的路基面低于天然地面时，路基以开挖方式构成，称为路堑；当天然地面横向倾斜，路基面边线和天然地面相交时，路堤在相交线以上部分无填筑工程量，称为半路堤；当天然地面横向倾斜，路堑的一侧无开挖工作量时，称为半路堑；当天然地面横向倾斜，路基一部分以填筑方式构成，另一部分以开挖方式构成时，称为半路堤半路堑；当路基面和经过清理后的天然地基面平齐，无填挖土方时，称为不填不挖路基。

2.1.2　路基断面组成

路基本体的横断面由路基面、路肩及路基边坡组成，如图 2.1 所示。

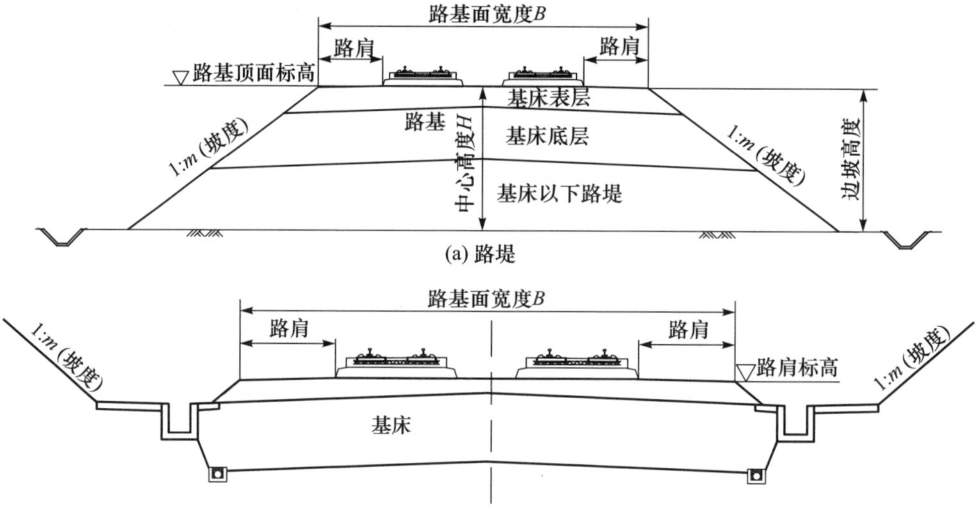

图 2.1　路基本体组成部分示意图

1. 路基面

在路基本体上铺设轨道的作业面称为路基面。在路堤中路基面为路堤的顶面；在路堑中路基面为堑体开挖或填筑后形成的构造面。

1）路基面形状

路基面应做成有横向排水坡的拱状，以利于排除降水，避免因积水造成病害。对于高速铁路，无砟轨道支承层（或底座）底部范围内路基面可水平设置，支承层（或底座）外侧路基面两侧应设置不小于 4% 的横向排水坡。有砟轨道路基面形状应为三角形，由路基面中心向两侧设置不小于 4% 的横向排水坡，曲线加宽时，路基面仍应保持三角形。

2）路基面宽度

路基面宽度要考虑路基稳定性、养护维修、安全、线间距、轨道结构形式、曲线超高设置、通信信号和电力电缆槽布置、接触网立柱基础位置等因素的影响。对于高速铁路，直线地段标准路基面宽度如表 2.1 所示。

表 2.1　高速铁路直线地段标准路基面宽度

轨道类型	设计速度/(km/h)	双线线间距/m	路基面宽度/m	
			单线	双线
无砟轨道	250	4.6	8.6	13.2
	300	4.8	8.6	13.4
	350	5.0	8.6	13.6
有砟轨道	250	4.6	8.8	13.4
	300	4.8	8.8	13.6
	350	5.0	8.8	13.8

在曲线地段，无砟轨道的曲线超高通过支承层(或底座)调整，故而路基面不加宽。有砟轨道由于曲线轨道的外轨设置超高，外侧道床加厚，道床坡脚外移，故曲线外侧的路基面应予加宽，其加宽值可按各级铁路的最大允许超高确定，如表 2.2 所示。曲线加宽值应在缓和曲线内渐变。曲线外侧路基面的加宽量应在缓和曲线范围内向直线递减。当轨道结构和接触网支柱等设施的设置有特殊要求时，路基面加宽值应根据具体情况分析确定。

表 2.2　有砟轨道曲线地段路基面加宽值

设计最高速度/(km/h)	曲线半径 R/m	路基外侧加宽值/m
250	$R \geqslant 10000$	0.2
	$10000 > R \geqslant 7000$	0.3
	$7000 > R \geqslant 5000$	0.4
	$5000 > R \geqslant 4000$	0.5
	$R < 4000$	0.6
300	$R \geqslant 14000$	0.2
	$14000 > R \geqslant 9000$	0.3
	$9000 > R \geqslant 7000$	0.4
	$7000 > R \geqslant 5000$	0.5
	$R < 5000$	0.6

续表

设计最高速度/(km/h)	曲线半径 R/m	路基外侧加宽值/m
350	$R>12000$	0.3
	$12000\geq R>9000$	0.4
	$9000\geq R\geq 6000$	0.5
	$R<6000$	0.6

2. 路肩

路基面两侧从轨道结构最外侧至路基顶面边缘的部分称为路肩，其作用是保护轨道以下的路基土体，防止路基边坡土体塌落而影响轨道结构的稳定性。铁路线路的标志、信号设备和部分通信、电力及给水设施也都设置在路肩上或设槽埋置在路肩下。

路基面的高程由线路纵断面确定，并用路肩外边缘的高程表示，称为路肩高程。路肩的高程应保证路基不致被洪水淹没，也不致在地下水最高水位时因毛细水上升至路基面而产生冻胀或翻浆冒泥等病害，因此，对路肩高程有一个最小值要求。

路肩宽度应满足安设接触网支柱及电缆槽、埋设必要线路标志、通行养路机具等要求。高速铁路有砟轨道路肩宽度，双线不应小于 1.4m，单线不应小于 1.5m；设计速度 200km/h 的铁路路肩宽度不应小于 1.0m；设计速度 200km/h 以下的普通铁路路肩宽度不应小于 0.8m。

3. 路基边坡

路堤的路肩边缘以下和路堑的路基面两侧因填挖而形成的斜坡面称为路基边坡。在路基本体构造中，边坡的形状和坡度的陡缓对路基本体的稳定和工程费用有重要影响。边坡的形状在路基中常修筑成直线形、折线形和台阶形。边坡坡度的大小取决于边坡的土质、地质构造、水文条件等自然因素以及边坡的高度。根据路基横断面基本形式不同，边坡分为路堤边坡和路堑边坡两类。

1) 路堤边坡

路堤边坡的形式和坡度应根据轨道类型和列车荷载、填料的物理力学性质、边坡高度和地基条件等确定。针对不同填料类型和边坡高度，路堤边坡形式和坡度一般按表 2.3 设置。

表 2.3　路堤边坡形式和坡度

填料类型	边坡高度/m			边坡坡度		边坡形式
	全部高度	上部高度	下部高度	上部坡度	下部坡度	
细粒土，易风化的软块石土	20	8	12	1∶1.5	1∶1.75	折线形或台阶形
粗粒土（细砂、粉砂除外）、漂石土、卵石土、碎石土、不易风化的软块石土	20	12	8	1∶1.5	1∶1.75	折线形或台阶形
硬块石土	8	—	—	1∶1.3		直线形
	20	—	—	1∶1.5		直线形

路堤边坡坡脚外应设置不小于 2m 宽的护道。当能保证路堤稳定时，在经济作物区高产田地段可设宽度不小于 1m 的人工护道或坡脚墙。

2）路堑边坡

土质路堑边坡形式及坡度应根据工程地质、水文气象、边坡高度、防排水措施、施工方法等条件，结合自然稳定山坡和人工边坡的调查及力学分析综合确定。不同地层组成的较深路堑，宜在边坡中部或不同地层分界处设置平台，并在平台上设置截水沟或挡土墙。边坡高度小于 20m 时，土质路堑边坡坡度可按表 2.4确定。

表 2.4　土质路堑边坡坡度

土的类别		边坡坡度
黏土、粉质黏土、塑性指数大于 3 的粉土		(1∶1.00)～(1∶1.50)
中密以上的中砂、粗砂、砾砂		(1∶1.50)～(1∶1.75)
漂石土、卵石土、碎石土、粗砾土、细砾土	胶结和密实	(1∶0.50)～(1∶1.25)
	中密	(1∶1.25)～(1∶1.50)

岩石路堑边坡形式及坡度应根据工程地质、水文气象、岩性、边坡高度、施工方法等条件，结合岩体结构、结构面产状、风化程度及地貌形态以及自然稳定边坡和人工边坡的调查综合确定，必要时可采用稳定分析方法计算。强风化及全风化的岩石路堑，可根据岩性及边坡高度设置平台和排水设备。边坡高度小于 20m 时，岩石路堑边坡坡度可按表 2.5 确定。

表 2.5　岩石路堑边坡坡度

岩石类别	风化程度	边坡坡度
硬质岩	未风化、微风化	(1∶0.1)～(1∶0.5)
	弱风化、强风化	(1∶0.3)～(1∶0.75)
	全风化	(1∶0.75)～(1∶1.0)
软质岩	未风化、微风化	(1∶0.3)～(1∶0.75)
	弱风化、强风化	(1∶0.5)～(1∶1.0)
	全风化	(1∶0.75)～(1∶1.5)

2.1.3　过渡段结构形式

铁路线下结构是由不同特点、不同形式的构筑物(桥、隧、路基等)构成的,不同构筑物在结构形式、材料、强度、刚度等方面存在差异,会引起轨道的不平顺。在路基与其他结构物、不同路基结构、不同地基形式等的连接处可能导致变形或存在刚度差异时均要设置过渡段,通过过渡段将突变差异调整为渐变差异,从而保证线路轨道在纵、横向的平顺性,满足列车安全舒适运行。

高速铁路过渡段设计中主要考虑变形控制原则,考虑差异沉降的形态和差异沉降的折角,严格控制由不同结构间的差异沉降变形引起的轨面弯折变形,使之满足高速行车的要求。控制过渡段的工后沉降主要从过渡段结构和地基处理两个方面考虑。

为控制过渡段结构变形,应考虑选用优质填料,提高填料压实质量或进行改良,同时加强地基处理,减小工后差异沉降。日本和德国的过渡段路基通常采用级配碎石或级配砂砾石掺入3%的水泥填筑的处理方法。对于过渡段沿线路纵向的几何布置形式,日本和法国多采用上窄下宽的正梯形,德国则采用在级配碎石正梯形过渡段后填筑倒梯形粗粒土的形式。我国高速铁路采用倒梯形的路基过渡段形式,填料为掺入3%～5%水泥的级配碎石。

我国高速铁路过渡段结构主要形式如下。

1. 路堤与桥台过渡段

路堤与桥台过渡段设置于路堤与桥台连接处,采用沿线路纵向倒梯形过渡段,如图2.2所示,并符合下列规定:

（1）过渡段长度计算式为

$$L = a + (H - h)n \tag{2.1}$$

式中，L 为过渡段长度，取值不小于 20mm；a 为倒梯形底部沿线路方向长度，取 3～5m；H 为台后路堤高度，m；h 为基床表层厚度，m；n 为常数，取 2～5。

（2）过渡段路基基床表层掺入 3%～5%水泥，基床表层以下倒梯形部分采用级配碎石掺 3%水泥进行分层填筑。

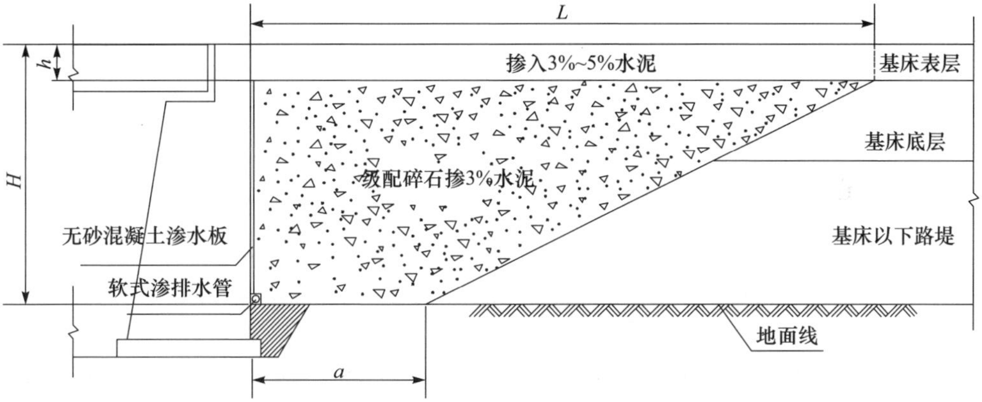

图 2.2　路堤与桥台过渡段设置示意图

2. 路堤与横向结构物过渡段

路堤与横向结构物过渡段设置于路堤与立交框构、箱涵等横向结构物连接处，采用沿线路纵向倒梯形过渡形式，如图 2.3 所示。

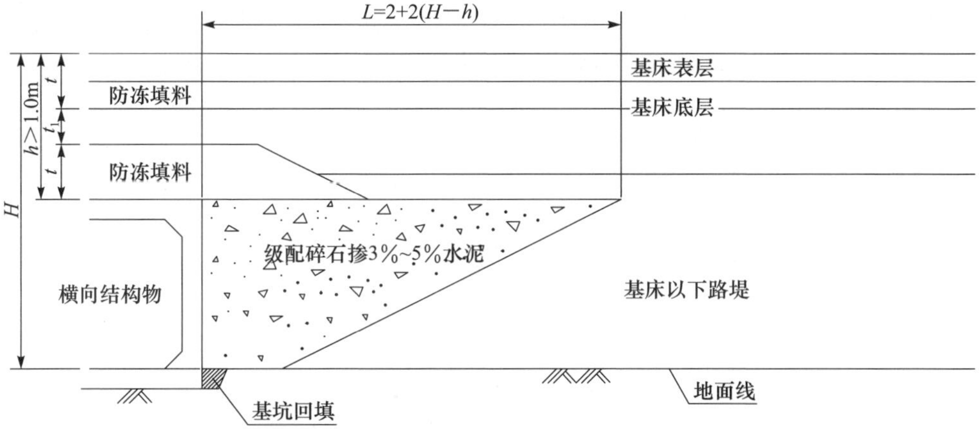

图 2.3　路堤与横向结构物过渡段示意图

t. 最大冻结厚度；t_1. 非冻结区厚度（当 $t_1 < 0.3$m 时，涵顶全部填筑防冻填料）

3. 路堤与路堑过渡段

路堤与路堑过渡段设置于路堤与路堑连接处，采用下列设置方式：

(1) 当路堤与路堑连接处为硬质岩石路堑时，在路堑一侧顺原地面纵向开挖台阶，台阶高 0.6m 左右，并在路堤一侧设置过渡段，如图 2.4 所示。

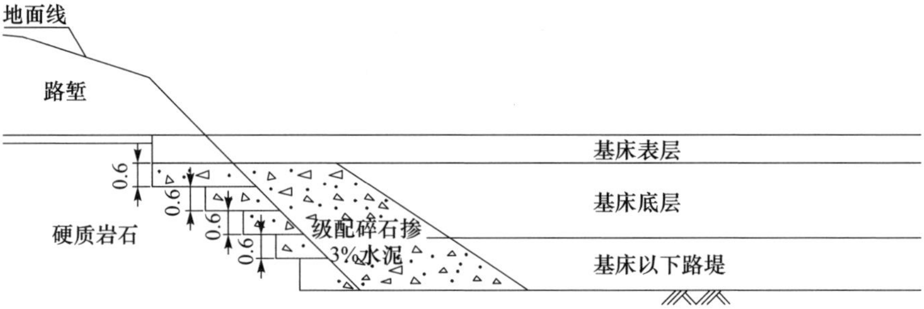

图 2.4　路堤与硬质岩石路堑过渡段示意图(单位：m)

(2) 当路堤与路堑连接处为软质岩石或土质路堑时，顺原地面纵向挖成 1∶2 的坡面，坡面上开挖台阶，台阶高 0.6m 左右，如图 2.5 所示。其开挖部分填筑要求应与路堤相同。

4. 路堑与隧道过渡段

路堑与隧道过渡段设置于土质、软质岩及强风化硬质岩路堑与隧道连接地段，采用沿线路纵向倒梯形过渡形式，并用渐变厚度的混凝土或级配碎石掺 3%～5%水泥进行填筑，如图 2.6 所示。

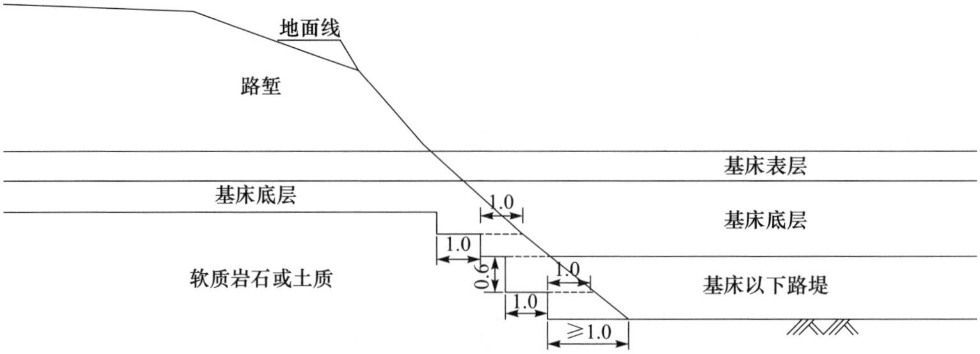

图 2.5　路堤与软质岩石或土质路堑过渡段示意图(单位：m)

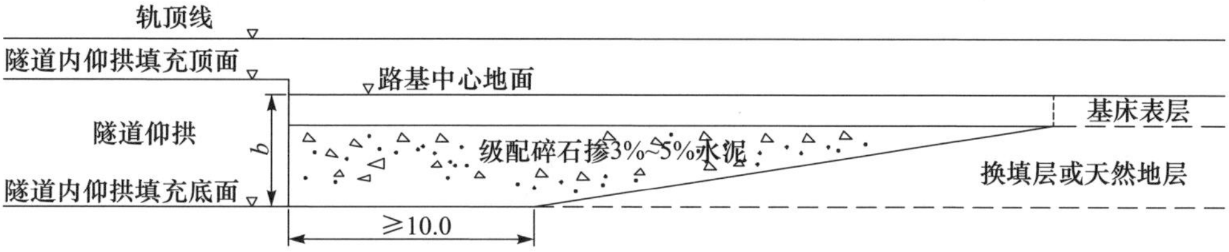

图 2.6　路堑与隧道过渡段示意图(单位:m)

另外,无砟轨道与有砟轨道连接处、两桥之间、桥隧之间及两隧之间的短路基也设置过渡段,以满足刚度过渡和纵向稳定的要求。

过渡段区域应加强地基处理,减小由于上部荷载产生的沉降变形及工后差异沉降。对于采用桩基处理的路基,路堤与桥台过渡段可采用长短桩组合的加固方式;涵洞区过渡段区域则采用与路基相同的处理方式。

2.2　基床动力响应

铁路路基面以下受列车动力作用和环境影响较大的路基部分称为基床,分为基床表层和基床底层。基床应满足强度和刚度等要求,保证其在列车与结构荷载、降水、干湿循环及冻融循环等因素影响下具有长期稳定性。

2.2.1　基床结构组成

目前,我国高速铁路路基基床设计为包含基床表层和基床底层的层状结构[1,2]。有砟轨道路基基床表层厚度为 0.7m,无砟轨道路基基床表层厚度为 0.4m,基床底层厚度均为 2.3m,如图 2.7 所示。道床是指钢轨、轨枕或支撑块下的碎石、卵石层或混凝土层。用于填筑基床表层的填料采用粒径不超过 60mm 的级配碎石,用于填筑基床底层的填料采用粒径不超过 60mm 的砂类、砾石类土中的 A、B 组填料或化学改良土。

2.2.2　基床动力响应特征

列车运行时,路基受到动荷载作用产生动态响应,在基床内会产生动应力和动变形。这些动力响应主要受列车与轨道类型、基床结构与填料性质的影响[3,4]。我国学者通过开展高速铁路路基动态响应系统测试[5~9]与理论分析[10~13],揭示了动应力、动应变与动变形三维空间分布特征,掌握了动应力沿基床深度衰减的变化规律,为建立我国高速铁路路基基床结构设计方法奠定了基础。

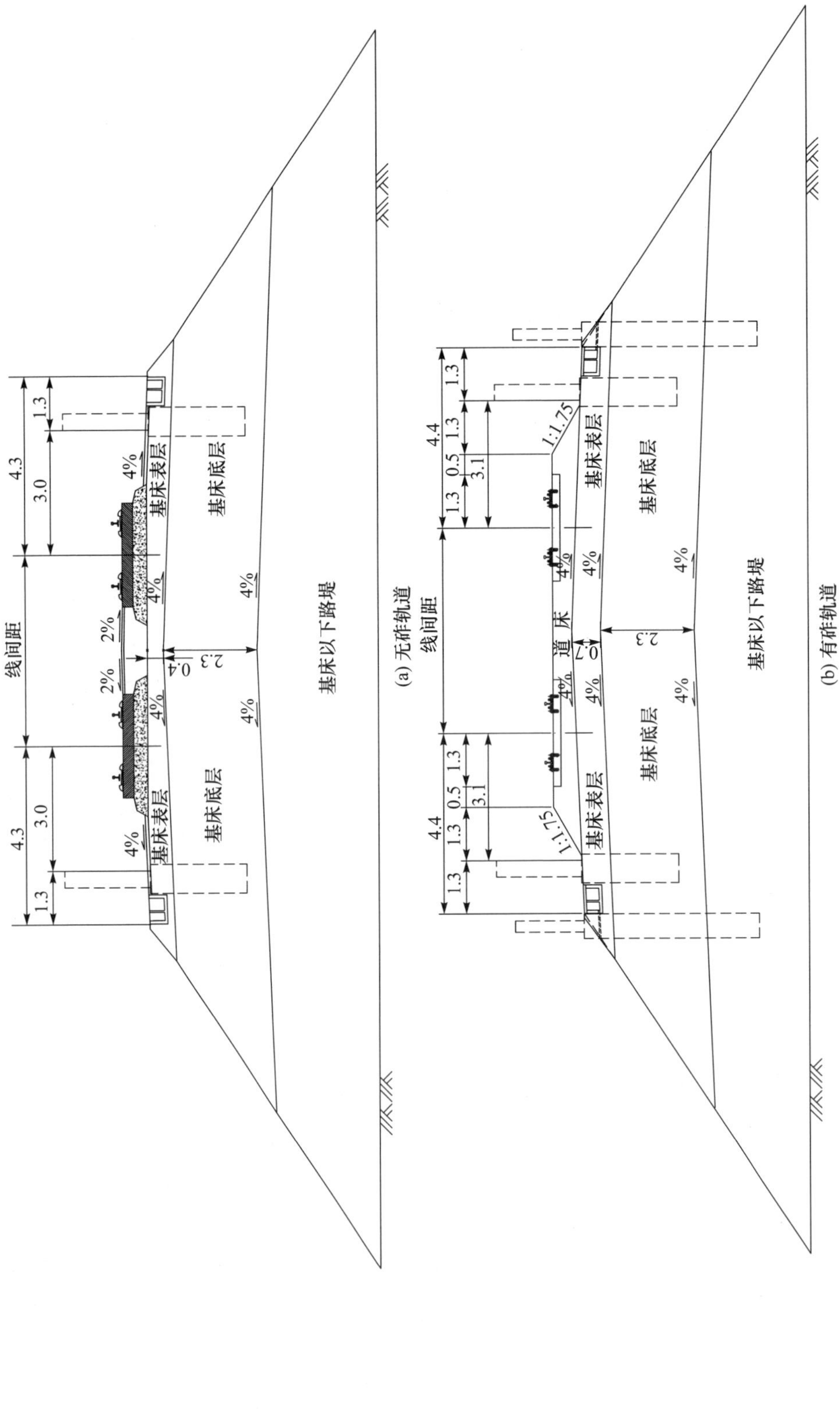

(a) 无砟轨道

(b) 有砟轨道

图 2.7　我国高速铁路路基标准横断面基床结构示意图(单位:m)

1. 动荷载

路基动荷载为列车运行中作用于钢轨上的动荷载经过轨道的吸收与衰减传递到路基面上的动应力，其特征与列车轴重、轴距与动力特征、运行速度及线路的平顺性和轨道的结构形式等有关，是基床设计的基础性参数。

有砟和无砟轨道路基的路基动荷载实测典型时程曲线如图 2.8 和图 2.9 所示。可以看出，列车动荷载作用下，有砟轨道路基承受列车动荷载作用的 1 次加卸载过程由单个轴载完成，无砟轨道路基承受列车动荷载作用的 1 次加卸载过程由 1 个转向架的 2 个轴载共同作用完成。

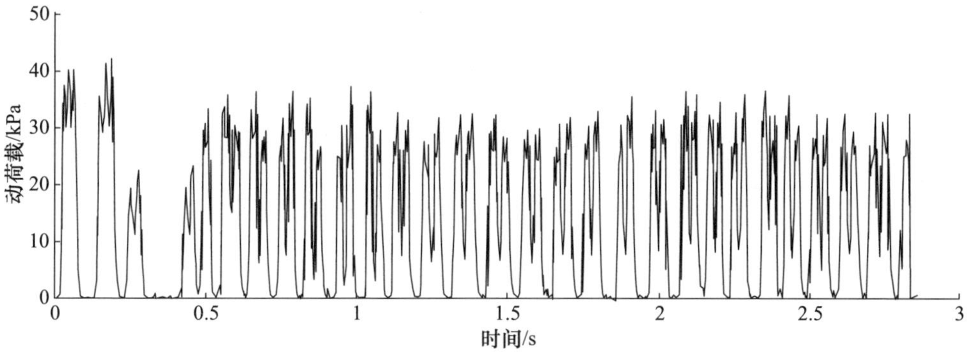

图 2.8　有砟轨道路基动荷载实测典型时程曲线

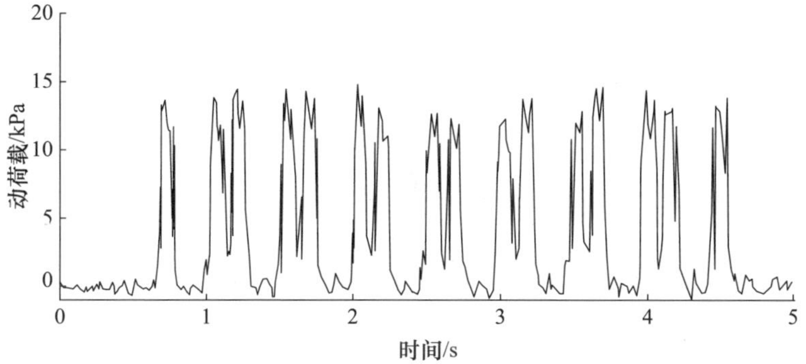

图 2.9　无砟轨道路基动荷载实测典型时程曲线

不同轴重列车通过时，路基动荷载随通过列车轴重的增大而增大，以有砟轨道路基为例，其路基动荷载受列车轴重影响十分显著，基本上成正比关系，如图 2.10 所示。为了消除不同车型轴重的影响，将路基动荷载除以列车轴重，进行归一化处理，表示为荷载轴重系数，如图 2.11 所示。可以看出，荷载轴重系数的统计曲线近似服从正态分布，基床动荷载的均值(kPa)约为轴重数值(kN)的 0.2 倍，绝大多数动荷载数值(kPa)不超过轴重数值(kN)的 0.4 倍。

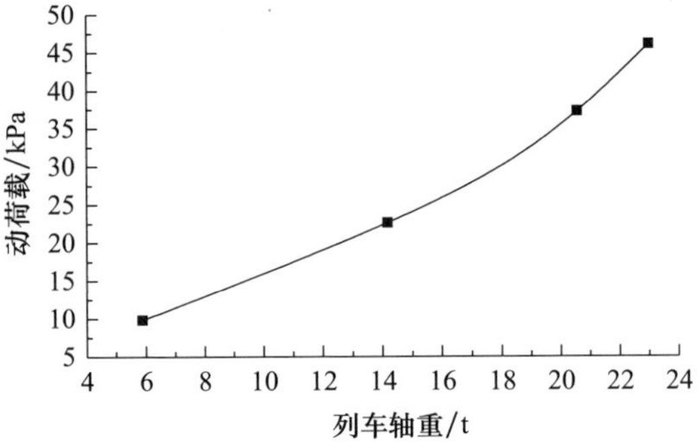

图 2.10　有砟轨道路基动荷载与轴重的关系

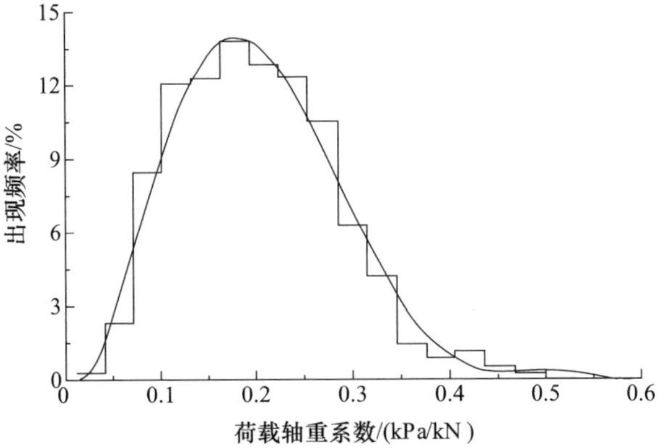

图 2.11　有砟轨道路基动荷载归一化分析与荷载轴重系数分布

图 2.12 为武广高速铁路、京沪高速铁路等无砟轨道线路实测路基动荷载与轴重关系。可以看出，无砟轨道路基动荷载受列车轴重影响较大，随着轴重增加，路基动荷载近似呈线性增长。基床动荷载(kPa)与轴重数值(kN)的比值范围为 0.105～0.144，平均值约为 0.124。

有砟轨道路基动荷载与车速的关系如图 2.13 所示。有砟轨道动轴重与静轴重作用下路基受力的比值可表示为 $1+\alpha v$，其中 α 为速度影响系数，v 为列车速度。由于线路状态、路基性能等因素的影响，各测点的速度影响系数也不同。试验获得的速度影响系数的累积频率分布曲线如图 2.14 所示。当累积频率达到 90%时，动车组、速度 120km/h 的货车和双层集装箱货车的速度影响系数约为 0.003，这一数值可以覆盖 95%的情况，即为速度影响系数的包络线。

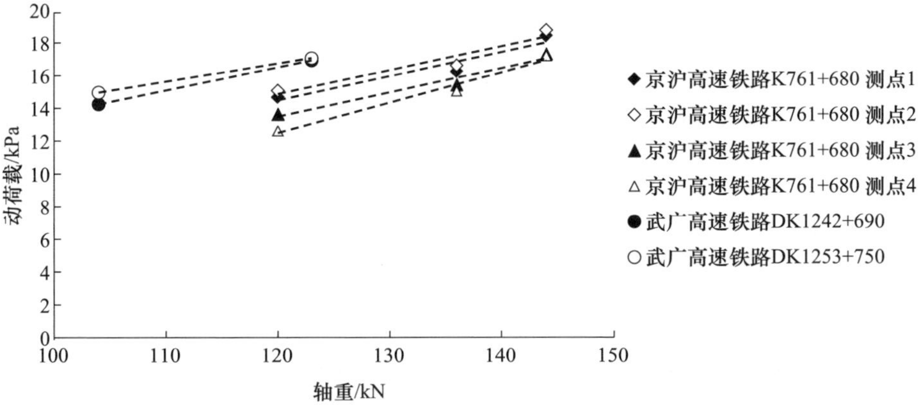

图 2.12　无砟轨道路基动荷载与轴重关系

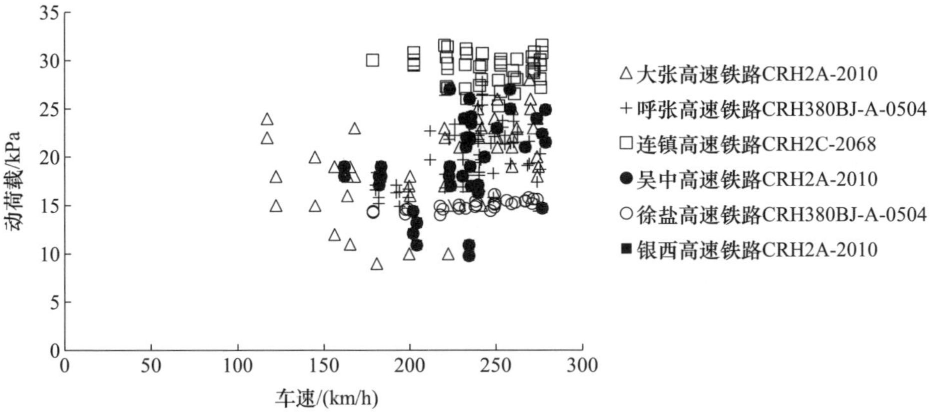

图 2.13　有砟轨道路基动荷载与车速关系

无砟轨道路基动荷载与车速的关系如图 2.15 所示。可以看出，无砟轨道路基动荷载介于 9.60～18.77kPa，随着车速的增加，动荷载无明显变化趋势，因此可以认为列车车速对无砟轨道路基动荷载的影响较小。

为消除不同轴重对动荷载绝对值的影响，将有砟轨道路基的理论计算动荷载除以动轮重，进行归一化处理，得到路基动荷载分布情况，如图 2.16～

图 2.18 所示。可以看出，有砟轨道沿线路纵向路基动荷载大致呈三角形分布，由中间向两侧逐渐衰减；沿横向呈马鞍形分布，两条钢轨下面动荷载最大。

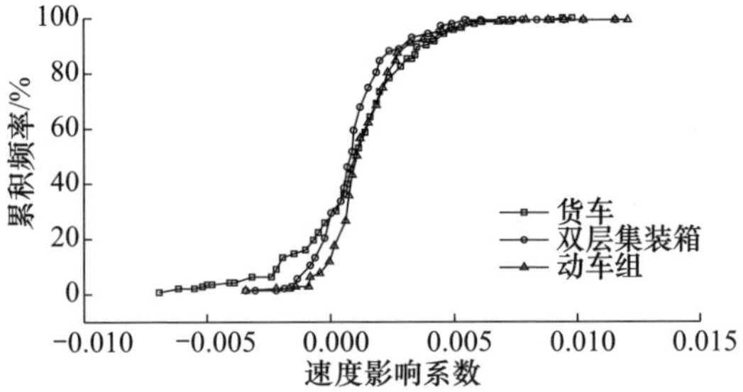

图 2.14　有砟轨道路基速度影响系数的累积频率分布曲线

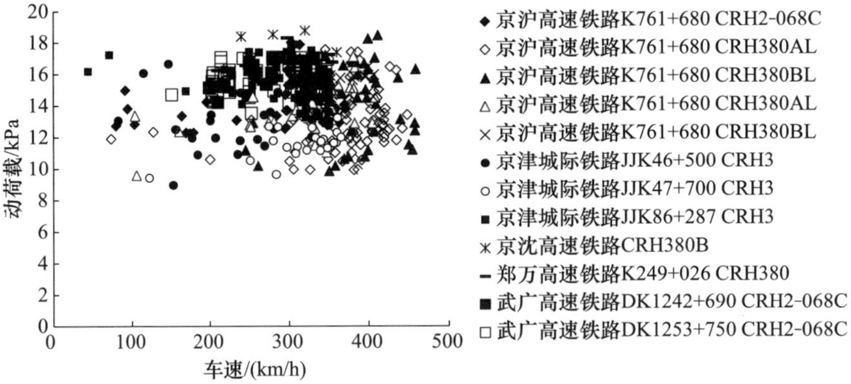

图 2.15　无砟轨道路基动荷载与车速的关系

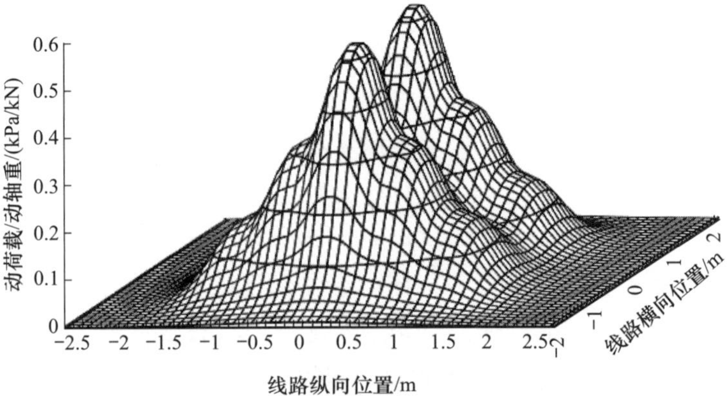

图 2.16　有砟轨道路基动荷载分布

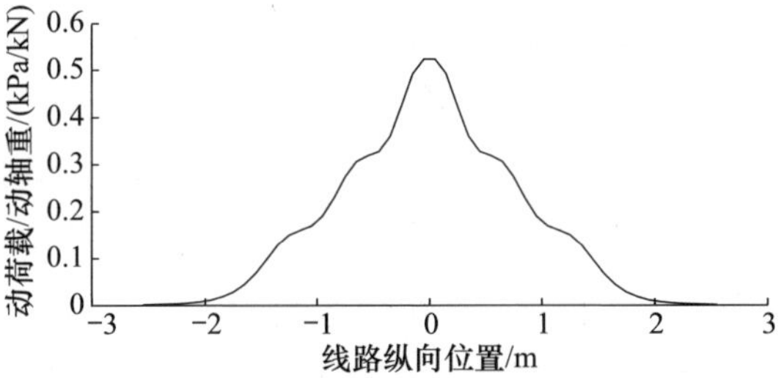

图 2.17　有砟轨道路基动荷载纵向分布

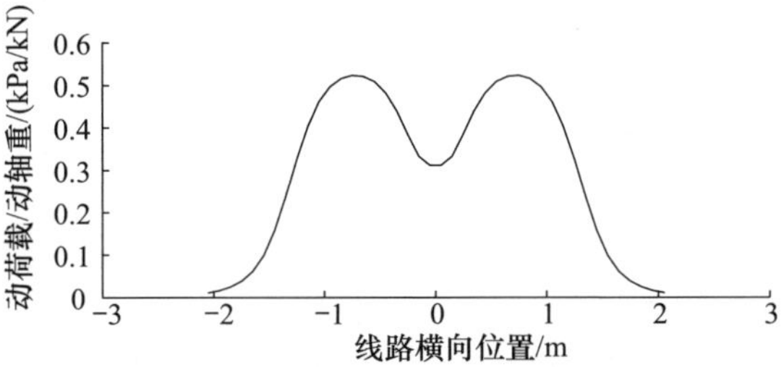

图 2.18　有砟轨道路基动荷载横向分布

为了消除测试时道床厚度等因素对测试绝对值的影响，以动应力衰减系数（基床内部动应力/路基面动应力）的形式进行了归一化处理。有砟轨道路基基床动应力沿深度的分布规律如图 2.19 所示。可以看出，有砟轨道路基基床中的动应力随深度的增加呈逐渐衰减趋势。

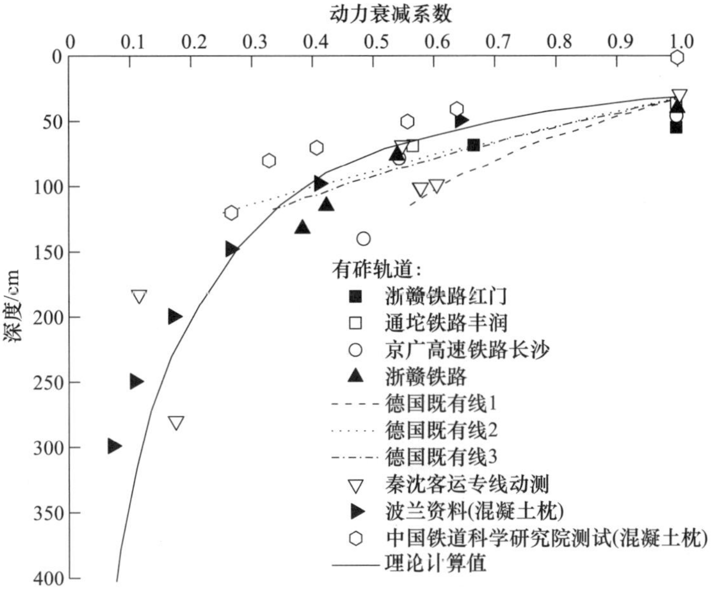

图 2.19　有砟轨道路基基床动应力沿深度的分布规律

对于无砟轨道结构，综合京津城际铁路、武广高速铁路和京沪高速铁路等线路测试结果，不同轨道结构形式、路基结构形式、检测列车类型及重车情况下路基动荷载均值为 10.1～18.8kPa。无砟轨道路基动荷载分布如图 2.20 所示。无砟轨道与有砟轨道路基基床动应力沿深度衰减对比如图 2.21 所示。与有砟轨道相比，无砟轨道路基荷载分布均匀，幅值较小，显著改善了基床的受力状态，但动应力沿深度的衰减相对缓慢。

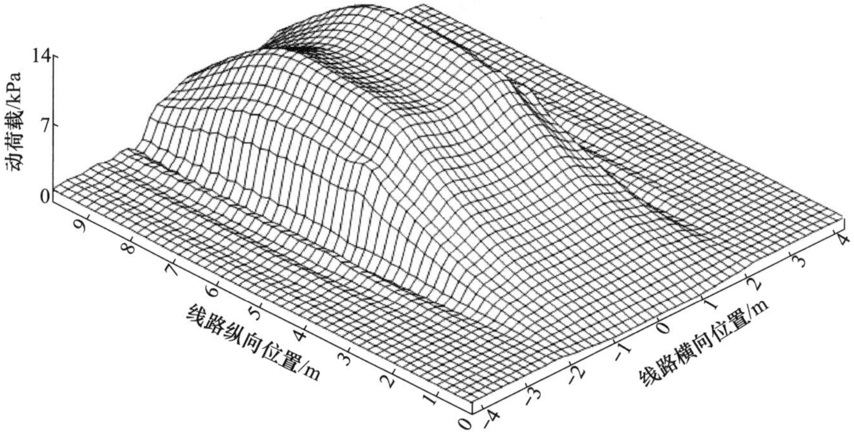

图 2.20　无砟轨道路基动荷载分布

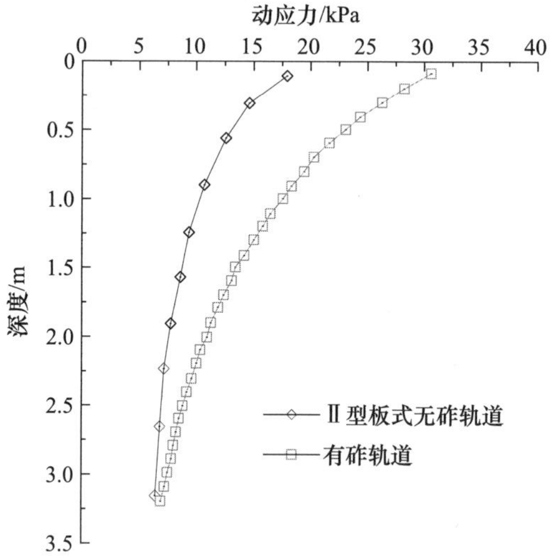

图 2.21　无砟轨道与有砟轨道路基基床动应力沿深度衰减对比

2. 动变形

列车通过时路基在动荷载作用下会产生动变形。高速铁路有砟轨道与无砟轨道路基面动变形实测典型时程曲线如图 2.22 和图 2.23 所示。无砟轨道路基面动变形与车速关系如图 2.24 所示，动变形幅值随车速提高变化趋势不明显。

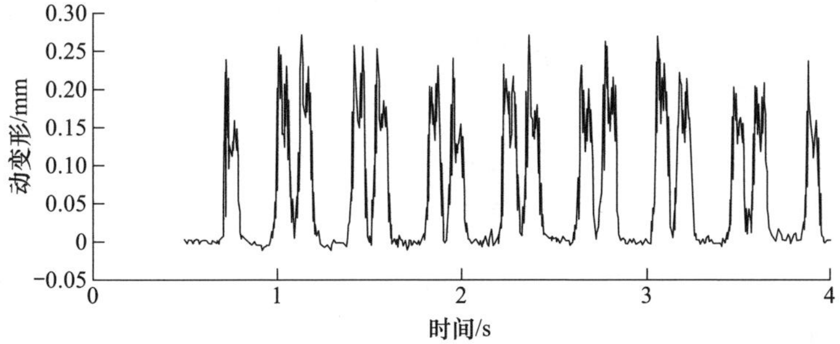

图 2.22　有砟轨道路基面动变形实测典型时程曲线

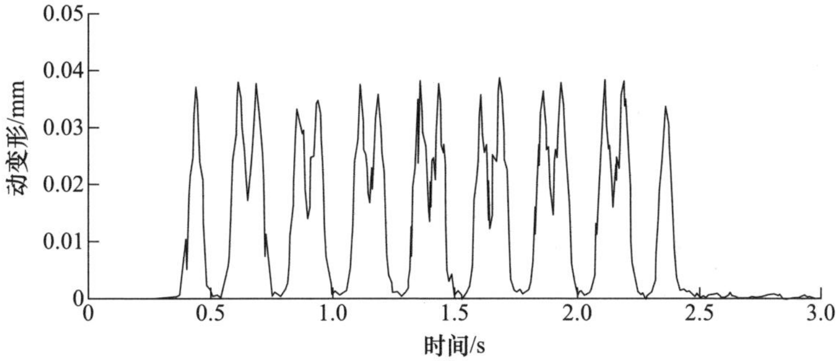

图 2.23　无砟轨道路基面动变形实测典型时程曲线

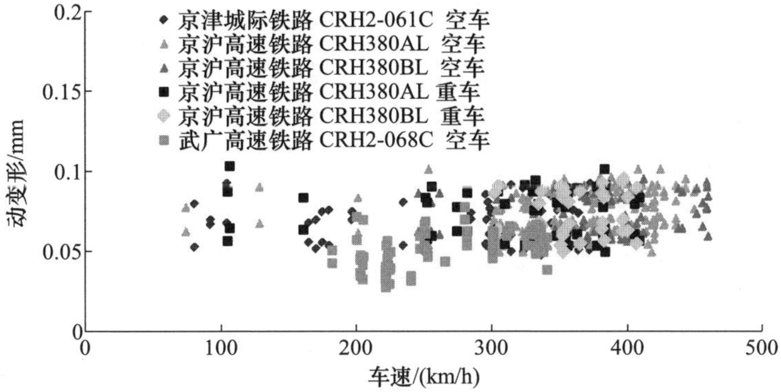

图 2.24　无砟轨道路基面动变形与车速关系

高速铁路路基面动变形数据统计情况如图 2.25～图 2.28 所示。图中线路名称均为对应区段高速铁路名称的简写。可以看出，设计速度为

250km/h 的有砟轨道路基面动变形均值范围为 0.1～0.2mm；设计速度为 250～350km/h 的无砟轨道路基面动变形均值范围为 0.02～0.16mm。影响路基面动变形的因素主要有列车轴重与基床模量，其中基床模量主要受填料性质和压实质量控制，因此在列车荷载恒定的情况下，路基填筑质量是保证路基动变形满足行车要求的关键。

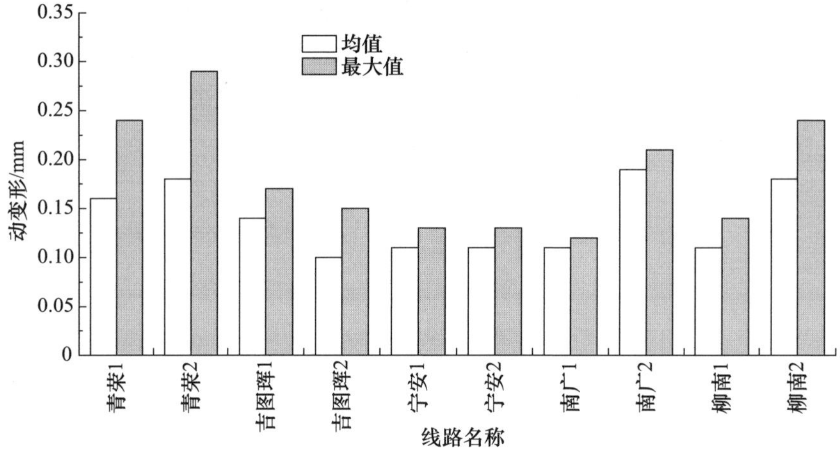

图 2.25　速度 250km/h 的有砟轨道路基面动变形统计图

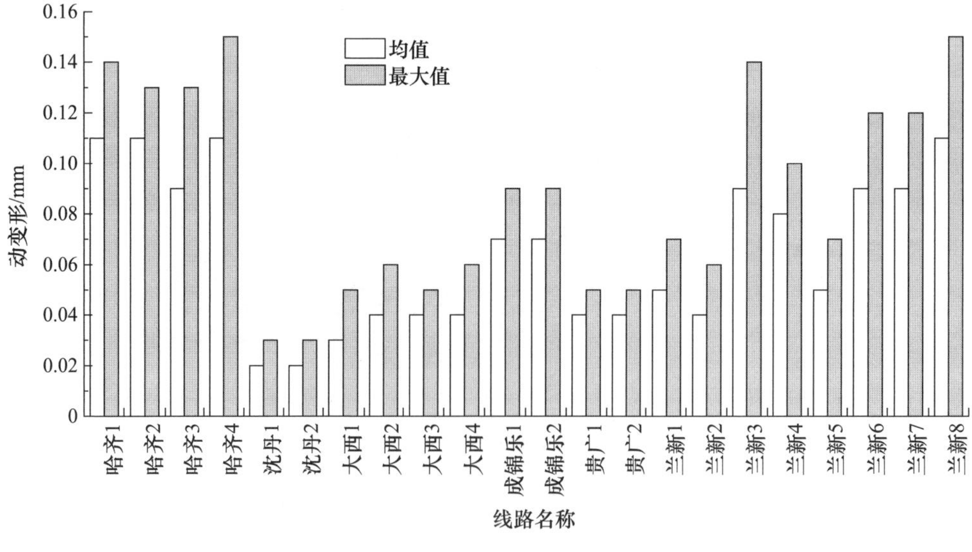

图 2.26　速度 250km/h 的无砟轨道路基面动变形统计图

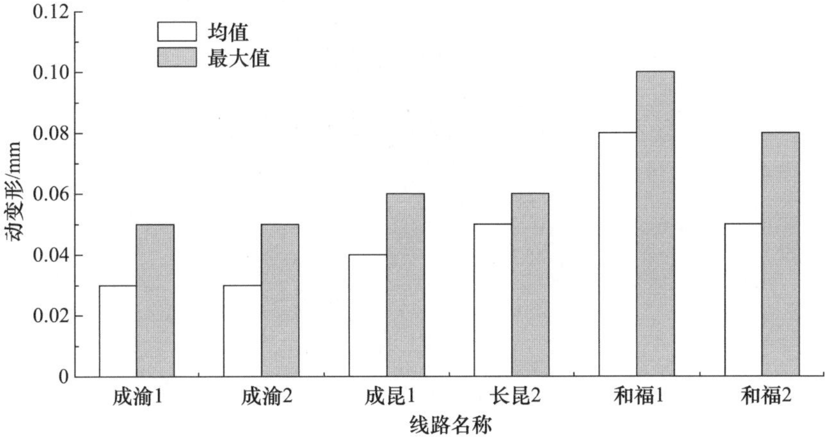

图 2.27　速度 300km/h 的无砟轨道路基面动变形统计图

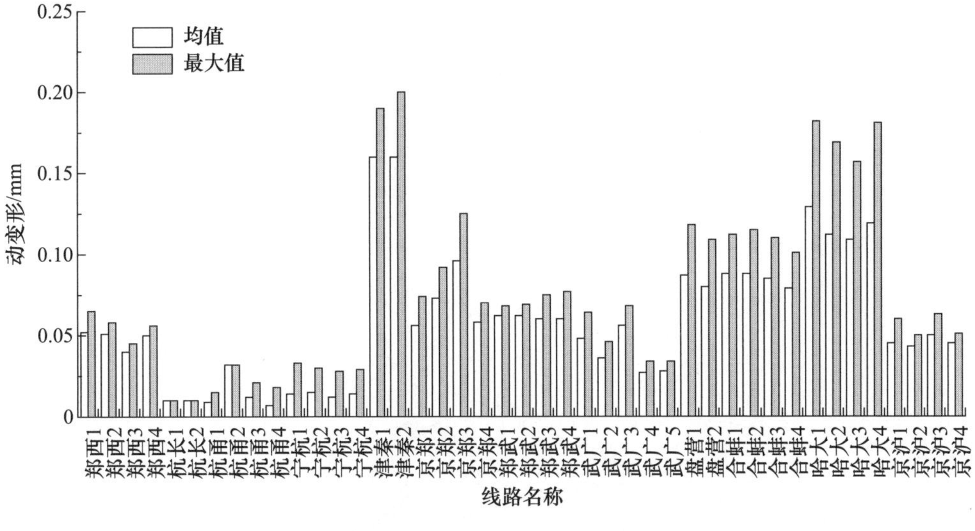

图 2.28　速度 350km/h 的无砟轨道路基面动变形统计图

采用有限元分析，有砟轨道、双块式无砟轨道与板式无砟轨道的路基面动变形分布如图 2.29～图 2.31 所示。有砟轨道路基面动变形横向分布的均匀性略差于无砟轨道，纵向分布范围也相对较小，但碎石散粒道床柔性结构对变形有较强的适应性。无砟轨道路基面动变形数值不大，横向分布较均匀，沿纵向分布范围较大，分布长度约 8.0～10.0m，计算路基竖向变形量与分布长度的比小于 1/50000，对轨道结构和行车的影响较小。

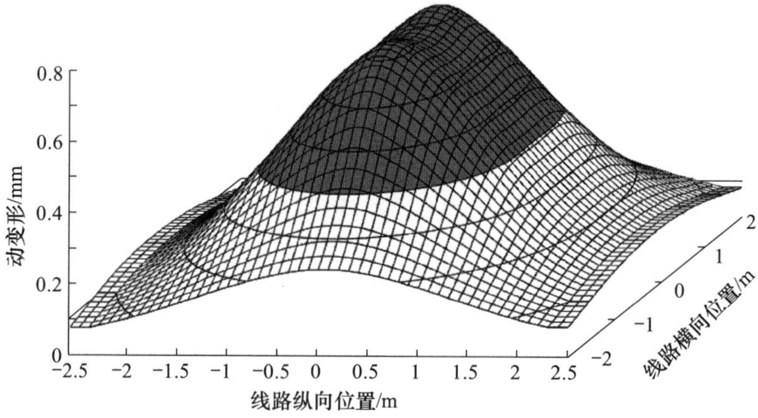

图 2.29　有砟轨道路基面动变形

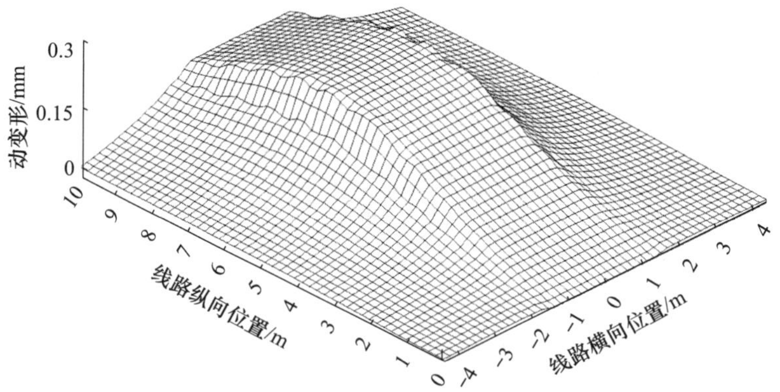

图 2.30　双块式无砟轨道路基面动变形

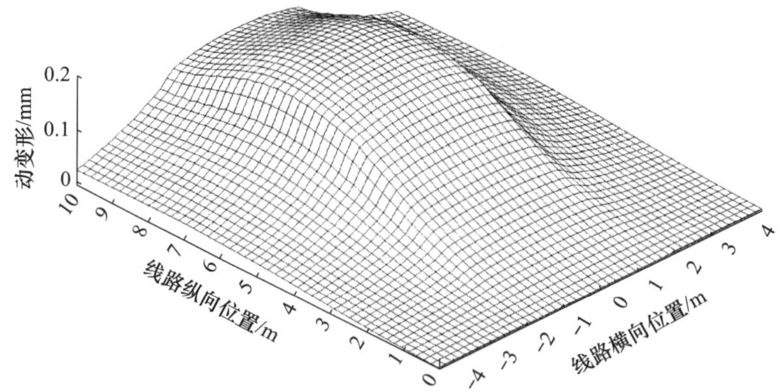

图 2.31　板式无砟轨道路基面动变形

2.2.3　过渡段动力响应特征

京津城际铁路、沪杭高速铁路和京沪高速铁路等高速铁路线路路堤与桥台过渡段动变形沿线路纵向分布规律如图 2.32 所示。可以看出，线路在桥头位置的动变形均小于 0.15mm，桥台附近所测动变形稍大，距桥台 10～60m 范围内动变形数值较小且分布均匀，一般小于 0.05mm，说明过渡段变化对结构整体刚度影响不大。

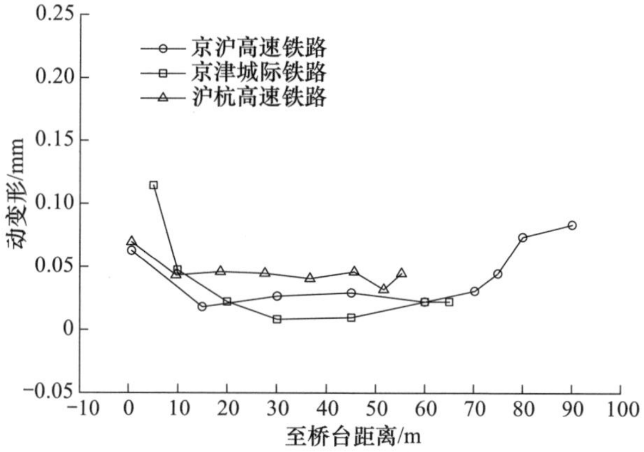

图 2.32　路堤与桥台过渡段动变形沿线路纵向分布

线路刚度由下部基础和上部轨道结构共同组成。根据高速铁路现场试验结果，实测路堤与桥台过渡段上部的无砟轨道结构动变形均值为 1.06mm，过渡段路基动变形平均值仅为 0.044mm。对于整体线路动变形均值为 1.104mm，而过渡段各测点最大差值为 0.067mm，均值变化对综合刚度影响为 6.0%；线路综合刚度变化均匀，路堤与桥台过渡段能够实现均匀过渡。

应用列车与线路相互作用的动力学理论，对路堤与桥台过渡段差异沉降、轨道基础刚度等因素对路堤与桥台过渡段动力特性的影响规律进行研究，发现差异沉降对过渡段动力学特性的影响非常显著，随着差异沉降的逐步增大，各项动力学特性指标急剧恶化；轨道基础刚度差的变化对过渡段动力学特性的影响不大，轨道刚度差引起的轨道基础刚度变化对高速行车影响不显著。差异沉降是制约过渡段的主要因素，差异沉降对车体垂向加速度的影响如图 2.33 所示。

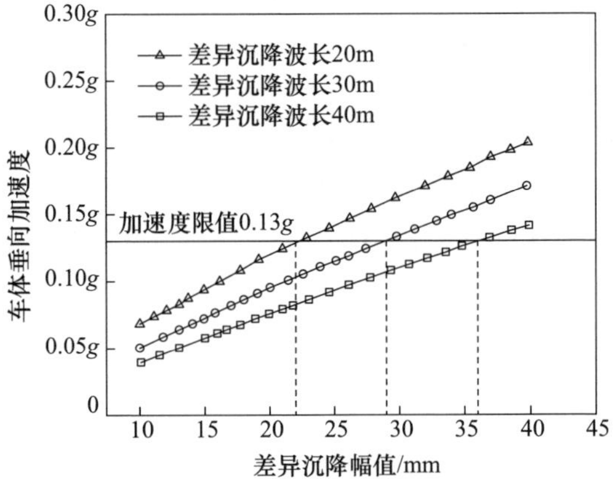

图 2.33　差异沉降对车体垂向加速度的影响

2.3　基床结构设计

2.3.1　设计控制原则

在列车动荷载作用下，基床会产生动应力、动变形及累积塑性变形，应力或变形过大会造成上部线路平顺性劣化、轨道结构伤损及维护困难等问题，会降低基床的使用功能与寿命。高速铁路对线路的平顺性要求极高，因此高速铁路路基基床在满足强度要求的基础上应采用应变和变形控制原则进行设计[14~17]。

基床结构设计主要从基床表层强度、基床动变形和基床底层动应变三个方面进行控制。

(1) 基床表层强度应采用承载能力极限状态法设计，满足式(2.2)的要求。

$$\sigma \leqslant \frac{R}{K} \tag{2.2}$$

式中，σ 为基床表层动应力；R 为基床表层承载能力；K 为基床表层承载能力分项系数，取 2.0。

(2) 基床动变形应采用正常极限状态法设计，满足式(2.3)的要求。

$$\omega \leqslant C_\omega \tag{2.3}$$

式中，ω 为基床变形值，取路基表面的动变形；C_ω 为基床变形限值，有砟轨道取 1mm，无砟轨道取 0.22mm。

(3) 基床底层动应变应采用正常极限状态法设计，满足式(2.4)的要求。

$$\varepsilon \leqslant C_{\varepsilon} \tag{2.4}$$

式中，ε 为计算动应变，最大动应变位于基床底层的表面；C_{ε} 是为基床底层填料的临界应变。

2.3.2　基床设计方法

通过以上基床设计控制原则，对基床厚度、基床表层厚度以及路堑换填深度提出相应的设计方法。

1. *基床厚度*

路基中土体动应力随深度增加逐渐减小，自重应力随深度增加逐渐增大。一般情况下，当动应力小于自重应力的 20%时，动应力对土体的影响很小，以此标准来确定路基的基床厚度。经计算，有砟轨道路基的基床厚度确定为 3.0m，无砟轨道路基的基床厚度确定为 2.7m。

2. *基床表层厚度*

由于基床表层的填料级配良好，碾压密实后强度易满足要求，保护下部填土就成为最基本的要求。基床结构应采用控制动变形的设计方法，以确保基床表层以下的应变不超过容许应变为标准，控制基床表层的参数，并复核路基面的变形，将其控制在不影响轨道结构状态的范围内。

1) 路基动荷载

(1) 有砟轨道路基动荷载计算。

在计算路基动荷载时，应综合考虑轨道结构和道床的影响。根据轨道结构形式将列车动荷载按比例分摊在相应轨枕上，按轨枕有效支承面积确定荷载在道床顶面的分布，采用半无限空间体的 Boussinesq 方程进行计算分析。

对于有砟轨道结构，一般认为列车轴重由 5～7 根轨枕承担，并通过道床传递给路基。简化计算时可假定由 5 根轨枕承担，分担比为 0.1∶0.2∶0.4∶0.2∶0.1。从轨枕开始，应以轨枕的有效支承面积进行计算，如图 2.34 所示。根据圣维南原理，荷载分布形式的差异仅对荷载附近应力有较大的影响。不同轨枕刚度的差异造成枕底接触压力分布形式不同，导致在道床上部应力有明显差异，但当距轨枕深度超过 60cm 时应力分布基本一致。因此，从轨枕底开始计算路基中的应力分布时，不会因计算时轨枕有效支承面积和应力分布的误差而造成显著差异。

取轨枕的平均有效支承长度 $e'=110$cm，轨枕长 2.5m，轨枕平均宽度 $b=280$mm，轴重分担比为 0.1∶0.2∶0.4∶0.2∶0.1，道床厚度取 35cm，道床模量取 300MPa。路基面的动应力幅值为

$$\sigma=0.51P_d \tag{2.5}$$

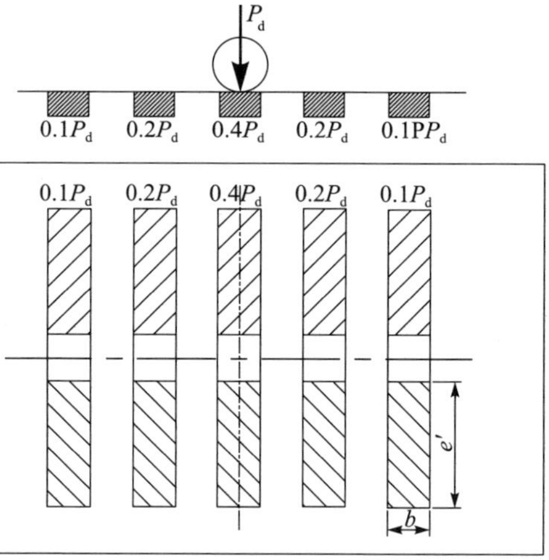

图 2.34 有砟轨道路基列车荷载分布

b. 轨枕平均宽度；e'. 轨枕平均有效支承长度；P_d. 动轴重

式中，σ 为路基面动应力幅值，kPa；P_d 为动轴重，kN，其值为静轴重 P_s 和动力冲击系数或称速度影响系数 α（普通线路取 0.005，无缝线路取 0.004，高速铁路取 0.003）的乘积，表示为

$$P_d=P_s(1+\alpha v) \tag{2.6}$$

式中，v 为行车速度，km/h；P_s 为静轴重，kN。

将式(2.6)代入式(2.5)，并表示为轴重的形式，有

$$\sigma=0.26P_s(1+\alpha v) \tag{2.7}$$

(2) 无砟轨道路基动荷载计算。

对于无砟轨道结构，将路基动荷载分布进行简化处理，一个转向架的两个轴载（轴距为 l_0）视作集中力，并乘以相应的动力系数（$\beta=1.35$），作为列车设计动荷载。如图 2.35 所示，从支承层（或底座）顶面开始分析，假定单

个轴载在支承层(或底座)顶面沿纵向呈三角形分布,最大值为 σ_{max};沿横向分布长度为轨道板宽度 b_g,分布模式为两边平均分布,中间不受力。将两个单轴荷载进行叠加,即可得到 1 个转向架下支承层或底座顶面的列车荷载分布模式。荷载分布简化模型可按式(2.8)与式(2.9)确定。

$$P_d = \beta P_s \tag{2.8}$$

式中,P_d 为动轴重,kN;P_s 为静轴重,kN;β 为动力系数,取 1.35。

$$\sigma_{max} = \frac{P_d}{le'} \tag{2.9}$$

式中,σ_{max} 为单轴荷载作用下支承层或底座动应力最大值,kPa;l 为单轴荷载作用下支承层或底座顶面动应力纵向分布长度,结合数值分析结果,按偏安全考虑,取 3.5m;e' 为单轴荷载作用下支承层或底座顶面动应力横向分布长度。

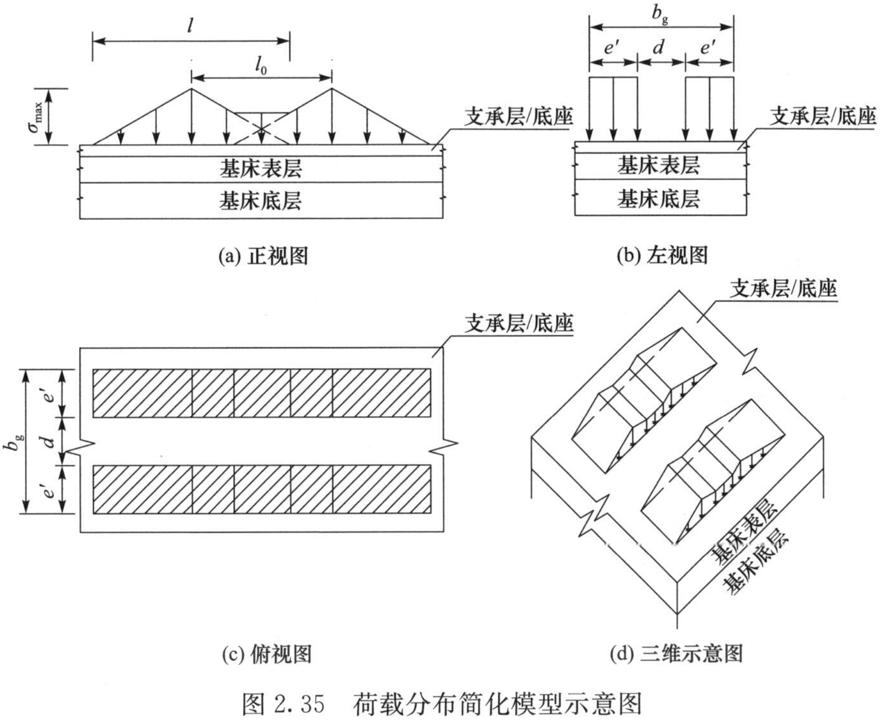

图 2.35　荷载分布简化模型示意图

$$e' = \frac{b_g - d}{2} \tag{2.10}$$

式中,b_g 为轨道板宽度,m;d 为支承层或底座中部动应力为零的区域宽度,依据理论试算结果，取 0.85m。

2）层状结构均质等效转换

Boussinesq 方程假定材料为均质体。为此，按照模量与厚度等效当量假定，将不同模量的层状结构等效为同一模量的均质体。不同模量结构层的等效厚度按式(2.11)计算。

$$h_{ej}=h_j\sqrt[3]{\frac{E_j}{E_0}} \tag{2.11}$$

式中，h_{ej}为道床或基床表层转换等效厚度；h_j 为道床或基床表层实际厚度；E_j 为道床或基床表层的变形模量；E_0 为基床底层的变形模量。

有砟轨道路基从道床开始进行等效，无砟轨道路基从支承层（或底座）开始等效。

3）计算参数选取

计算参数主要为基床表层和基床底层的变形模量。基床表层的变形模量在缺少实测试验资料时可取 180MPa；基床底层的变形模量应考虑土的非线性性质，按实际应变状况选取对应的模量。

高速铁路路基动应力和动变形计算时，列车轴重及轨道结构参数的选取较为一致，而对结果影响较大的填料模量的选取则存在很大不同。如图 2.36 所示，根据试验获取的剪切模量比 G/G_{max}（实际剪切模量与最大剪切模量的比值）与应变 γ 的关系，填料模量随应变的增大呈现非线性衰减趋势。考虑到变形模量与剪切模量之间的等比换算关系，变形模量的计算参数取值应基于压实检测指标和填料非线性特性确定。

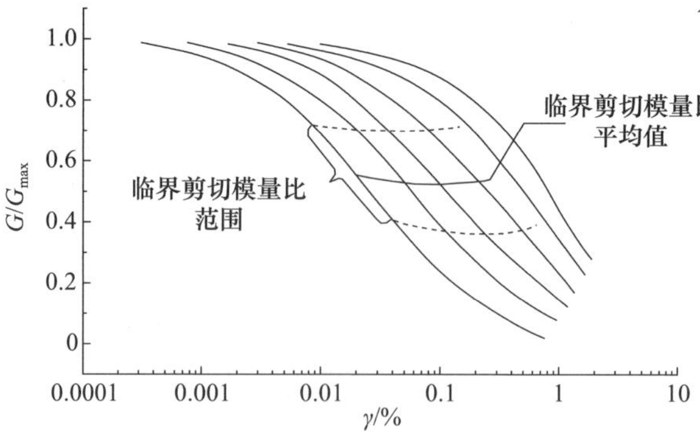

图 2.36　剪切模量比与应变的关系

根据地基系数 K_{30} 确定变形模量时，可按以下步骤计算：

(1) 将 K_{30} 按式(2.12)转化为对应的变形模量，即

$$E=0.23K_{30} \tag{2.12}$$

(2) 最大模量 E_{max} 计算：K_{30} 试验时的应变水平约 0.18%，参照图 2.36 确定对应的模量比，由模量比和 K_{30} 对应变形模量计算最大变形模量 E_{max}。

(3) 变形模量确定：为避免基床出现累积变形，基床应变应控制在一定范围内。如图 2.36 所示，不产生体积效应的临界应变所对应的模量比约为 0.65，一般介于图中两条近似水平的虚线之间，所以变形模量应取最大模量的 0.65 倍，即

$$E_0=0.65E_{max} \tag{2.13}$$

4) 基床应力及应变计算

在当量转化后的等效空间中，按照轨枕传递到道床顶面的荷载分布通过 Boussinesq 方程计算基床的应力，并根据对应关系转化到实际空间。根据应力和各层模量，计算各点应变。

5) 路基面动变形的计算

采用分层总和法计算路基面的动变形。采用上述方法计算的动变形值与实测值对比见表 2.6，两者相吻合。

表 2.6　路基面动变形的实测值与计算值对比

试验列车	实测值/mm	计算值/mm
先锋号(秦沈客运专线)	0.29	0.28
	0.30	0.28
	0.32	0.28
中华之星(秦沈客运专线)	0.37	0.44
	0.40	0.44
	0.44	0.45
和谐号(秦沈客运专线)	0.10	0.09
	0.08	0.08
	0.15	0.18
复兴号(京沪高速铁路)	0.07	0.08
	0.09	0.08
	0.12	0.13

3. 路堑换填深度

进行路堑地段的路基设计时，首先应确定其不发生累积变形的上覆等效层厚度 H。H 为道床等效厚度 h_{e1} 和换填厚度 h_{e2} 之和，即

$$H = h_{e1} + h_{e2} \tag{2.14}$$

换填厚度可分为一层或二层。当换填厚度采用一层时，根据式(2.14)，令总等效厚度 H 减去道床等效厚度 h_{e1}，换算成需要换填的实际厚度；当换填厚度采用双层时，根据不同的换填基床底层确定不发生累积变形的上覆等效层厚度 H，表示为道床等效厚度 h_{e1}、基床表层等效厚度 h_{e21} 与基床底层等效厚度 h_{e22} 之和，即

$$H = h_{e1} + h_{e21} + h_{e22} \tag{2.15}$$

因此，对应基床底层换填的等效厚度为总厚度减去道床等效厚度 h_{e1} 和基床表层等效厚度 h_{e21}，最终应根据各层变形模量值将等效厚度换算成实际厚度值。

2.3.3 基床结构计算实例

1. 基床表层厚度计算

下面举例说明典型的基床表层厚度设计。

1）参数取值

轴重 20t，设计速度 350km/h，Ⅲ型枕，枕长 2.6m，轨枕平均支承宽度 b 取 0.3m，有效支承长度 e' 取 1.1m，道床厚度 0.3m。

级配碎石基床表层模量取 180MPa，碎石道床取 300MPa。基床底层分三类土(见表 2.7)，输入不同的 K_{30} 值，可以得到不同的变形模量。

表 2.7　基床底层填料的计算参数

填料	计算用塑性指数	K_{30} 试验对应模量比	变形模量/MPa	应变平均限值/%	允许最大应变限值/%
细粒土	10	0.26	$0.65/0.26\times0.23K_{30}$	0.026	0.048
粗粒土	3	0.20	$0.65/0.20\times0.23K_{30}$	0.016	0.036
碎石土	0	0.16	$0.65/0.16\times0.23K_{30}$	0.013	0.028

2）计算基床表层厚度与基床底层 K_{30} 的关系

按照基床底层应变控制和路基面动变形控制准则，计算基床底层 K_{30} 取

不同值时对应的基床表层厚度，结果如图 2.37 所示。

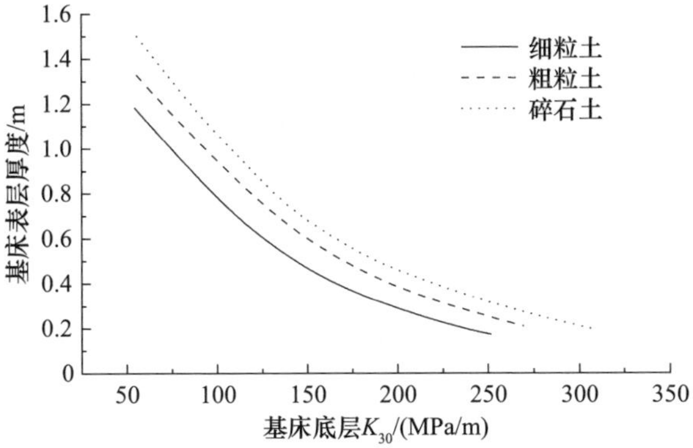

图 2.37　不同基床底层对应的基床表层厚度曲线

3）确定基床表层厚度

在基床底层状况较好时可适当减薄表层，而在基床底层由于填料原因达不到标准要求或天然地基强度不足时可增加基床表层厚度。设计时，基床填料能够达到的 K_{30} 值可通过击实试验或声波波速测试来获得。

不同基床表层厚度与各类型土基床底层 K_{30} 的对应关系如表 2.8 所示，表中基床表层厚度为 0.7m 时，即为目前高速铁路压实标准的要求。对于无砟轨道，支承层与基床表层厚度和为 0.7m，其中支承层厚度为 0.3m，基床表层厚度为 0.4m。我国高速铁路路基基床结构厚度如表 2.9 所示。

表 2.8　不同基床表层厚度对应的各类型土基床底层 K_{30}

基床表层厚度/m	基床底层 K_{30}/(MPa/m)		
	细粒土	粗粒土	碎石土
0.5	150	175	200
0.6	130	150	180
0.7	110	130	150
0.8	100	120	140
0.9	85	105	125

表 2.9　我国高速铁路路基基床结构厚度

轨道类型	基床表层/m	基床底层/m	总厚度/m
有砟轨道	0.7	2.3	3.0
无砟轨道	0.4	2.3	2.7

2. 路堑换填深度计算

通过计算,得出路堑基床底层上覆等效厚度与动轴重的关系如图 2.38 所示。可以看出,不同动轴重下路堑基床底层上覆等效厚度不同,相应的换填深度也随之发生变化。

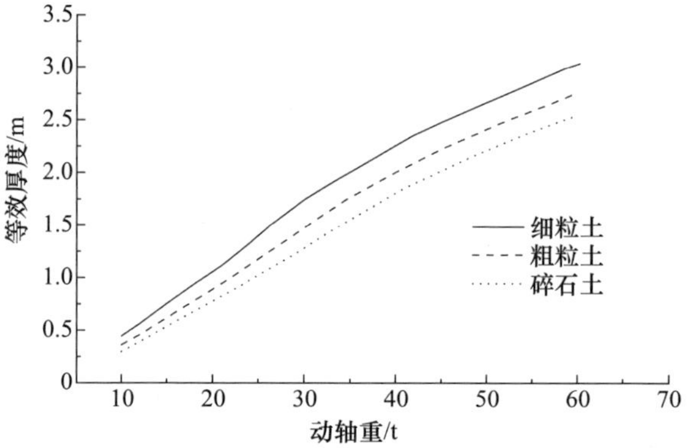

图 2.38　路堑地基上覆等效厚度与动轴重的关系

2.4　路基动态检测与评定

普通铁路一般只对路基静态性能进行检测与验收,而高速铁路对线路的要求更为严格,需要对路基的动力性能进行检定,使路基动力性能满足高速铁路运营的安全性、平稳性要求。

1. 动态检测参数及标准

路基动力性能检测项目应包括路基动荷载、动变形、振动加速度等。

1) 路基动荷载的控制标准

有砟轨道路基面实测动荷载的均值大小约为轴重数值的 0.2 倍,绝大多数动荷载数值不超过轴重数值的 0.4 倍,该值与目前路基设计荷载接近。因此,动荷载取轴重数值的 0.4 倍作为上限。无砟轨道路基主要控制条件是在列车动荷载作用下路基不产生塑性累积变形,使其在弹性范围内工作,为无砟轨道结构提供稳固的基础,当填料的最大剪应变不超过其临界体积效应剪应变时，基床不会产生塑性累积变形。对常规路基，在采用级配碎石填筑基床表层及 A、B 组填料填筑基床底层并按《高速铁路设计规范》(TB 10621—2014)[1] 相应标准进行压实后，填料临界体积效应剪应变取 0.01%，计算得到对应的路基面动荷载限值约为 32.4kPa，与武广高速铁路、郑西高速铁路、沪杭高速铁路、京沪高速铁路、京津城际铁路、沪宁城际铁路等无砟轨道铁路路基实测情况基本一致。高速铁路路基动荷载评判值见表 2.10。

表 2.10　高速铁路路基动荷载评判值

轨道类型	动荷载/kPa
有砟轨道	$\leqslant 0.4P_j$
无砟轨道	$\leqslant 32.4$

注：1）P_j 为静轴重，kN。
2）无砟轨道评判值为基床临界体积效应剪应变对应的基床荷载。

2）路基动变形的控制标准

根据现场试验结果，在 20t 轴重列车作用下，路基动变形均值小于 1mm 的地段基本无病害，所以有砟轨道路基取 ZK 活载下动变形限值为 1mm；对于无砟轨道，按照临界体积效应剪应变控制原则，对于通常路基和轨道结构形式计算的动变形限值约为 0.22mm，如表 2.11 所示[1]。

表 2.11　路基动变形评判值[1]

轨道类型	动变形/mm
有砟轨道	$\leqslant 1$
无砟轨道	$\leqslant 0.22$

注：有砟轨道动变形是指换算至 ZK 活载的动变形。

3）路基振动加速度的控制标准

对速度为 350km/h 的高速铁路无砟轨道路基及过渡段所测振动加速度进行统计分析，包括京津城际铁路、武广高速铁路及试验段、郑西高速铁路、沪宁城际铁路、沪杭高速铁路和京沪高速铁路先导段的测试数据，振动加速度的频次分布和累积频率分别如图 2.39(a)、(b)所示。可以看出，累积频率为 90%置信区间上限约为 4m/s^2，累积频率为 99.5%置信区间上限约为 10m/s^2。因此，取振动加速度的限值为 10m/s^2，这一限值基本上能包含高速铁路路基振动加速度的绝大部分。

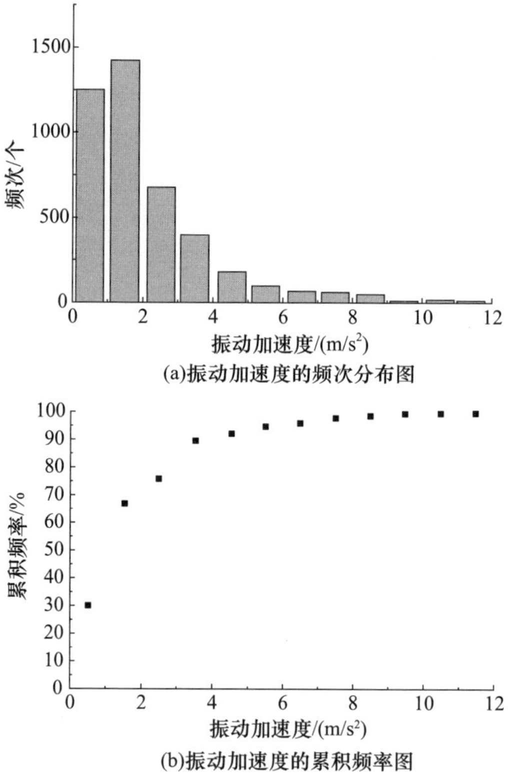

图 2.39 高速铁路无砟轨道路基及过渡段所测振动加速度统计分析结果

2. 动态检测方法

路基动态检测参数主要包括动荷载、动变形和振动加速度，检测时将传感器设置于路基正确位置，并接入数据采集系统，记录列车通过时的数据，如图 2.40、图 2.41所示。动态检测主要测试方法如下。

1）动荷载测试方法

通过在路基面埋设动态压力传感器进行测试，压力传感器将压力转变为电信号，通过应变仪放大信号，利用数据采集系统记录保存数据。压力传感器要求精度高、稳定性好且能够防水，传感器埋设在路基面所受最大荷载的位置。测试列车通过时路基所受动荷载，分析其幅值及变化规律，以评定路基所受动荷载是否满足相关要求。

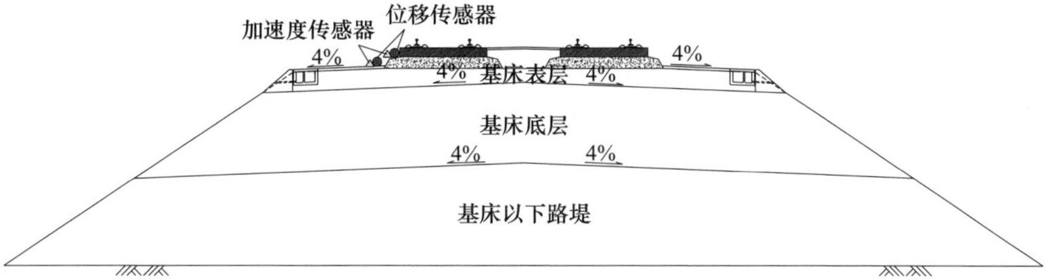

图 2.40　无砟轨道路基传感器布置图

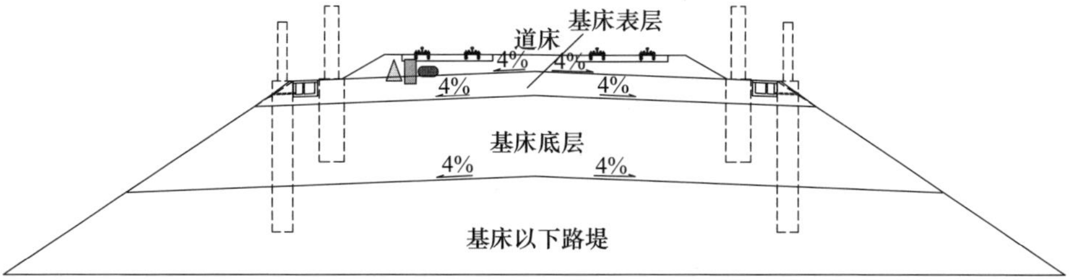

图 2.41　有砟轨道路基传感器布置图

▮ 压力传感器；⬬ 位移传感器；△ 加速度传感器

2）动变形测试方法

在路基面设置位移传感器测试路基面的变形，位移传感器将位移转变为电信号，利用数据采集系统记录保存数据。位移传感器要求高精度、高稳定性，能够防水，动态响应快。一般采用光电传感器测试路基面与远处不动点的相对位移来反映路基面的动变形，也可采用伺服加速度传感器通过二次积分测试路基面动变形。对于有砟轨道，位移传感器设置在钢轨下方的路基面上；对于无砟轨道，位移传感器设置在紧邻混凝土支承层的路基面上。测试列车通过时路基动变形，分析其幅值及变化规律，以评定路基动变形是否满足相关要求。

3）振动加速度测试方法

在路基面设置加速度传感器进行测试，传感器将振动加速度转变为电信号，利用数据采集系统记录保存数据。传感器一般要求低频响应好，具有高精度和高稳定性。对于有砟轨道，速度或加速度传感器设置在钢轨下方的路基面上；对于无砟轨道，设置在紧邻混凝土支承层的路基面上。测试列车通过时路基振动速度或加速度，分析其幅值及变化规律，以评定振动速度或加速度是否满足相关要求。

从 2008 年京津城际铁路建设开始至 2019 年底，中国铁道科学研究院集团有限公司共对 150 余条高速铁路路基动力性能进行了测试，系统地研究了高速铁路路基动力参数的分布及变化规律，提出了动态检定标准，成果纳入《高速铁路工程动态验收技术规范》(TB 10761—2013)[18]和《铁路路基设计规范》(TB 10001—2016)[2]等，为高速铁路路基的设计与动态检定提供了支撑。

参 考 文 献

[1] 中华人民共和国行业标准. 高速铁路设计规范(TB 10621—2014). 北京：中国铁道出版社，2014.

[2] 中华人民共和国行业标准. 铁路路基设计规范(TB 10001—2016). 北京：中国铁道出版社，2016.

[3] 叶阳升. 高速铁路路基动力响应特性. 铁道建筑，2015，55(10)：7-12.

[4] 韩自力，张千里. 既有线提速路基动应力分析. 中国铁道科学，2005，26(5)：1-5.

[5] 张千里，韩自力，吕宾林，等. 不同基床表层结构及路基轨道动态试验研究. 北京：中国铁道科学研究院，2003.

[6] 王猛，葛晶，王树国，等. 武广客运专线武汉综合试验段综合试验研究总报告. 北京：中国铁道科学研究院，2009.

[7] 董亮，赵成刚，蔡德钩，等. 高速铁路无砟轨道路基动力特性数值模拟和试验研究. 土木工程学报，2008，41(10)：81-86.

[8] 韩自力，张千里，熊建珍，等. 京秦线时速 200km/h 提速改造工程实车运行试验研究. 北京：中国铁道科学研究院，2000.

[9] 蒋红光，边学成，陈云敏，等. 高速铁路轨道-路基列车移动荷载模拟的全比尺加速加载试验. 土木工程学报，2015，48(9)：85-95.

[10] 边学成，胡婷，陈云敏. 列车交通荷载作用下地基土单元体的应力路径. 土木工程学报，2008，41(11)：86-92.

[11] 叶阳升，蔡德钩，魏少伟，等. 高速铁路无砟轨道路基动应力分布特征及解析算法. 中国铁道科学，2020，41(6)：1-9.

[12] 宋小林，翟婉明. 高速移动荷载作用下 CRTSⅡ型板式无砟轨道基础结构动应力分布规律. 中国铁道科学，2012，33(4)：1-7.

[13] 王启云，张丙强，赵卫华，等. 高速铁路无砟轨道路基动应力频谱特性研究. 铁道

科学与工程学报,2017,14(11):2299-2308.

[14] 张千里,马伟斌,蔡德钩,等. 铁路路基基床结构设计方法及参数的研究. 北京:中国铁道科学研究院,2008.

[15] 张千里,朱忠林,董亮,等. 无碴轨道路基仿真与设计方法的研究. 北京:中国铁道科学研究院,2008.

[16] 张千里,韩自力,吕宾林. 高速铁路路基基床结构分析及设计方法. 中国铁道科学,2005,26(6):53-57.

[17] 胡一峰,李怒放. 高速铁路无砟轨道路基设计原理. 北京:中国铁道出版社,2010.

[18] 中华人民共和国行业标准. 高速铁路工程动态验收技术规范(TB 10761—2013). 北京:中国铁道出版社,2013.

第3章　路基填料与压实质量控制

路基是由填料分层填筑压实而成的土工构筑物，填料品质与压实性能直接影响路基的填筑质量。随着我国高速铁路的发展，填料的分类分组标准、压实质量控制参数及检测标准已经过多次修订，路基质量控制体系逐渐完善并趋于精细化。随着现代信息技术的进步，高速铁路路基建造的智能化水平也逐步提升。

3.1　填料性质及分类

3.1.1　填料性质

填料是由粒径大小不同、形状各异、成分不一的土体颗粒集合体，根据颗粒粒径、颗粒组成、细颗粒含量等可分为坚硬的石块、软岩、砂砾土、砂土以及黏土等。

(1) 坚硬的石块，包括花岗岩、石灰岩、石英岩等，具有较高的抗压强度和抗剪强度，作为填料浸水后强度不变，耐风化、抗冻、抗磨，是最佳的路基填料，适用于各种气候条件。

(2) 软岩，包括泥岩、页岩、粉砂岩和泥质矿岩等，在未风化之前强度相对较高，路基填筑后，随着时间的推移，岩石不断被风化，遇水易崩解，强度显著降低，稳定性变差，是较差的填料。

(3) 砂砾土，包括中砂、粗砂、砾石土、碎石土、卵石土等，土体黏聚力很小，其抗剪强度由内摩擦角决定。此类砂石土体颗粒之间的摩擦系数大，压缩性小，透水性强，强度基本不受含水量变化的影响，是良好的填料，适用于浸水路基。

(4) 砂土，包括粉砂及细砂等，此类土的抗剪强度较低，稳定性差。干燥时容易被风蚀流散，遇到水时容易液化，是较差的填料。

(5) 黏土，包括高岭土、蒙脱土、伊利土等，土体抗剪强度以黏聚力为主，内摩擦角较小。土体浸水后强度将大大降低。黏性土类填料的工程性质主要受塑性界限含水量的影响，当塑性指数小于25时，可用作填料；当塑性指数大于 25 时，土体浸水后膨胀，干燥时龟裂，且冬季冻胀剧烈，雨季容易翻浆冒泥，不宜用作填料。

3.1.2　填料分类

路基填料根据对原土料的使用方法或加工工艺，可分为普通填料、级配碎石和改良土。

(1)普通填料指颗粒级配及技术性能满足填筑要求的原土料，或经简单筛分、拌和后能满足填筑要求的原土料。

(2)级配碎石是由各种大小不同粒级集料组成的级配符合设计规范[1]要求的混合料，级配碎石一般由开山块石、天然卵石或砂砾石经破碎筛选而成。

(3)改良土分为物理改良土与化学改良土。物理改良土为原土料经过破碎、筛分或掺入砂、砾(碎)石等材料并拌和均匀，以改变填料的颗粒级配及工程性能的混合料。化学改良土指通过在土中掺入石灰、水泥、矿物掺和料等材料改变填料的化学成分，以改善其工程性能的混合料。

普通填料的分类体系主要有三种：第一种为统一土质分类法；第二种为大粒径质量累积分类法；第三种为考虑细粒含量、级配的大粒径质量累积综合分类法。

1) 统一土质分类法

统一土质分类法是依据土的粒径大小、级配、细粒含量、相邻粒组含量以及塑性指标(塑性指数、液限)进行填料分类的方法。美国和日本是采用统一土质分类法的典型代表。

2) 大粒径质量累积分类法

当大于某一粒径的颗粒累积质量达到某一比例(一般为 50%)时，即采用该粒径颗粒作为填料定名的分类方法。

3) 考虑细粒含量、级配的大粒径质量累积综合分类法

在采用粒径累积分类法的基础上，同时吸收了统一分类法的一些优点，如分类中考虑细粒含量、颗粒级配等因素的影响[2~4]。我国《铁路路基设计规范》(TB 10001—2016)[1]即采用此方法对填料进行分类。

在考虑细粒含量、级配的大粒径质量累积综合分类法中，填料粒组按两级进行划分：第一级分为巨粒、粗粒和细粒；第二级中巨粒分为漂石(块石)和卵石(碎石)，粗粒分为砾粒和砂粒，细粒分为粉粒和黏粒，具体分组如表 3.1 所示[1]。

表 3.1 普通填料粒组划分[1]

粒组	颗粒名称		颗粒粒径 d 的范围/mm
巨粒	漂石(块石)		$200 \leqslant d < 300$
	卵石(碎石)		$60 \leqslant d < 200$
粗粒	砾粒	粗砾	$20 \leqslant d < 60$
		中砾	$5 \leqslant d < 20$
		细砾	$2 \leqslant d < 5$
	砂粒	粗砂	$0.5 \leqslant d < 2$
		中砂	$0.25 \leqslant d < 0.5$
		细砂	$0.075 \leqslant d < 0.25$
细粒	粉粒		$0.005 \leqslant d < 0.075$
	黏粒		$d \leqslant 0.005$

考虑各种粒径对工程性能的影响,具体分类如下:

(1) 填料的一级定名采用大粒径质量累积法,当大于某一尺寸筛孔颗粒质量累积到50%以上时,即以该尺寸颗粒名称命名。

(2) 在巨粒土和粗粒土定名中,将细粒含量以5%、15%、30%作为粒组分类界限,并考虑颗粒形状及巨粒土和粗粒土母岩风化程度的影响。

(3) 在细粒含量≤15%的巨粒土和粗粒土中考虑了颗粒级配的影响。

(4) 在细粒含量>15%的巨粒土和粗粒土中考虑细粒成分。

(5) 填料颗粒级配特征应根据土的不均匀系数 C_u 和曲率系数 C_c 确定。$C_u<10$ 为均匀级配;$C_u \geqslant 10$ 且 $1 \leqslant C_c \leqslant 3$ 为良好级配;$C_u \geqslant 10$ 且 $C_c<1$ 或 $C_c>3$ 为间断级配。不均匀系数 C_u、曲率系数 C_c 的计算公式为

$$C_u = \frac{d_{60}}{d_{10}} \tag{3.1}$$

$$C_c = \frac{d_{30}^2}{d_{60} d_{10}} \tag{3.2}$$

式中,d_{60} 为限制粒径,即颗粒大小分布曲线上小于该粒径的土的质量占总质量的60%;d_{10} 为有效粒径,即颗粒大小分布曲线上小于该粒径的土的质量占总质量的10%;d_{30} 为连续粒径,即颗粒大小分布曲线上小于该粒径的土的质量占总质量的30%。

(6) 细粒土填料包括粉土、黏性土和软岩土,细粒土的液塑限按图3.1确定。对于颗粒为软岩的土,其液-塑限按泡水软化后的土进行试验。

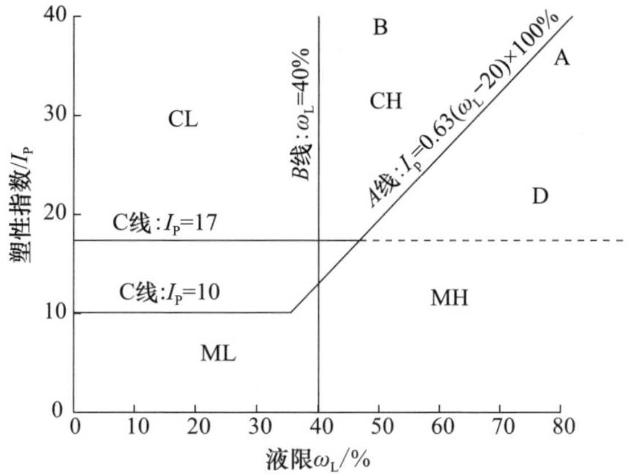

图 3.1　细粒土液-塑限图

综合考虑土的压实、强度、变形、抗冻、渗透、渗透稳定、冲刷等工程性质，《铁路路基设计规范》(TB 10001—2016)[1]将普通填料共分为 A、B、C、D 四个大组。其中，A 组进一步分为 A1、A2；B 组进一步分为 B1、B2 和 B3；C 组进一步分为 C1、C2 和 C3；D 组进一步分为 D1 和 D2，详见表 3.2～表 3.5[1]。

表 3.2　A 组填料分组[1]

分组	分类名称	级配	细粒含量
A1 组	角砾	良好	<15%
A2 组	圆砾	良好	<15%
	碎石	良好	<15%
	卵石	良好	<15%

表 3.3　B 组填料分组[1]

分组	分类名称	级配	细粒含量	<5mm 颗粒含量	0.075～5mm 颗粒含量
B1 组	砾石、碎石、圆砾、卵石	间断	<15%	>35%	—
	砾砂、粗砂、中砂	良好	<15%	—	—
B2 组	砾石、碎石、圆砾、卵石	间断	<15%	≤35%	—
	砾石、碎石、圆砾、卵石	均匀	<15%	—	—
	砾石、碎石、圆砾、卵石	—	15%～30%粉土	—	≥15%
	砾砂、粗砂、中砂	间断	<15%	—	—
	砾砂、粗砂、中砂	—	15%～30%粉土	—	—
B3 组	砾石、碎石、圆砾、卵石	—	15%～30%粉土	—	<15%
	砾石、碎石、圆砾、卵石	—	15%～30%黏土	—	≥15%
	砾砂、粗砂、中砂	均匀	<15%	—	—
	砾砂、粗砂、中砂	—	15%～30%黏土	—	—

表 3.4　C 组填料分组[1]

分组	颗粒名称	级配	细粒含量	0.075～5mm 颗粒含量
C1 组	块石土	—	＜30％	—
	块石土	—	30％～50％粉土	—
	碎石土、砾石土	—	15％～30％黏土	＜15％
	碎石土、砾石土	—	30％～50％粉土	—
	砾砂、粗砂、中砂	—	30％～50％粉土	—
C2 组	块石土	—	30％～50％黏土	—
	碎石土、砾石土	—	30％～50％黏土	—
	砾砂、粗砂、中砂	—	30％～50％黏土	—
	细砂	良好	＜15％	—
C3 组	细砂	间断或均匀	＜15％	—
	粉砂	—	—	—
	低液限粉土	—	—	—
	低液限黏土	—	—	—
	低液限软岩	—	—	—

表 3.5　D 组填料分组[1]

分组	颗粒名称	粗粒含量
D1 组	高液限粉土	30％～50％
	高液限黏土	30％～50％
	高液限软岩	30％～50％
D2 组	高液限粉土	＜30％
	高液限黏土	＜30％
	高液限软岩	＜30％

根据上述不同填料粒组划分的详细定名规则及其 A～D 填料组别的对应关系，巨粒土填料、砾石土填料、砂类土填料和细粒土填料的组别分类分别如表 3.6～表 3.9 所示。

表 3.6　巨粒土填料组别分类

一级定名					二级定名			填料组别
类别		名称		说明	细粒含量	级配	定名	
巨粒土	块石类	块石土	硬块石土	粒径大于 200mm 颗粒的质量超过总质量的 50％(不易风化，尖棱状为主)	＜5％	良好	良好级配块石	C1
						间断	间断级配块石	C1
						均匀	均匀级配块石	C1
					5％～15％	良好	良好级配含土块石	C1
						间断	间断级配含土块石	C1
						均匀	均匀级配含土块石	C1
					15％～30％	—	粉土块石	C1
						—	黏土块石	C1
					30％～50％	—	多粉土块石	C1
						—	多黏土块石	C2

续表

一级定名				二级定名			填料组别
类别	名称		说明	细粒含量	级配	定名	
巨粒土	块石类	块石土	漂石土：粒径大于200mm颗粒的质量超过总质量的50%(浑圆或圆棱状为主)	<5%	良好	良好级配漂石	C1
					间断	间断级配漂石	C1
					均匀	均匀级配漂石	C1
				5%～15%	良好	良好级配含土漂石	C1
					间断	间断级配含土漂石	C1
					均匀	均匀级配含土漂石	C1
				15%～30%	—	粉土漂石	C1
					—	黏土漂石	C1
				>30%	—	多粉土漂石	C1
					—	多黏土漂石	C2
	碎石类	碎石土	卵石土：粒径大于60mm颗粒的质量超过总质量的50%(浑圆或圆棱状为主)	<5%	良好	良好级配卵石	A2
					间断	间断级配卵石	B1、B2
					均匀	均匀级配卵石	B2
				5%～15%	良好	良好级配含土卵石	A2
					间断	间断级配含土卵石	B1、B2
					均匀	均匀级配含土卵石	B2
				15%～30%	—	粉土卵石	B2、B3
					—	黏土卵石	B3、C1
				>30%	—	多粉土卵石	C1
					—	多黏土卵石	C2
			碎石土：粒径大于60mm颗粒的质量超过总质量的50%(尖棱状为主)	<5%	良好	良好级配碎石	A2
					间断	间断级配碎石	B1、B2
					均匀	均匀级配碎石	B2
				5%～15%	良好	良好级配含土碎石	A2
					间断	间断级配含土碎石	B1、B2
					均匀	均匀级配含土碎石	B2
				15%～30%	—	粉土碎石	B2、B3
					—	黏土碎石	B3、C1
				>30%	—	多粉土碎石	C1
					—	多黏土碎石	C2

注：1) 表中“细粒含量”指细粒($d \leqslant 0.075$mm)的质量占总质量的百分数，以下各表同。

2) 在碎石土间断级配中，细料(小于5mm颗粒)>35%的土(冲蚀稳定)，为B1组，其余为B2组土。

3) 在碎石土细粒含量为15%～30%的粉土中，当0.075～5mm颗粒含量≥15%时为B2组，否则为B3组。

4) 在碎石土细粒含量为15%～30%的黏土中，当0.075～5mm颗粒含量≥15%时为B3组，否则为C1组。

表 3.7　砾石土填料组别分类

一级定名					二级定名			填料组别
类别		名称		说明	细粒含量	级配	定名	
粗粒土	砾石类	粗砾石土	粗圆砾土	粒径大于 20mm 颗粒的质量超过总质量的 50%（浑圆或圆棱状为主）	<5%	良好	良好级配粗圆砾	A2
						间断	间断级配粗圆砾	B1、B2
						均匀	均匀级配粗圆砾	B2
					5%～15%	良好	良好级配含土粗圆砾	A2
						间断	间断级配含土粗圆砾	B1、B2
						均匀	均匀级配含土粗圆砾	B2
					15%～30%	—	粉土粗圆砾	B2、B3
						—	黏土粗圆砾	B3、C1
					30%～50%	—	多粉土粗圆砾	C1
						—	多黏土粗圆砾	C2
			粗角砾土	粒径大于 20mm 颗粒的质量超过总质量的 50%（尖棱状为主）	<5%	良好	良好级配粗角砾	A1
						间断	间断级配粗角砾	B1、B2
						均匀	均匀级配粗角砾	B2
					5%～15%	良好	良好级配含土粗角砾	A1
						间断	间断级配含土粗角砾	B1、B2
						均匀	均匀级配含土粗角砾	B2
					15%～30%	—	粉土粗角砾	B2、B3
						—	黏土粗角砾	B3、C1
					30%～50%	—	多粉土粗角砾	C1
						—	多黏土粗角砾	C2
		中砾石土	中圆砾土	粒径大于 5mm 颗粒的质量超过总质量的 50%（浑圆或圆棱状为主）	<5%	良好	良好级配中圆砾	A2
						间断	间断级配中圆砾	B1、B2
						均匀	均匀级配中圆砾	B2
					5%～15%	良好	良好级配含土中圆砾	A2
						间断	间断级配含土中圆砾	B1、B2
						均匀	均匀级配含土中圆砾	B2
					15%～30%	—	粉土质中圆砾	B2、B3
						—	黏土质中圆砾	B3、C1
					30%～50%	—	多粉土中圆砾	C1
						—	多黏土中圆砾	C2
			中角砾土	粒径大于 5mm 颗粒的质量超过总质量的 50%（尖棱状为主）	<5%	良好	良好级配中角砾	A1
						间断	间断级配中角砾	B1、B2
						均匀	均匀级配中角砾	B2
					5%～15%	良好	良好级配含土中角砾	A1
						间断	间断级配含土中角砾	B1、B2
						均匀	均匀级配含土中角砾	B2

续表

一级定名					二级定名			填料组别
类别		名称		说明	细粒含量	级配	定名	
粗粒土	砾石类	中砾石土	中角砾土	粒径大于 5mm 颗粒的质量超过总质量的 50%（尖棱状为主）	15%～30%	—	粉土中角砾	B2、B3
						—	黏土中角砾	B3、C1
					30%～50%	—	多粉土中角砾	C1
						—	多黏土中角砾	C2
		细砾石土	细圆砾土	粒径大于 2mm 颗粒的质量超过总质量的 50%（浑圆或圆棱状为主）	<5%	良好	良好级配细圆砾	A2
						间断	间断级配细圆砾	B1、B2
						均匀	均匀级配细圆砾	B2
					5%～15%	良好	良好级配含土细圆砾	A2
						间断	间断级配含土细圆砾	B1、B2
						均匀	均匀级配含土细圆砾	B2
					15%～30%	—	粉土细圆砾	B2、B3
						—	黏土细圆砾	B3、C1
					30%～50%	—	多粉土细圆砾	C1
						—	多黏土细圆砾	C2
			细角砾土	粒径大于 2mm 颗粒的质量超过总质量的 50%（尖棱状为主）	<5%	良好	良好级配细角砾	A1
						间断	间断级配细角砾	B1、B2
						均匀	均匀级配细角砾	B2
					5%～15%	良好	良好级配含土细角砾	A1
						间断	间断级配含土细角砾	B1、B2
						均匀	均匀级配含土细角砾	B2
					15%～30%	—	粉土细角砾	B2、B3
						—	黏土细角砾	B3、C1
					30%～50%	—	多粉土细角砾	C1
						—	多黏土细角砾	C2

注：1）在间断级配中，细料（小于 5mm 颗粒）>35%的土（冲蚀稳定），为 B1 组，其余为 B2 组土。

2）在细粒含量为 15%～30%的粉土中，当 0.075～5mm 颗粒含量≥15%时为 B2 组，否则为 B3 组。

3）在细粒含量为 15%～30%的黏土中，当 0.075～5mm 颗粒含量≥15%时为 B3 组，否则为 C1 组。

表 3.8　砂类土填料组别分类

一级定名				二级定名			填料组别
类别	名称	土名	说明	细粒含量	级配	定名	
粗粒土	砂类	砾砂	粒径大于 2mm 颗粒的质量占总质量的 25%～50%	<5%	良好	良好级配砾砂	B1
					间断	间断级配砾砂	B2
					均匀	均匀级配砾砂	B3
				5%～15%	良好	良好级配含土砾砂	B1

续表

一级定名				二级定名			填料组别
类别	名称	土名	说明	细粒含量	级配	定名	
粗粒土	砂类	砾砂	粒径大于 2mm 颗粒的质量占总质量的 25%～50%	5%～15%	间断	均匀级配含土砾砂	B2
					均匀	间断级配含土砾砂	B3
				15%～30%	—	粉土砾砂	B2
						黏土砾砂	B3
				30%～50%	—	多粉土砾砂	C1
						多黏土砾砂	C2
		粗砂	粒径大于 0.5mm 颗粒的质量超过总质量的 50%	<5%	良好	良好级配粗砂	B1
					间断	间断级配粗砂	B2
					均匀	均匀级配粗砂	B3
				5%～15%	良好	良好级配含土粗砂	B1
					间断	间断级配含土粗砂	B2
					均匀	均匀级配含土粗砂	B3
				15%～30%	—	粉土粗砂	B2
						黏土粗砂	B3
				30%～50%	—	多粉土粗砂	C1
						多黏土粗砂	C2
		中砂	粒径大于 0.25mm 颗粒的质量超过总质量的 50%	<5%	良好	良好级配中砂	B1
					间断	间断级配中砂	B2
					均匀	均匀级配中砂	B3
				5%～15%	良好	良好级配含土中砂	B1
					间断	间断级配含土中砂	B2
					均匀	均匀级配含土中砂	B3
				15%～30%	—	粉土中砂	B2
						黏土中砂	B3
				30%～50%	—	多粉土中砂	C1
						多黏土中砂	C2
		细砂	粒径大于 0.075mm 颗粒的质量超过总质量的 85%	<5%	良好	良好级配细砂	C2
					间断	间断级配细砂	C3
					均匀	均匀级配细砂	C3
				5%～15%	良好	良好级配含土细砂	C2
					间断	间断级配含土细砂	C3
					均匀	均匀级配含土细砂	C3
		粉砂	粒径大于 0.075mm 颗粒的质量超过总质量的 50%	15%～30%	—	粉土粉砂	C3
						黏土粉砂	C3
				30%～50%	—	多粉土粉砂	C3
						多黏土粉砂	C3

表 3.9　细粒土填料组别分类

	一级分类定名	二级分类定名		三级分类定名			填料组别
	主成分	定名	液-塑限描述	粗粒含量	粗粒成分	定名	
细粒土（小于 0.075mm 含量≥50%）	粉土（M）	低液限粉土（ML）	A 线以下，$I_p<10$，$\omega_L<40$	<30%	—	低液限粉土	C3
				30%～50%	砾	含砾的低液限粉土	C3
					砂	含砂的低液限粉土	C3
		高液限粉土（MH）	A 线以下，$I_p<10$，$\omega_L\geqslant40$	<30%	—	高液限粉土	D2
				30%～50%	砾	含砾的高液限粉土	D1
					砂	含砂的高液限粉土	D1
	黏土（C）	低液限黏土（CL）	A 线以下，$I_p\geqslant10$，$\omega_L<40$	<30%	—	低液限黏土	C3
				30%～50%	砾	含砾的低液限黏土	C3
					砂	含砂的低液限黏土	C3
		高液限黏土（CH）	A 线以上，$I_p\geqslant10$，$\omega_L\geqslant40$	<30%	—	高液限黏土	D2
				30%～50%	砾	含砾的高液限黏土	D1
					砂	含砂的高液限黏土	D1
	软岩土	—	A 线以下，$I_p<10$，$\omega_L<40$	—	—	低液限软岩粉土	C3
		—	A 线以下，$I_p<10$，$\omega_L\geqslant40$	—	—	高液限软岩粉土	D2
		—	A 线以下，$I_p\geqslant10$，$\omega_L<40$	—	—	低液限软岩黏土	C3
		—	A 线以上，$I_P\geqslant10$，$\omega_L\geqslant40$	—	—	高液限软岩黏土	D2

3.2　级配碎石

级配碎石是由不同粒径的碎石、砾石集料和石屑按一定比例配置的混合料，一般由开山块石、天然卵石或砂砾石经破碎筛选而成。高速铁路路基基床表层普遍采用级配碎石填筑，改善了高速铁路路基基床结构力学性能，减少了列车荷载产生的弹性变形和残余变形，从而降低了外界环境对基床表层的不利影响，提高了路基服役性能。为了保证基床表层级配碎石的质量，应选用高标准的级配碎石，并严格控制施工过程的压实质量。

随着列车轴重的增大、运行速度的提高，对路基性能的要求日益提升。我国在国家"八五"科技攻关中对高速铁路路基设计技术条件进行了研究，提出了高速铁路基床表层级配碎石技术条件，并在其后的铁路设计施工中得到了成功应用。在京沪高速铁路修建期间，编制了《客运专线基床表层级配碎石暂行技术条件》[5]，对我国高速铁路的发展提供了重要的技术支撑。

3.2.1 级配碎石级配设计

1. 设计流程

高速铁路路基基床表层级配碎石填料的级配选择受到气候条件差异的显著影响。在我国南方多雨地区，高速铁路路基基床表层由于列车振动荷载引起轨道板与路基离缝，离缝部位轨道板上下振动，对缝内水分形成抽吸作用，进而造成翻浆冒泥。在北方严寒地区，高速铁路路基基床表层集料骨架接触部位黏土颗粒周围薄膜水引起水分迁移，造成冻胀问题。因此，高速铁路路基基床表层级配碎石填料的级配选择需考虑气候因素，降低级配碎石的渗透性以及细粒含量。高速铁路基床表层级配碎石的级配设计流程如图 3.2 所示。

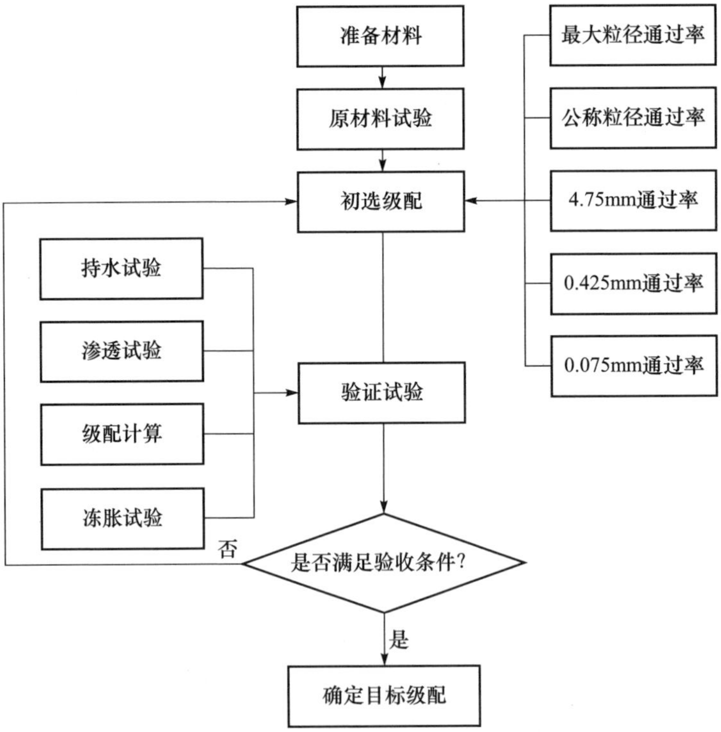

图 3.2　高速铁路基床表层级配碎石的级配设计流程

2. 初选级配

通过分析不同级配对级配碎石强度、耐久性、抗冻性的影响，初步拟定出我国高速铁路无砟轨道基床表层级配碎石级配相应粒径颗粒含量的控制范围，并在此基础上按照《高速铁路设计规范》(TB 10621—2014)[6]中的级配碎石控制筛孔进行内插，获取不同方孔筛孔边长下各粒径颗粒的过筛质量百分率范围，如表3.10所示。与该初选级配对应的基床表层级配碎石初选级配曲线如图3.3所示。

表3.10 基床表层级配碎石初选级配

方孔筛孔边长/mm	过筛质量百分率/%
0.075	0～3(5)
0.5	7～20
1.7	17～36
7.1	37～60
22.4	62～83
31.5	71～91
45	82～100
63	100

注:表中括号内的过筛质量百分率为考虑填料碾压破碎时采用的数值。

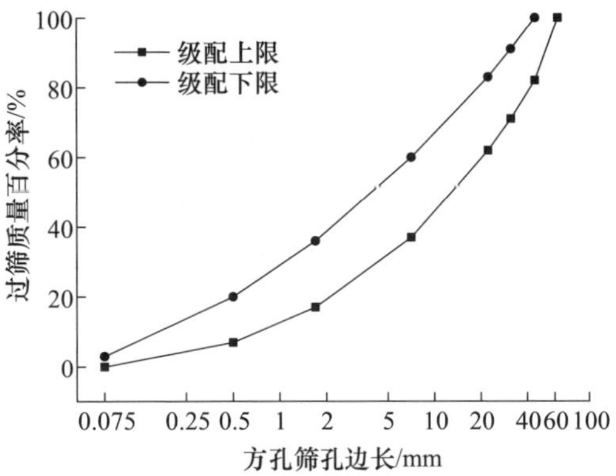

图3.3 基床表层级配碎石初选级配曲线

3. 级配碎石结构类型

压实后的级配碎石随粗细集料含量的变化可分为三种典型的结构类型：悬浮密实结构、骨架密实结构和骨架孔隙结构。悬浮密实结构的粗集料含量约为 50%，细集料含量较多，粗集料悬浮于细集料中，不适合作为寒区路基填料；骨架密实结构以粗集料为主，集料之间的孔隙以细颗粒充分填充；骨架孔隙结构的粗集料相互紧密接触，形成稳定的结构，但细集料含量不足以填满集料之间的孔隙。骨架孔隙结构型混合料与骨架密实型混合料相比，具有较高的孔隙率，适用于有较高内部排水要求的情况。

4. 级配碎石级配计算

级配曲线的计算方法主要包括 n 法、i 法、k 法，这些计算方法由最大密度曲线理论与粒子干涉理论发展而来。除 n 法外，其他算法均只适用于各级粒径以 1/2 递减的情况，无法满足我国级配碎石常用级配的筛孔划分标准，而 n 法是以最大密度曲线理论为基础，设计的级配难以形成骨架密实结构，不能适用高速铁路路基对集料级配的要求。

我国提出了一种铁路路基基床表层级配碎石级配算法，粗集料级配与细集料级配分取不同的 i 值，称为变 i 法，即多级嵌挤密实级配算法[7]。

$$p_x = 100 i^x \tag{3.3}$$

式中，p_x 为各级粒径颗粒的过筛质量百分率，%；i 为变 i 法取值系数。

$$x = 3.32 \log\left(\frac{D}{d_x}\right)$$

式中，d_x 为各粒级的相应方孔筛孔边长，mm；D 为最大粒径，mm。

多级嵌挤密实级配算法可以考虑各级粒径不以 1/2 依次递减的情况，不受固定方孔筛孔边长的限制，应用更加灵活便捷。与最大密度曲线方法相比，多级嵌挤密实级配算法更适合作为我国高速铁路基床表层级配碎石筛孔的划分标准。

根据多级嵌挤密实级配算法对初步拟定的级配碎石级配的上下限进行计算，粗、细集料采用不同的 i 值：细集料上限级配 i 取 0.79，粗集料上限级配 i 取 0.79；细集料下限级配 i 取 0.70，粗集料下限级配 i 取 0.73。由多级嵌挤密实级配算法获得的不同方孔筛孔边长下各粒径颗粒的过筛质量百分率范围如表3.11所示。

表3.11　基床表层级配碎石多级嵌挤密实级配

方孔筛孔边长/mm	过筛质量百分率/%
0.075	3～10
0.5	8～21
1.7	16～33
7.1	37～53
22.4	63～79
31.5	73～89
45	85～100
63	100

将多级嵌挤密实级配计算方法获得的级配曲线与初选级配曲线绘制于同一坐标中，如图3.4所示。

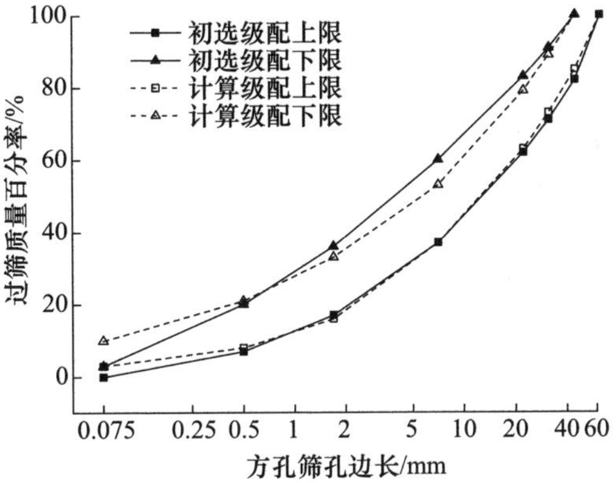

图3.4　拟选级配曲线与多级嵌挤密实级配计算曲线的对比

由图3.4可以看出，按照多级嵌挤密实级配计算方法计算所得级配曲线下限与初选级配曲线基本吻合，下限中0.075mm含量超出初步拟定的级配范围内，但超出值不大，满足多级嵌挤密实的要求，属于骨架密实结构。初选级配上限与计算级配曲线有一定区别，对该级配曲线中1.7mm、7.1mm、22.4mm粒径含量进行调整，同时减少计算曲线中0.075mm以下细颗粒含量，修正后级配如表3.12所示[8]。

表 3.12　修正后级配[8]

方孔筛孔边长/mm	过筛质量百分率/%
0.075	0～3(5)
0.5	8～20
1.7	16～33
7.1	37～53
22.4	63～79
31.5	73～89
45	85～100
63	100

3.2.2　级配碎石抗冻控制指标

为保证严寒地区高速铁路基床表层的抗冻性能，需要控制级配碎石的细颗粒含量、渗透系数、持水率、压实性能等指标[8]。

1. 细颗粒含量

细颗粒含量(粒径 $d<0.075$mm 的颗粒含量)对填料冻胀的影响如图 3.5 所示。可以看出，细颗粒含量小于 3%时，土体在开敞及封闭情况下冻胀量均较小，但是在不利的情况下细颗粒含量小于 3%的填料仍会发生一定量的冻胀。因此，将严寒地区高速铁路基床表层级配碎石细颗粒含量限定为 3%，压实后可增大至 5%[9]。

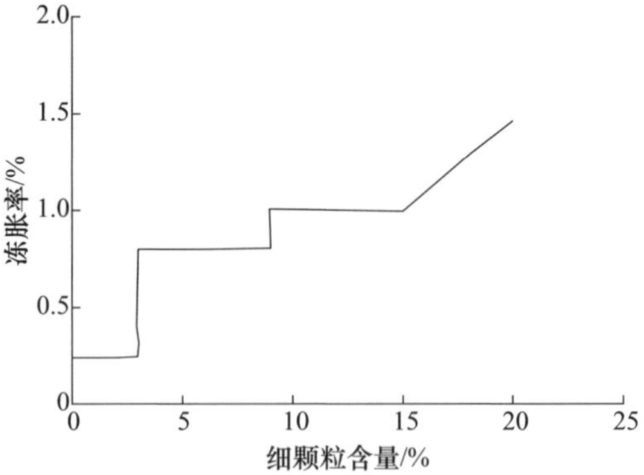

图 3.5　细颗粒含量对填料冻胀的影响[8]

2. 渗透系数

水是引起土体冻胀的重要因素，土的渗透系数较大时，渗入土中水分能迅速排出，从而降低水分对土体冻胀的影响。当渗透系数不小于 5×10^{-5} m/s 时，能满足基床表层冻胀变形控制要求。

3. 持水率

在无水分补给条件下，经自由排水后土体内的含水率称为持水率，该指标反映了土体保有水分的能力。土体持水率越高则冻胀率越大。随着细粒含量的减少，土的持水率呈降低趋势；对于低细颗粒含量粗粒土，持水率基本在 3%～5.5%。

4. 级配碎石压实性能

为便于碾压密实基床表层级配碎石，级配碎石材料应具有一定的不均匀性，相应的不均匀系数 C_u 不小于 15，曲率系数 C_c 为 1～3。

3.2.3　高速铁路路基基床表层级配碎石标准

高速铁路路基基床表层级配碎石分为Ⅰ型和Ⅱ型两种[8]。Ⅰ型级配碎石的粒径级配要求如表 3.13 所示，适用于有砟轨道及非冻土地区无砟轨道基床表层。0.02mm 以下粒径过筛质量百分率不得大于 3%；在压实系数为 0.97 情况下，其渗透系数应小于 1×10^{-6} m/s。

表 3.13　基床表层Ⅰ型级配碎石粒径级配

方孔筛孔边长/mm	过筛质量百分率/%
0.075	0～7
0.5	19～32
1.7	33～46
7.1	53～75
22.4	79～91
31.5	89～100
45	100

Ⅱ型级配碎石的粒径级配要求如表 3.14 所示，适用于冻结深度大于 0.5m 的冻土地区无砟轨道基床表层。0.075mm 以下粒径过筛质量百分率不得大于 3%，压实后 0.075mm 以下粒径过筛质量百分率不得大于 5%，细颗粒含量需采用湿筛的方法测试；持水率不得大于 5%，渗透系数应大于 5×10^{-5}m/s。

表 3.14　基床表层Ⅱ型级配碎石粒径级配

方孔筛孔边长/mm	过筛质量百分率/%
0.075	0～3(5)
0.5	8～20
1.7	16～33
7.1	37～53
22.4	63～79
31.5	73～89
45	85～100
63	100

3.3　化学改良土

化学改良土是指通过掺入石灰、水泥、矿物掺和料等材料改善其工程性能的土体。

1. 化学改良土的影响因素

1）土的种类、性质

高速铁路路基常用水泥或石灰进行改良。水泥改良土的强度受土的种类、性质影响很大，土中粉粒、黏粒含量过高，采用水泥作添加剂进行改良时，粉碎、拌和困难且不经济。一般液限大于 50 的土不宜采用水泥改良。石灰改良土的强度与土中黏粒含量有关，黏粒含量高的土采用石灰改良效果较好。

2）级配与水泥剂量

用同一剂量水泥改良时，级配良好的在土的强度和耐久性方面有一定优势。级配良好的土可节省水泥用量，降低成本，减少改良土路基的裂缝。为了减少裂缝，许多国家限制改良土中的水泥剂量，如日本、美国、法国等国家明确规定水泥剂量不得超过5%。

3）土的塑性指数

土的塑性指数反映了土块粉碎的难易程度，对于难以粉碎的土体，采用水泥进行改良时效果较差。

4）施工拌和与压实

改良剂、土、水的拌和均匀程度是影响强度和耐久性的重要因素。为确保搅拌均匀，多采用集中拌和方法。延迟时间是指水泥改良填料拌和后至碾压成型之前的时间间隔，其对改良土的密实度和强度有很大影响。为减少压实延迟时间对水泥改良土的影响，需要在拌和完成后2h内完成压实。

5）温度和湿度

在温度高、湿度大的条件下，石灰土的强度增长快、强度高。石灰土在49℃条件下养护30h，可以达到一般室内试验条件下养护28d龄期的强度。石灰土的养护温度不应低于7℃，相对湿度不应低于80%。

2. 化学改良土的强度控制指标

化学改良土强度除与土和掺入料的自身特性有关外，还与土和掺入料混合时的配制及铺筑工艺流程有关。水泥与土拌和后，一般3h内完成初凝，6h内完成终凝，养护28d时强度基本发挥至80%以上，一般将养护28d强度定为化学改良土的强度，养护28d后强度仍有增长，但化学改良土养护7d强度可达养护28d强度的70%。

化学改良土的强度可用无侧限抗压强度q_u、承载比CBR和变形模量E等力学指标表示。这些指标之间有较好的相关性，可用其中的一种或几种作为化学改良土强度指标。考虑到化学改良土与混凝土类似，国内大多采用无侧限抗压强度q_u作为化学改良土的强度指标。

化学改良土的强度除与施工过程中的压实密度有关外，还与延迟压实时间有关[10]。随延迟压实时间的增长，其干密度和无侧限抗压强度呈下降趋势，如图3.6和图3.7所示。理想的压实时间应控制在初凝期内，为减少延迟压实引起的强度损失，美国、英国、法国等国家规定必须在加水拌和 2h 内完成压实，日本则以提高施工设计强度弥补强度的损失。我国铁路现行标准采用饱和 7d 无侧限抗压强度 q_u 作为化学改良土强度控制指标，并考虑压实延迟影响，可满足现场施工要求，且大大节省施工工期。

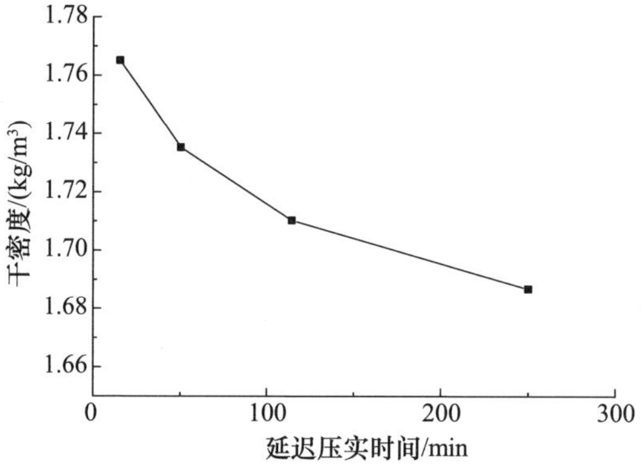

图 3.6　延迟压实时间对化学改良土干密度的影响

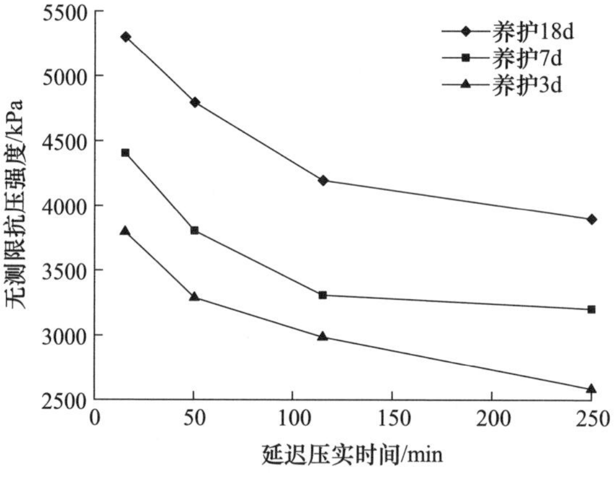

图 3.7　延迟压实时间对化学改良土无侧限抗压强度的影响

同时，为确保路基表层在动荷载作用下不发生大的塑性变形，路基的临界动强度必须大于作用的动应力。土的临界动强度与填土的类别、物理力学性质、荷载大小和作用频率等有关。中国铁道科学研究院经过多年的理论与试验研究，确定路基表面动应力最大值为 100kPa，将其作为路基改良土临界动强度的限值。当动荷载与静荷载比值小于 0.2 时，土体的累积变形率不超过 0.5%，改良土体在动应力作用下不会产生大的塑性变形[11,12]。

根据我国铁路系统采用的路基改良土压实控制值，化学改良土的饱和无侧限抗压强度应符合表3.15的规定。

表3.15　化学改良土饱和无侧限抗压强度

路基部位	客货共线铁路的化学改良土饱和无侧限抗压强度/kPa		客运专线铁路的化学改良土饱和无侧限抗压强度/kPa
	Ⅱ级铁路	Ⅰ级铁路和速度为200km/h的铁路	
基床表层	≥500(≥700)	—	—
基床底层	≥300(≥450)	≥350(≥550)	≥350(≥550)
基床以下路基	≥200	≥250	≥250

注：1）表中的强度值为7d龄期的饱和无侧限抗压强度。
2）表中括号内数值为改良土考虑冻融循环作用时所需的强度值。

3. 化学改良土的压实质量控制

化学改良土的最大干密度由室内重型击实试验确定，但由于现场受压实延迟的影响，其最大干密度会随延迟压实时间增长而减小，如图3.8所示。这一现象会导致施工过程中化学改良土现场压实系数 K 无法达到标准要求。

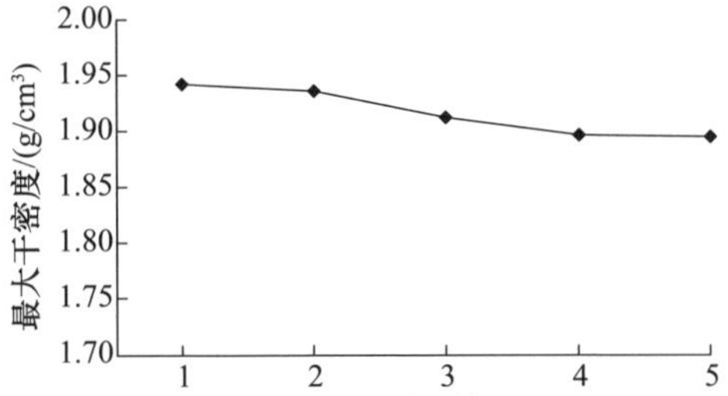

图3.8　延迟压实时间对化学改良土最大干密度的影响

郑西高速铁路路基施工过程中出现水泥改良土压实系数 K 近半数未达到0.95的标准的现象，如图3.9所示。解决这一问题可采用以下两种方法：一是采用室内轻型击实试验的最大干密度作为控制 K 值的标准；二是对不同延迟压实时间进行干密度和强度的衰减试验，获取满足现场压实延迟时间改良土的最大干密度。

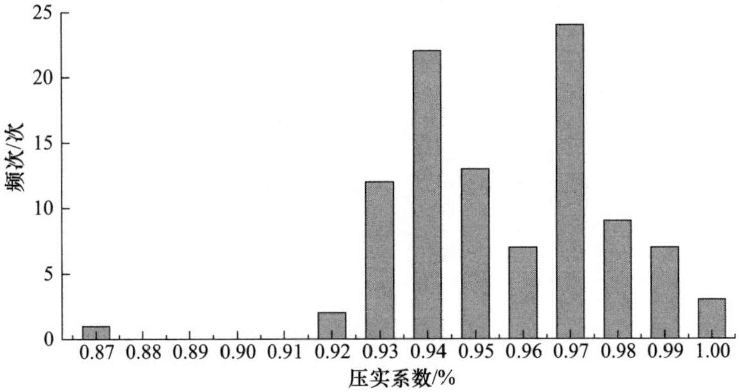

图 3.9 郑西高速铁路路基水泥改良土压实系数的频次分布图

3.4 填料压实质量检测

3.4.1 压实质量影响因素

路基压实是指在外荷载作用下填料颗粒重新组合、相互挤密的过程。压实可增加填料的密实程度,提高路基强度、刚度及平整度,确保路基具有足够抵抗列车荷载作用的力学强度和稳定性。路基压实最早采用静力压实方法,但难以获得较高的压实质量。随着路基质量要求提升,高速铁路路基主要采用振动压实的方式进行填筑。影响压实质量的因素较多,包括填料类型、填料颗粒级配、填料含水率、压实功和碾压厚度等[13~15]。

1. 填料类型

填料压实特性与填料类型密切相关,通常情况下非黏性土的压实效果较好,粗粒土在振动作用下易被压实。

2. 填料颗粒级配

填料颗粒级配是影响路基压实的重要因素。良好级配的填料,其级配曲线覆盖了整个粒径尺寸范围,大小颗粒相互作用与结合,小颗粒土料能把大颗粒土料的空隙完全填充,构成结构密实的良好承载体。

3. 填料含水率

填料含水率是影响填料压实性能的重要指标,最优含水率下可以使填料在压实后达到最大干密度。

4. 压实功

压实功由碾压(或锤击)的次数及其单位面积压力决定。若在一定限度内增加压实功,可降低含水率,提高最佳密实度。土在不同压实功作用下的压实特性,是决定压实工作量和选择机具与施工方法的依据。

5. 碾压厚度

压实过程中碾压厚度对压实效果具有明显影响,碾压厚度过薄填料容易受剪切破坏导致起皮剥离,碾压厚度太厚会导致底部填料欠压。

3.4.2　压实质量检测指标

指标检测的目的是有效地控制填土质量,使其在压实后能满足强度高、变形小、水稳性好的要求。国内外铁路使用的压实质量检测指标主要有以下 8 种,如表 3.16所示。

表 3.16　各国压实质量检测指标使用情况

压实质量检测指标	中国			日本	德国	法国	英国	意大利
	铁路	公路	水利					
压实系数 K	√	√	√	√	√	√	√	√
地基系数 K_{30}	√	—	—	√	—	—	—	—
孔隙率 n	√	—	—	—	—	—	—	—
承载比 CBR	—	√	—	√	—	—	—	—
含气率 n_a	—	—	—	√	√	—	—	—
变形模量 E_{v2}	√	—	—	—	√	√	—	—
动态变形模量 E_{vd}	√	—	—	—	√	√	—	—
双指标配合使用情况	K_{30}	CBR	—	K_{30}	K	K	K	K
	K	K	—	K	E_{v2}	E_{v2}	N_{10}	E_{v2}

注:N_{10} 为轻型动力触探击数;√表示该指标被对应的国家使用。

1. 物理指标

压实质量检测物理指标主要有压实系数 K、孔隙率 n 和含气率 n_a 等,我国常采用压实系数 K 和孔隙率 n。

1）压实系数 K

压实系数 K 是指填土压实后的干密度与击实试验得出的最大干密度的比值，现场填料的干密度可采用环刀法、灌砂法或灌水法获得。

2）孔隙率 n

孔隙率 n 是指土中孔隙所占体积与总体积之比。

2. 力学指标

压实质量检测力学指标主要有地基系数 K_{30}、变形模量 E_{v2}、动态变形模量 E_{vd} 等，这些指标均可通过荷载板试验获得，但试验操作步骤及计算方法各有不同。

1）地基系数 K_{30}

地基系数 K_{30} 为直径 30cm 荷载板下沉 1.25mm 时对应的荷载与其下沉量的比值。

2）变形模量 E_{v2}

变形模量 E_{v2} 利用平板载荷试验确定，与地基系数 K_{30} 的测试方法相似，采用直径 300mm 的载荷板，先预压 0.01MPa 的荷载 30s，然后分级加载，直到沉降达到 5mm 或荷载达到 0.5MPa 后试验结束，加载等级不应小于 6 级。第一次试验完成后即可卸载，再进行二次加载。其中一次加载后计算的变形模量为 E_{v1}，一次加载和卸载后第二次加载计算的二次变形模量为 E_{v2}。

E_{v2} 测试过程应对 E_{v2} 与 E_{v1} 的比值进行控制。若 E_{v2}/E_{v1} 过大，则表明土中一部分孔隙在第一次加载时未能压密，即填料压实程度不满足要求，因此需限制二者的比例在某一范围内，使土体在一次加载前具有较高的压实度，保证 E_{v2} 测试的准确性。

3）动态变形模量 E_{vd}

动态变形模量 E_{vd} 试验是以落锤施加冲击荷载的平板载荷试验。该试验以落锤自由下落模拟列车运行时对路基产生的动荷载效应冲击，在冲击能相同的条件下，测试路基的垂直变形值，以此计算路基的动态变形模量 E_{vd} 指标。试验所用载荷板直径为 300mm，试验落锤重为 10kg，最大的冲击力为 7.07kN，荷载脉冲宽度为 18ms，荷载板下产生的平均压力幅值为

0. 1MPa[16]。

三种力学指标所用的平板载荷试验各自的特点如表 3. 17 所示。

表 3. 17　三种力学指标所用平板载荷试验特点

平板试验方式与效果对比	K_{30}	E_{v1}	E_{v2}	E_{vd}
载荷板直径	300mm	300mm	300mm	300mm
预加载	0. 01MPa	0. 01MPa	二次加载	三次冲击荷载
与地面的接触耦合	一般	一般	好	差
加载等级	0. 04MPa	不少于 6 级	比 E_{v1} 少 1 级	动态施加 脉冲宽度 18ms
加载控制	当 1min 的沉降量不大于该级荷载沉降量的 1%时,加下一级荷载	120s 后加下一级荷载	120s 后加下一级荷载	—
最大荷载或终止试验加载的标准	总沉降量超过 1. 25mm,或荷载强度超过估计的现场实际最大接触压力,或达到地基的屈服点	0. 5MPa,或沉降大于 5mm	0. 5MPa,或沉降大于 5mm	7. 07kN
反力装置（一般为载重汽车）	需要	需要	需要	不需
操作	复杂	复杂	复杂	简单
试验速度	一般	一般	一般	快
土体特征检测效果	较好	较好	好	差

3. 4. 3　压实质量控制标准

基于京津城际铁路、武广高速铁路、京沪高速铁路、遂渝高速铁路等高速铁路路基填筑压实现场测试数据,分析了不同压实质量控制指标之间的相关性关系,对高速铁路路基压实质量控制参数进行优化,并提出了相关标准。

1. 压实质量控制原则

大量现场试验结果表明,当密实度达到一定程度后,物理指标与力学指标检测结果相关性较低,在路基压实质量控制体系中,两者同等重要,不能互相替代。因此，在我国铁路压实质量控制体系中采用物理指标和力学指标两类指标控制。

2. 三种力学指标之间的关系

地基系数 K_{30}、变形模量 E_{v2} 与动态变形模量 E_{vd} 均反映了地基的变形模量，三者相互关系曲线如图 3.10～图 3.12 所示。由图 3.10 和图 3.11 可以看出，当 E_{vd} 满足要求时，地基系数 K_{30}、变形模量 E_{v2} 基本满足《高速铁路设计规范》(TB 10621—2014)[6]规定的要求。由于 E_{vd} 检测方法操作简单，测试速度快，便于增加测点数量，能消除土介质离散性的影响，可用 E_{vd} 作为现场压实质量的补充检测手段，并适当减少 K_{30}、E_{v2} 的检测数量。由图 3.12 可以看出，K_{30} 与 E_{v2} 具有较好的相关性，说明二者可相互取代[17]。

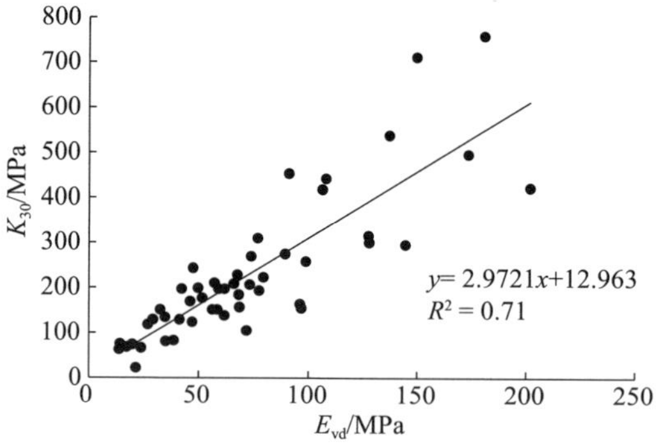

图 3.10　E_{vd} 与 K_{30} 关系

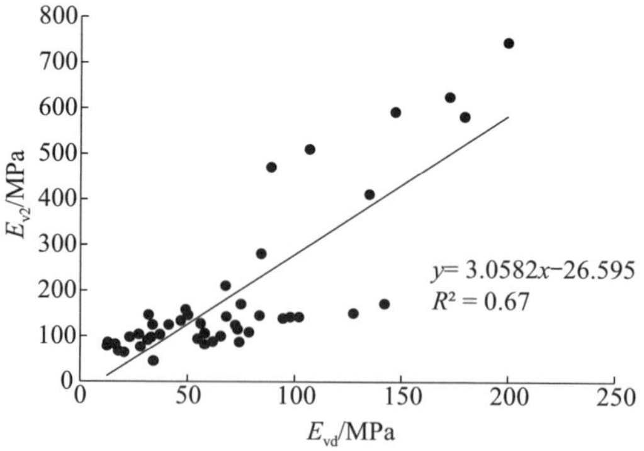

图 3.11　E_{vd} 与 E_{v2} 关系

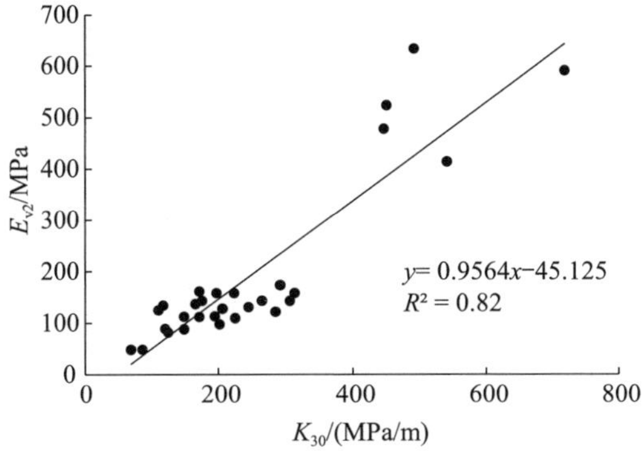

图 3.12　K_{30} 与 E_{v2} 关系

基于上述分析，我国高速铁路压实质量控制体系采用压实系数 K 与地基系数 K_{30} 双指标进行控制，用 E_{vd} 作为现场压实质量的补充，如表 3.18 所示[8]。

表 3.18　基床填料的压实标准[8]

结构层	填料		压实标准			
			压实系数 K	地基系数 K_{30}/(MPa/m)	7d 饱和无侧限抗压强度/kPa	动态变形模量 E_{vd}/MPa
基床表层	级配碎石		≥0.97	≥190	—	—
基床底层	A、B 组	粗粒土、碎石土	≥0.95	≥130	—	≥40
		砂类土(粉砂除外)、细砾土	≥0.95	≥130	—	≥40
	化学改良土		≥0.95	—	≥350(550)	—

3.5　压实振动连续检测

20 世纪 70 年代，德国、瑞典等国家针对传统压实检测技术的不足，开始研究振动轮振动加速度在压实过程中的变化规律，提出了压实振动连续检测的构想，并开发了压实度计检测方法，相较常规压实检测方法提升了压实质量连续检测的智能化水平与全面性。目前国外压实振动连续检测技术已取得较大进展，德国、瑞士、瑞典、美国、日本等国家均颁布了相应的技术规程。自 2008 年起，我国铁路部门从理论体系、测试技术和工程应用等方面对压实质量连续检测进行了系统研究，制定了相应的技术规程[18]。压实振动连续检测方法与常规压实检测方法的对比见表 3.19。

表 3.19　压实振动连续检测与传统检测方法的对比

对比项目	常规压实检测方法	压实振动连续检测方法
压实质量检测与控制	事后检测，无法过程控制	自动记录碾压位置，实时反馈压实程度，实现过程控制
检测效果	以点带面，无法反映整个作业的压实质量	实现对碾压面的全覆盖检测
碾压厚度检测	依靠人工测量、记录	自动监测，真实记录碾压厚度
碾压遍数控制	过程碾压无记录证明	准确记录碾压遍数，以图形直观显示

1. 检测指标

目前路基压实连续检测指标有压实计值 CMV、压实控制值 CCV、振动模量 E_{vib}等，其中应用最广泛的是 CMV。振动压路机在碾压较松软的弹性路基面时，振动加速度信号呈有规律的正波状态，随着碾压遍数的增多，路基的密实度逐渐提高，压路机振动轮加速度发生畸变，产生高次谐波。CMV 是通过分析振动轮竖向加速度信号的频谱特性，计算一次谐波与基波的幅值比来反映路基的压实状态，即

$$\mathrm{CMV}=K\frac{A_1}{A_0} \tag{3.4}$$

式中，A_1 为高次谐波信号的大小；A_0 为基频信号的大小；K 为常系数。

土体压实的程度越好，谐波的畸变程度越严重，谐波分量也越大，其比值也越大。通过建立 CMV 和常规压实试验值相关关系，可得到振动压实目标值，从而达到路基压实质量快速检测、全面控制的目的。

结合能量在碾压过程中的变化特性，中国铁道科学研究院集团有限公司提出了基于振动信号能量的高速铁路路基压实振动连续检测指标 CEV[19]。振动轮振动产生的压实能量以波的形式向填料中传播，一部分能量被填料吸收，另一部分能量则返回给振动轮，该过程可表示为

$$E_{eff}=E_a-E_b \tag{3.5}$$

式中，E_{eff}为振动轮有效传递的压实能量；E_a 为振动轮振动产生的压实能量；E_b 为填料返回给振动轮的能量。

在一定的压实工艺下，振动压路机输出的能量是一定的。因此，E_{eff}直接反映了填料的压实程度。当填料处于松散状态时，振动轮有效传递的压实能量较大。由于能量的输入使得填料中的空隙不断减小，其密实度和刚度逐渐增大，振动轮有效传递的压实能量逐渐减小，填料返回给振动轮的能量逐渐增大；当填料达到稳定的密实状态，其物理力学参数保持稳定，振动轮有效传递的压实能量也逐渐稳定，此时填料压实完成。振动轮振动信号所携带能量的变化主要是由填料返回给振动轮能量的改变造成的，因此可以通过振动轮振动信号所携带能量反映整个压实过程中的能量交换，从而得到填料的压实程度。

CEV计算需量化非线性振动信号所携带的能量大小，首先对振动轮加速度信号进行经验模态分解，利用时间序列上下包络的平均值确定瞬时平衡位置，进而提取一系列具有不同特征尺寸的固有模态函数(intrinsic mode function，IMF)。随后，对分解出来的IMF分量按式(3.6)进行变换：

$$H(\omega,t)=\mathrm{Re}\sum_{i=1}^{n+1}a_i(t)\exp\left(\mathrm{j}\int\omega_i(t)\mathrm{d}t\right) \tag{3.6}$$

式中，$a_i(t)$为IMF幅值随时间的函数；$\omega_i(t)$为IMF频率随时间的函数；Re表示取实部；n为IMF的数量，个。

由式(3.6)可以得到振动信号在时间-频率-能量尺度上的分布规律。继续在该表达式中对时间进行积分，则可得到振动信号在频率-幅值尺度上的分布规律，即

$$h(\omega,t)=\int_{-\infty}^{\infty}H(\omega,t)\mathrm{d}t \tag{3.7}$$

式中，$H(\omega,t)$为希尔伯特谱函数。

式(3.7)以边际谱的形式表示振动信号各频带上的能量分布。其频率表征了振动信号每个频率点的累积幅值分布，而傅里叶频谱的某一点频率上的幅值表示在整个信号里有一个含有此频率的三角函数组分，因而边际谱更能准确地反映信号的实际频率成分。而且边际谱的物理含义为信号中瞬时频率的总能量大小，故利用积分原理对边际谱曲线进行求和，得到振动信号所携带的总能量，并以此作为连续压实控制指标，判定填料的压实程度。

中国铁道科学研究院集团有限公司在京雄高速铁路开展现场试验，对

比分析 CEV、CMV 与 E_{vd}的相关关系，如图 3.13 所示。可以看出，针对高速铁路 A、B 组填料，CEV 与 E_{vd}间的相关系数明显高于 CMV，说明 CEV 能够更好地反映路基的连续压实过程[20～22]。

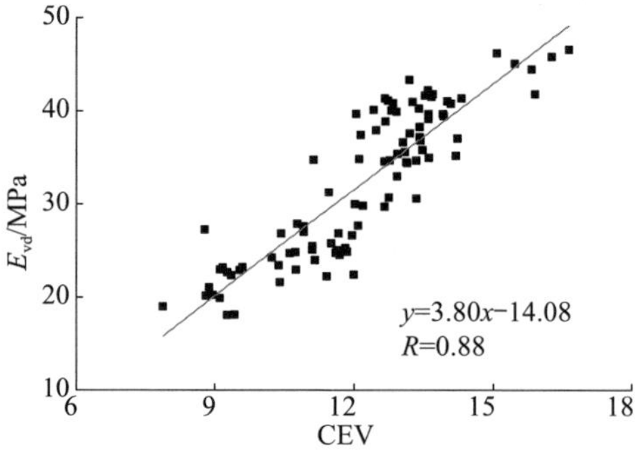

(a) CEV指标

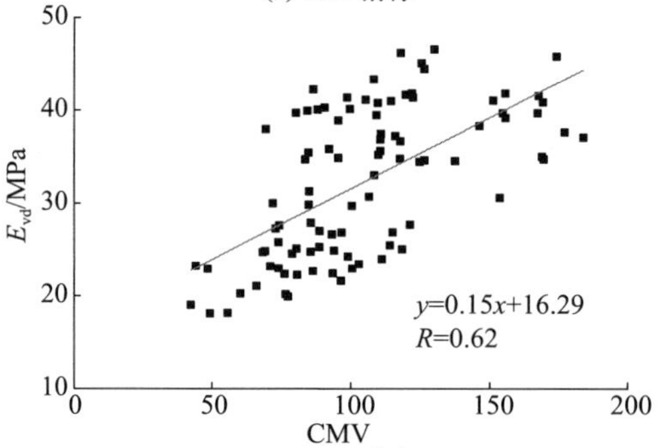

(b) CMV指标

图 3.13　CEV、CMV 与 E_{vd}间的相关关系

2. 检测系统与工程应用

中国铁道科学研究院集团有限公司研发了基于 CEV 指标的振动压实连续检测系统。该系统由检测设备(硬件)和反馈控制与管理系统(软件)组成。检测设备包括振动传感器、处理器、定位系统、显示终端等，其主要功能是进行现场数据采集与实时显示，反馈控制与管理系统提供数据的统计分析与远程访问，如图 3.14 所示。

振动压实连续检测系统工作流程为：振动传感器采集压路机振动轮机架的振动加速度，通过数字处理器分析其振幅、振频及波形特征，在此基础上分析获取路基的压实程度、压实均匀性和压实稳定性三方面信息，再匹配北斗卫星定位监测系统采集的压路机行驶信息,对检测结果进行准确定位,由此得到路基压实程度、均匀性以及稳定性平面分布图。通过配置的车载显示终端,可以实时显示检测结果,指导路基碾压施工。反馈控制与管理系统将检测设备采集的数据上传至网络管理平台,实现对路基压实检测数据的存储备份、信息查询以及进一步的统计分析,如图 3.15 和图 3.16所示。

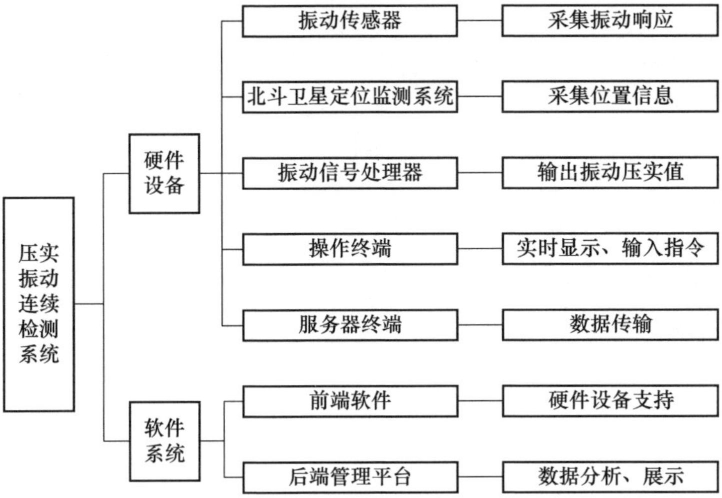

图 3.14　压实振动连续检测系统组成

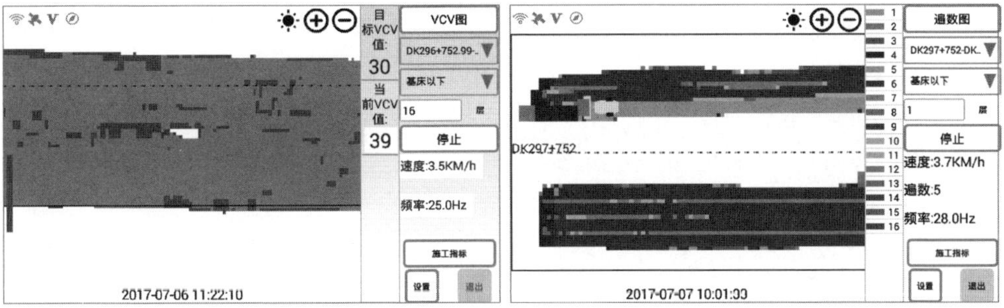

(a) 压实程度平面图　　(b) 碾压遍数图

图 3.15　压实程度与碾压遍数查看

根据相关研究成果,中国铁道科学研究院集团有限公司制定了《路基压实振动连续检测系统》(Q/CR 745—2020)[23]。振动压实连续检测技术已在京雄高速铁路、和若铁路路基填筑工程中得以应用,实现了整个碾压面的全覆盖式检测,改变了传统意义上的单点抽样控制方法,提升了路基填料压实质量检测智能化水平。

图 3.16 路基碾压施工

参 考 文 献

[1] 中华人民共和国行业标准. 铁路路基设计规范(TB 10001—2016). 北京:中国铁道出版社,2016.

[2] 叶阳升. 论铁路路基填料分类. 中国铁道科学,2004,25(2):36-42.

[3] 张千里,叶阳升,王仲锦,等. 铁路路基填料分类标准深化研究. 北京:中国铁道科学研究院,2011.

[4] 王仲锦,张千里,叶阳升. 铁路路基填料分类深化研究. 中国铁道科学,2012,33(2):13-20.

[5] 中华人民共和国铁道部暂行技术条件. 客运专线基床表层级配碎石暂行技术条件(科技基(2005)101 号). 北京:铁道部科学技术司. 2005.

[6] 中华人民共和国行业标准. 高速铁路设计规范(TB 10621—2014). 北京:中国铁道出版社,2014.

[7] 叶阳升,张千里,程爱君,等. 铁路路基压实质量控制参数优化与控制体系的研究. 北京:中国铁道科学研究院,2008.

[8] 程爱君,叶阳升,蔡德钩,等. 基于运营实践的高速铁路基床表层功能与要求的深

化研究. 北京：中国铁道科学研究院，2014.

[9] 叶阳升，王仲锦，张千里，等. 寒区铁路路基防冻胀结构及设计参数研究. 北京：中国铁道科学研究院，2006.

[10] 付兵先，张千里，史存林，等. 冻融循环条件下延迟时间对水泥改良低液限粉土动力特性影响试验研究. 中国铁道科学，2010，31(1)：9-15.

[11] 叶阳升，程爱君，张千里. 改良土路基的设计及压实指标研究. 中国铁道科学，2008，(2)：1-5.

[12] 张天红，周易平，叶阳升，等. 水泥土的强度及影响因素初探. 中国铁道科学，2003，(6)：54-57.

[13] 王志坚，叶阳升，王仲锦. 击实试验标准不同对试验结果的影响. 中国铁道科学，2003，(2)：56-60.

[14] 蔡德钩，程爱君，叶阳升，等. 土工振动击实试验的数值分析. 铁道建筑，2009，(8)：79-82.

[15] 王永，史存林，张千里，等. 铁路路基填料最优振动压实模式判断准则研究. 铁道建筑，2018，58(4)：95-97.

[16] 熊建珍，史存林，张千里，等. 落锤式路基刚度检测仪的试验研究. 铁道建筑，2000，(8)：7-10.

[17] 吕宾林，张千里. 地基系数变形模量及动态变形模量的测试与对比. 铁道建筑，2006，(2)：55-57.

[18] 中国铁路总公司企业标准. 铁路路基填筑工程连续压实控制技术规程(Q/CR 9210—2015). 北京：中国铁道出版社，2015.

[19] 叶阳升，蔡德钩，朱宏伟，等. 基于振动能量的新型高速铁路路基压实连续检测控制指标研究. 铁道学报，2020，42(7)：127-132.

[20] 蔡德钩，叶阳升，闫宏业，等. 基于现场试验的高速铁路路基智能压实过程中振动波垂向传播机制. 中国铁道科学，2020，41(3)：1-10.

[21] 叶阳升，闫宏业，蔡德钩，等. 高速铁路路基压实参数对振动波演化特征的影响研究. 铁道学报，2020，42(5)：120-126.

[22] Han Y X, Yang C W, Cai D G, et al. Study on intelligent compaction-equipment logistics scheduling and propagation characteristics of vibration wave in nonlinear systems with multistability based on field test. Complexity，2020，(3)：1-13.

[23] 中国国家铁路集团有限公司企业标准. 路基压实振动连续检测系统(Q/CR 745—2020). 北京：中国铁道出版社，2020.

第4章 地 基 处 理

随着我国高速铁路建设与运营标准的逐步提高，地基处理的目的已经从单一的提高地基承载力逐渐发展到兼顾控制路基的工后沉降。传统的置换、排水固结、灌入固化物、振密及挤密等地基处理方法已难以完全满足高速铁路路基快速、高标准的建设要求。旋喷桩、CFG桩、预应力高强度混凝土(pre-stressed high-strength concrete，PHC)管桩等半刚性桩、刚性桩复合地基得到大规模应用，同时开发了螺钉桩、竹节桩等新桩型，发展了桩网(筏)、桩板等结构形式，为高速铁路地基沉降变形控制提供了技术支撑。

4.1 铁路地基处理方法

铁路地基处理方法与铁路等级、轨道类型、地质条件等多种因素密切相关。高速铁路列车速度高，为满足铁路路基稳定性、承载力与工后沉降的严格要求，应根据工程地质情况采取适当的地基处理措施[1,2]。

4.1.1 地基处理方法选择

铁路地基处理方法主要有浅层处理、挤密、置换、注浆、桩网(筏)结构、桩板结构等。每种处理方法都有一定的适用范围、局限性和优缺点。我国地域辽阔，工程地质条件千变万化，在选用地基处理方法时应因地制宜，结合具体工程进行选用[3~5]。

1. 高速铁路地基处理原则

(1) 按照高速铁路的轨道类型、设计速度及工后沉降标准进行设计选择。针对有砟轨道、车站、站场、运行速度低的区域，地基处理可采用排水固结、挤密桩、搅拌桩等复合地基的方法；针对无砟轨道、设计速度为300～

350km/h及以上的高速铁路,地基处理一般采用CFG桩和预制混凝土打入桩的方法。

(2) 对于湿陷性黄土地段,采用消除湿陷性的地基处理方法,湿陷性黄土层厚度小于6m,可采用强夯;厚度为6~20m,可采用水泥土挤密桩;厚度大于20m,可采用CFG桩或钻孔桩桩板结构等措施。

(3) 对于膨胀土地段,采用封闭或加压方法防止地基遇水膨胀。路堑段采取换填1.5~2.5m改良土的封闭处理措施,路堤段采取地基换填一定深度加改良土填筑高度大于2.5m的加压处理措施。

(4) 对于软土、松软土地段,浅层采用挖除换填、强夯及冲击压实的方法,深层采用CFG桩和预制混凝土打入桩等方法。

(5) 对于岩溶地段,采用注浆、灌砂、回填等方法。

(6) 对于砂土液化地段,采用挤密砂桩或挤密碎石桩等方法。

2. 选择地基处理方法的步骤

选择地基处理方法时,应综合考虑地基条件、道路条件、施工条件、周围环境等因素,选择技术可行、经济适用的方法,具体流程如图4.1所示。

4.1.2 地基处理检验计算

高速铁路地基需要满足承载力、工后沉降、稳定性等方面的控制要求。为保证线路平顺和运营安全,处理后地基一方面要有足够的承载力,能够承担路基、轨道结构及列车荷载;另一方面需要保证路基总沉降控制在一定范围内,满足工后沉降控制要求;在施工期和运营期,还应保证路基不出现剪切破坏或沿地层的滑动破坏。因此,高速铁路处理后的地基主要针对地基承载力、沉降及稳定性进行验算[6,7]。

1. 地基承载力计算

地基承载力主要针对天然地基、复合地基和下卧层进行计算。

1) 天然地基

路堑及填高小于基床厚度的低路堤地基一般为天然地基,其容许承载力应大于路基底面处的压力值。天然地基容许承载力通过现场荷载试验确定。

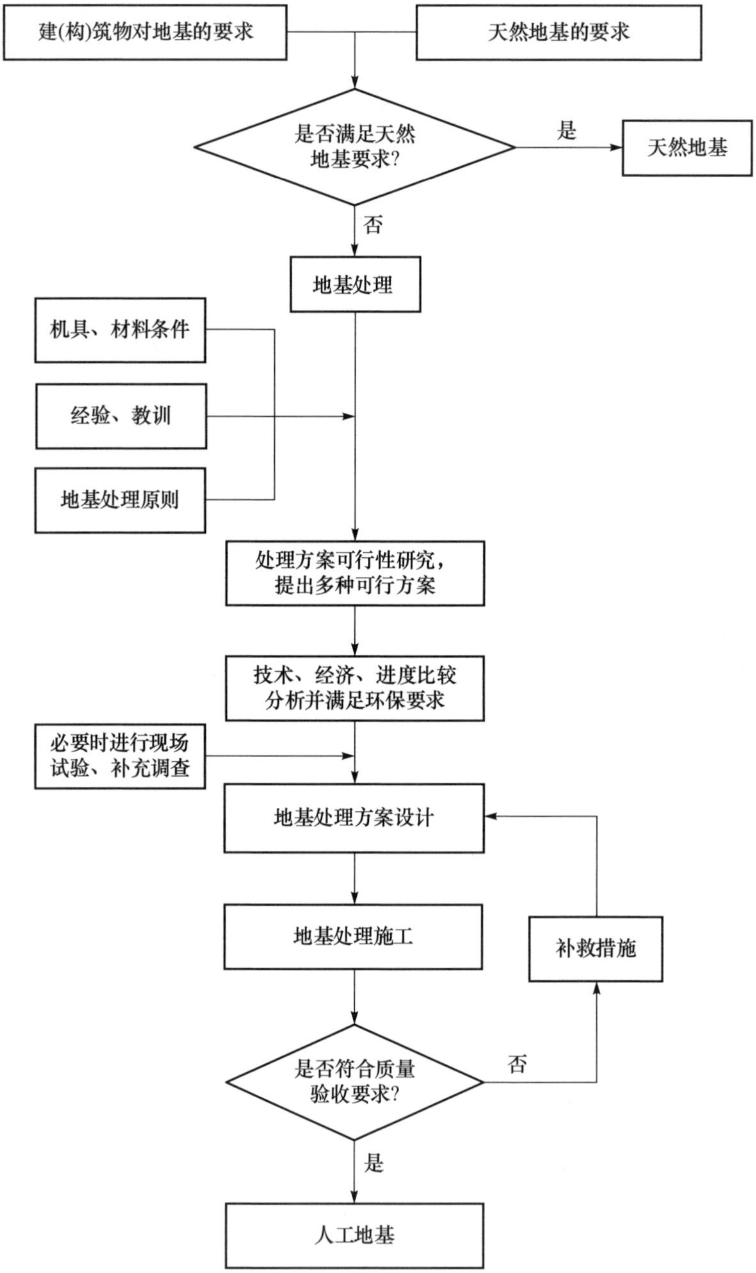

图 4.1　地基处理方法选择流程

2）复合地基

高速铁路地基处理多采用复合地基，其容许承载力应大于路基底面处压力值。复合地基容许承载力通常通过现场荷载试验确定。刚性桩处理后的地基，单桩的顶面承受的荷载应不大于单桩的竖向容许承载力。

3）下卧层

当复合地基处理范围以下存在软卧层时，还需对该层的强度进行验算。验算时，视复合地基与软卧层为双层地基，桩与土能有效地结合为一体，桩体不发生刺入破坏。附加应力计算采用应力扩散法进行验算。

2. 路基沉降计算

铁路路基沉降计算的主要目的是评估路基的工后沉降，即轨道工程铺设完成后在路基荷载和列车荷载作用下发生的剩余沉降。路基沉降计算涉及合理压缩层厚度选取、荷载计算、附加应力计算等问题。

压缩层厚度一般按应力比法确定，即同一深度下的地基垂直附加应力与自重应力之比不大于 0.1。若该计算深度以下地层存在软卧层，应继续增加计算厚度。沉降计算时轨道荷载考虑双线荷载，列车荷载考虑单侧荷载。地基沉降计算分为天然地基、复合地基两种类型。

1）天然地基

天然地基以及排水固结法处理的地基，总沉降量包含瞬时沉降及主、次固结沉降量。瞬时沉降采用弹性理论公式计算，弹性模量可由无侧限抗压试验得到，取分层厚度的加权平均值；主固结沉降采用分层总和法计算，压缩性指标选取可依据 e-p 曲线、e-$\ln p$ 曲线或地基压缩模量；次固结沉降采用次固结系数计算，次固结系数为 e-$\ln p$ 曲线在主固结完成后直线段的斜率。

2）复合地基

复合地基总沉降量 S 计算式为

$$S=m_s(S_1+S_2) \tag{4.1}$$

式中，S_1 为加固区沉降量；S_2 为下卧层沉降量；m_s 为沉降经验修正系数，与地基条件、荷载强度等因素有关，根据地区沉降观测资料及经验确定，软土地基取 1.0～1.2。

复合地基的总沉降量计算包括加固区和下卧层沉降计算，计算方法可根据地基处理类型按表 4.1 选用。

表 4.1　地基沉降计算方法

<table>
<tr><th colspan="2" rowspan="2">地基处理类型</th><th colspan="2">总沉降</th></tr>
<tr><th>加固区</th><th>下卧区</th></tr>
<tr><td>散体材料桩</td><td>碎石桩、挤密砂石桩、柱锤冲扩桩地</td><td rowspan="2">复合模量法</td><td rowspan="2">Boussinesq 法、应力扩散法</td></tr>
<tr><td>柔性桩</td><td>水泥土搅拌桩、旋喷桩</td></tr>
<tr><td rowspan="2">刚性桩</td><td>水泥粉煤灰碎石桩及低标号素混凝土桩</td><td>承载力比法</td><td>Boussinesq 法、应力扩散法、$L/3$ 法</td></tr>
<tr><td>钢筋混凝土桩网及桩筏结构、桩板结构</td><td colspan="2">铁路桥规法、$L/3$ 法、分区计算法</td></tr>
</table>

注：采用 $L/3$ 法计算沉降时不计加固区沉降。

3. 稳定性验算

路基稳定性应按以下原则进行验算：

(1) 路基和地基的整体稳定性一般采用瑞典圆弧滑动法进行验算。

(2) 当软土层较薄时，路基沿复式滑面滑动的稳定性采用不平衡推力法进行验算。

(3) 路基沿斜坡地基或软弱层带滑动的稳定性应同时采用圆弧滑动法和不平衡应力法进行分析，并考虑软弱地基横向坡度对稳定安全系数的影响。

(4) 刚性桩处理的地基应根据不同桩型的破坏模式进行稳定性分析。

由于铁路路基在施工期和运营期所承受的荷载不同，对地基强度要求不同，因此，在施工期及运营期均需进行路基稳定性验算。其中，施工期的稳定安全系数作为验算指标，运营期的稳定安全系数作为设计指标。在路基稳定性验算时，施工期应考虑自重和运架梁车等临时荷载，运营期应考虑自重、列车和轨道荷载。

铁路路基稳定性分析的强度参数，应根据土工试验、原位测试结果以及当地经验综合确定。计算天然地基抗剪强度时，c、φ 值可通过快剪或三轴不固结不排水剪切试验确定；若用排水固结法或复合地基法加固地基时，应结合不同的地基设计工况，选用适当的试验方法，确定强度参数。

刚性桩复合地基采用瑞典圆弧滑动法验算稳定性时，往往会出现安全系数满足要求，而在实际工程中却出现路基失稳的问题。这是因为实际工程中基底不同位置的刚性桩破坏模式不同，一旦桩体发生弯曲破坏，桩体在复合地基的抗剪贡献相对桩体发生剪切破坏时有较大衰减，此时再用复合抗剪强度计算安全稳定系数，就会高估路基的稳定性。在此情况下建议可采用数值分析方法对刚性桩复合地基进行稳定性验算。

4.2　高速铁路地基处理新桩型

桩基施工速度快，加固深度限制小，适宜多种地质条件，能显著增加高速铁路路基稳定性与地基承载力，有效控制路基沉降变形，长期以来在我国高速铁路建设中得到普遍应用。传统桩型包括CFG桩、PHC管桩、钻孔灌注桩等。但在一些复杂地质条件下，传统桩型存在成桩效率差、承载能力低、应用效果不良等问题，需进行桩型与施工工艺改进。例如，CFG桩在遇到硬壳层、密实的砂卵石地层或大直径卵石层时成桩困难；在软土地基处理时，PHC管桩多采用锤击或静压挤土方式成桩，但遇到局部砂层、圆砾、卵石等地层时成桩效率较低，成桩质量易受影响。针对上述问题不断研发出新桩型，例如螺钉桩、竹节桩等。这些新桩型具有较好的适应性，在高速铁路地基处理中表现出良好的应用前景[8,9]。本节针对螺钉桩、竹节桩等新桩型的相关工作原理、结构形式和设计计算方法进行介绍。

4.2.1　螺钉桩

1. 工作原理

螺钉桩全称为螺旋挤孔管内泵压混凝土灌注桩，是一种上部为圆柱形、下部为螺纹形的变截面异形组合式灌注桩。与全螺旋钻孔灌注桩、普通泥浆护壁成孔灌注桩相比，具有强度高、工效高、承载强、沉降小、抗震好、污染小等特点，适用于黏土、粉质黏土、粉土、砂土层和粒径小于30mm的卵石层及强风化岩等多种地层。螺钉桩的工作机制主要体现在螺纹构造与桩周土相互作用方面。螺纹构造与桩周土相当于“螺纹”与“螺母”，桩体“螺纹”与桩周土“螺母”紧密咬合，共同承担荷载作用。当桩顶承受荷载作用时，螺纹段的桩周土“螺母”受到压缩，“螺母”的根部受到剪切，螺纹段侧摩阻力体现为“螺母”根部土体的抗剪强度，而该抗剪力远远大于同等条件下的桩-土界面侧摩阻力。螺钉桩在成孔过程中，桩侧土体受到钻机的挤压、加密作用，力学性能得到改善，使得成桩后直杆段的桩-土界面侧摩阻力也得到提高。因此，螺钉桩特殊的截面形式和施工工艺使其承载力相对于传统桩型有很大提高[10,11]。

桩的竖向承载力与桩的长细比有着密切的关系，桩身截面面积大小和刚度变化在调整桩的受力及变形方面起着重要的作用。螺钉桩呈上大下小的构造形式，与桩身附加应力由上至下逐步减小的分布规律相协调，满足应力分担比及刚度变化的要求，调整了桩与土之间的相互作用关系，桩侧土体应力分摊比及应力扩散度提高，桩端荷载减少，使桩身受力与土体受力协调一致。螺钉桩上部的直杆段在荷载传递过程中，加大了受压面积，提高了桩身刚度，对螺纹段功能的发挥起到承上启下的作用。

2. 结构形式

成桩后的螺钉桩桩身一般由上部直杆段和下部螺纹段两部分组成，根据工程承载力需求，其顶部可设置桩帽结构，如图 4.2 所示。

图 4.2　螺钉桩构造

b. 螺牙宽度；d_1. 螺牙厚度；d_2. 螺牙叶片厚度；d. 螺钉桩内径；D. 螺钉桩外径；h. 螺距（相邻螺牙之间的中到中距离）；L. 设计桩长

3. 设计计算

螺钉桩的设计计算主要包括单桩竖向承载力计算与沉降计算两方面。

1）竖向承载力计算

螺钉桩是变截面桩，自上而下桩径、桩身阻力类型存在差异，其承载力计算需分段计算侧摩阻力。

（1）直杆段侧摩阻力计算。

桩身直杆段受力特性与普通直线型桩相同，其计算公式为

$$Q_{sk1}=u_1\sum_{i=1}^{n}q_{ski}l_{1i} \tag{4.2}$$

式中，Q_{sk1}为桩身直杆段总极限侧摩阻力标准值，kN；u_1 为直杆段周长，m；q_{ski}为桩侧第 i 层土的侧摩阻力极限值，kPa；l_{1i}为第 i 层土中直杆段的长度，m。

（2）螺纹段侧摩阻力计算。

螺纹段侧摩阻力包括螺纹段内杆部分桩身侧摩阻力、叶片端部侧摩阻力与叶片底部侧摩阻力，如图 4.3 所示。

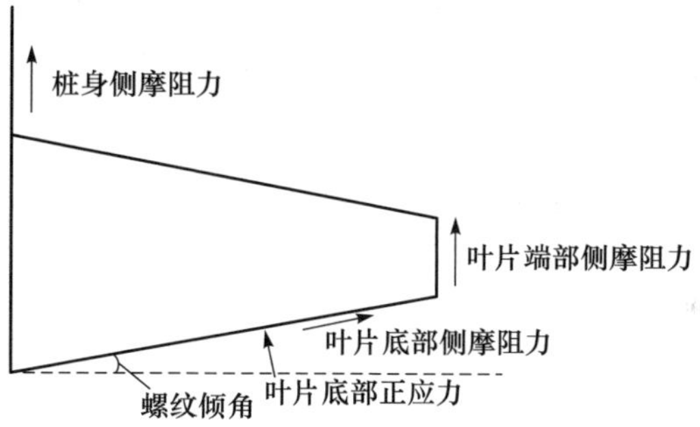

图 4.3　螺纹段受力示意图

当桩身螺纹段开始滑移时，螺纹叶片内部土体与外部土体之间产生剪切滑移面，螺纹叶片与叶片内部土体同步向下滑移，螺纹叶片与土的机械咬合力消失，桩身侧摩阻力达到极限。此时叶片底部的侧摩阻力和正应力可忽略不计。螺纹段侧摩阻力由叶片内外两侧土体的抗剪强度和叶片端部侧摩阻力组成，其计算公式为

$$Q_{sk2}=u_2\sum_{i=1}^{n}(c_i+\sigma_i\tan\psi_i)l_{2i}+\sum_{i=1}^{n}q_{ski}S_i \tag{4.3}$$

式中，Q_{sk2}为桩身螺纹段总极限侧摩阻力标准值，kN；u_2 为螺纹段外径周长，m；c_i 为第 i 层土的黏聚力，kPa；ψ_i 为第 i 层土的内摩擦角，°；l_{2i}为第 i 层土中螺纹段的长度，m；S_i 为螺纹叶片端部厚度，m；σ_i 为第 i 层土的法向应力，应根据勘察资料确定，kPa。

(3) 螺钉桩承载力计算。

在极限状态下,螺钉桩承载力主要由上部直杆段侧摩阻力、下部螺纹段内外侧土体抗剪强度以及桩端阻力组成。由于螺钉桩桩侧土体抗剪强度远大于同等条件下直线型桩的桩侧摩阻力,因此螺钉桩承载力相比于传统直线型桩有大幅提高,其计算公式为

$$
\begin{aligned}
Q_{uk} &= Q_{sk1} + Q_{sk2} + Q_{pk} \\
&= u_1 \sum_{i=1}^{n} q_{ski} l_{1i} + u_2 \sum_{i=1}^{n} (c_i + \sigma_i \tan\psi_i) l_{2i} + \sum_{i=1}^{n} q_{ski} S_i + q_{pk} A_p
\end{aligned} \tag{4.4}
$$

式中,Q_{uk}为螺钉桩承载力标准值,kN;q_{pk}为桩端阻力极限值,kPa;A_p 为桩端面积,m^2。

2) 沉降计算

单桩沉降计算采用荷载传递法,常用双线性、双曲线、对数、指数等函数形式。其中双线性函数适用于模拟桩周土的软化特性。在荷载较小时,桩身范围桩侧土整体处于弹性阶段;随着荷载增大,桩身范围桩侧土进入弹塑性阶段,出现部分屈服情况,而桩端部分则会较早地进入塑性阶段。当荷载进一步增大时,桩侧土与桩端土均发生屈服直至破坏。桩与桩周土的力学模型如图 4.4 所示。

桩侧土的剪切软化和硬化模型可用统一双线性荷载传递函数表示,即

$$
\tau_s = \begin{cases} \lambda_{s1} S, & S < S_{su} \\ \tau_{su} \xi_s + \lambda_{s2} (S - S_{su}), & S \geqslant S_{su} \end{cases} \tag{4.5}
$$

式中,τ_s 为桩侧土剪应力,kPa;λ_{s1}、λ_{s2}分别为桩侧土屈服前后的剪切刚度系数;S 为土体剪切位移,m;S_{su}为桩侧土弹性位移极限值,m;τ_{su}为桩侧土屈服应力,kPa;ξ_s 为桩侧土软化系数。

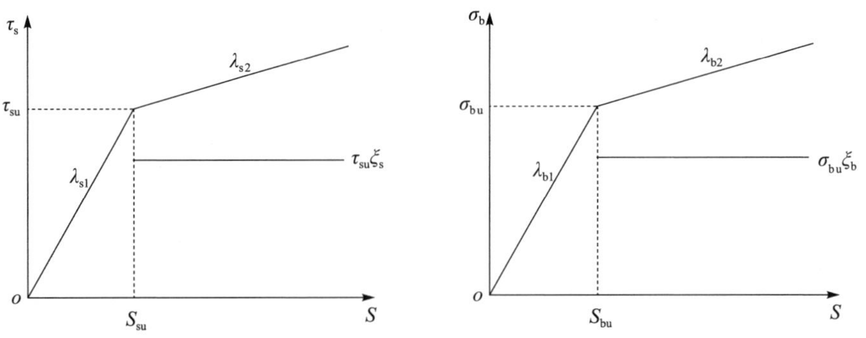

(c) 桩侧土传递函数模型　　(b) 桩端土传递函数模型

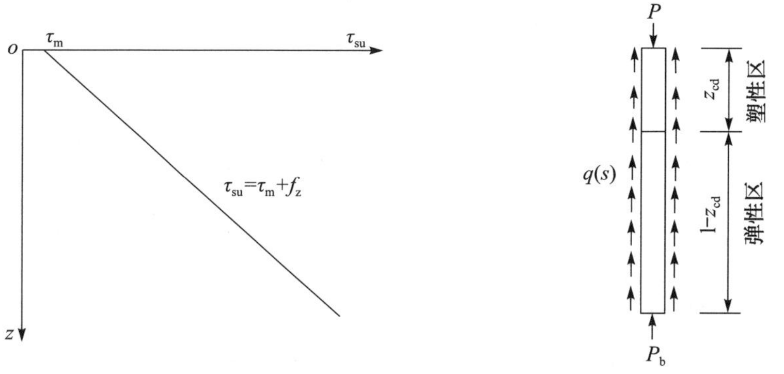

(c) 桩侧土强度　　(d) 桩体部分塑性示意图

图 4.4　桩与桩周土力学模型

桩端土的软化和硬化模型可用类似的表达式，即

$$\sigma_b = \begin{cases} \lambda_{b1} S, & S < S_{bu} \\ \sigma_{bu}\xi_b + \lambda_{b2}(S - S_{bu}), & S \geqslant S_{bu} \end{cases} \tag{4.6}$$

式中，σ_b 为桩端土体应力，kPa；λ_{b1}、λ_{b2}分别为桩端土屈服前后的法向刚度系数；S_{bu}为桩端土弹性位移极限值，m；σ_{bu}为桩端土屈服应力，kPa；ξ_b 为桩端土软化系数。

假设桩长为 l，弹性模量为 E，桩横截面面积为 A，周长为 C，P_0、S_0 分别为桩顶荷载和桩顶沉降，桩侧土强度按图 4.4(c)方式增加。$S(z)$、$P(z)$表示桩身 z 处的位移和轴力，桩体应满足如下条件。

(1) 当桩侧和桩端均处于弹性阶段时，桩体满足以下方程：

$$\begin{cases} EA\dfrac{\mathrm{d}^2 S}{\mathrm{d}z^2} - \lambda_{s1} C u = 0 \\ u\big|_{z=0} = S_0 \\ EA\dfrac{\mathrm{d}S}{\mathrm{d}z}\Big|_{z=0} = -P_0 \\ u\big|_{z=l} = S_b \\ EA\dfrac{\mathrm{d}S}{\mathrm{d}z}\Big|_{z=l} = -P_b \end{cases} \tag{4.7}$$

通过对式(4.7)求解，并令

$$k_{s1} = \sqrt{\frac{\lambda_{s1} C}{EA}} \tag{4.8}$$

可得

$$S_0 = \frac{P_0[k_{s1}E + \lambda_{b1}\tanh(k_{s1}l)]}{k_{s1}EA[\lambda_{b1} + k_{s1}E\tanh(k_{s1}l)]} \tag{4.9}$$

式中，等式左边即桩顶位移 S_0 和桩顶荷载 P_0 的比值，右边可视作一常量，这表明桩顶位移和桩顶荷载之间呈线性变化关系。

(2) 当桩周土进入弹塑性阶段时，设一临界深度 z_{cd}，当 $0<z<z_{cd}$ 时，桩周土处于屈服阶段；当 $z_{cd}<z<l$ 时，桩侧土仍处于弹性阶段。用 S_{cd} 和 P_{cd} 分别表示 $z=z_{cd}$ 处桩体的位移和轴力，在 z_{cd} 处有如下关系：

$$S_{cd} = \frac{\tau_m + fz_{cd}}{\lambda_{s1}} \tag{4.10}$$

式中，f 为土体强度随深度的增长率；τ_m 为地表处土体强度，kPa。

此时，桩端处反力为

$$P_b = A\sigma_{bu}\xi_b + A\lambda_{b2}(S_b - S_{bu}) \tag{4.11}$$

在 $0<z<z_{cd}$ 处，桩体的平衡方程及边界条件为

$$\begin{cases} EA\dfrac{d^2S}{dz^2} = C\left[(\tau_m + fz)\xi_s + \lambda_{s2}\left(S - \dfrac{\tau_m + fz}{\lambda_{s1}}\right)\right] \\ EA\dfrac{dS}{dz}\Big|_{z=z_{cd}} = -P_{cd} \\ S\big|_{z=z_{cd}} = S_{cd} \end{cases} \tag{4.12}$$

假设桩侧土为理想弹塑性模型，则由式(4.12)可解得

$$\begin{cases} P_0 = P_{cd} + C\left(\tau_m z_{cd} + \dfrac{fz_{cd}^2}{2}\right)\xi_s \\ S_0 = S_{cd} + \dfrac{P_{cd}z_{cd} + C\left(\dfrac{\tau_m z_{cd}^2}{2} + \dfrac{fz_{cd}^3}{3}\right)\xi_s}{EA} \end{cases} \tag{4.13}$$

联立式(4.7)、式(4.10)、式(4.11)，并将 l 用 $l-z_{cd}$ 代替，可解得

$$S_{cd} = \frac{\dfrac{\cosh[k_{s1}(l-z_{cd})] + \lambda_{b2}\sinh[k_{s1}(l-z_{cd})]}{k_{s1}E}\dfrac{P_{cd}}{A} - (\sigma_{bu}\xi_b - \lambda_{b2}S_{bu})}{k_{s1}E\sinh[k_{s1}(l-z_{cd})] + \lambda_{b2}\mathrm{ch}[k_{s1}(l-z_{cd})]} \tag{4.14}$$

(3) 当桩侧、桩端土全都进入塑性状态时，桩体静力平衡方程为

$$EA\frac{d^2s}{dz^2} = C\left[(\tau_m + fz)\xi_s + \lambda_{s2}\left(s - \frac{\tau_m + fz}{\lambda_{s1}}\right)\right] \tag{4.15}$$

联立式(4.7)、式(4.11)、式(4.13),并假设桩侧土为理想弹塑性模型,可得

$$S_0=\frac{P_0-A\sigma_{bu}\xi_b-C\xi_s l\left(\tau_m+\frac{fl}{2}\right)}{\lambda_{b2}A}+S_{bu}+\frac{P_0 l-C\xi_s l^2\left(\frac{\tau_m}{2}+\frac{fl}{6}\right)}{EA} \tag{4.16}$$

综上所述,根据桩侧、桩端土的三种弹塑性状态,桩顶沉降计算公式汇总为

$$S_0=\begin{cases}\dfrac{P_0[k_{s1}E+\lambda_{b1}\tanh(k_{s1}l)]}{k_{s1}EA[\lambda_{b1}+k_{s1}E\tanh(k_{s1}l)]}, & \text{桩侧及桩端土处于弹性阶段}\\ S_{cd}+\dfrac{P_{cd}z_{cd}+C\left(\dfrac{\tau_m z_{cd}^2}{2}+\dfrac{fz_{cd}^3}{3}\right)\xi_s}{EA}, & \text{桩侧及桩端土处于弹塑性阶段}\\ \dfrac{P_0-A\sigma_{bu}\xi_b-C\xi_s l\left(\tau_m+\dfrac{fl}{2}\right)}{\lambda_{b2}A} & \\ \quad+S_{bu}+\dfrac{P_0 l-C\xi_s l^2\left(\dfrac{\tau_m}{2}+\dfrac{fl}{6}\right)}{EA}, & \text{桩侧及桩端土处于塑性阶段}\end{cases} \tag{4.17}$$

计算时先令式(4.13)中的 $z_{cd}=0$,得到的 P_0 为弹性阶段的界限荷载;然后令 $z_{cd}=l$,得到的 P_0 为屈服阶段的界限荷载。

4.2.2　竹节桩

1. 工作原理

竹节桩是桩身沿轴线方向存在凹凸环形截面的预应力混凝土桩,具有单桩承载力高、质量可靠、穿透力强、施工工期短等优点。竹节桩截面沿桩身轴线凹凸变化,可增加桩身与周围土体间的咬合作用,从而提高桩身的侧摩阻力和桩的单桩承载力,如图 4.5 所示。

2. 结构形式

竹节桩根据不同要求有不同的分类。

(1) 按混凝土强度等级,竹节桩分为普通强度竹节桩和高强度竹节桩。

(2) 按螺纹段外径的不同,竹节桩分为 400mm(370mm)、500mm

(460mm)、600mm(560mm)、700mm(650mm)、800mm(700mm)、900mm(800mm)、1000mm(900mm)、1200mm(1050mm)等规格。

(3) 按有效预压应力值大小，预应力混凝土竹节桩(见图 4.6)可分为 A 型、AB 型、B 型、C 型，其有效预压应力值分别为 4MPa、6MPa、8MPa、10MPa。

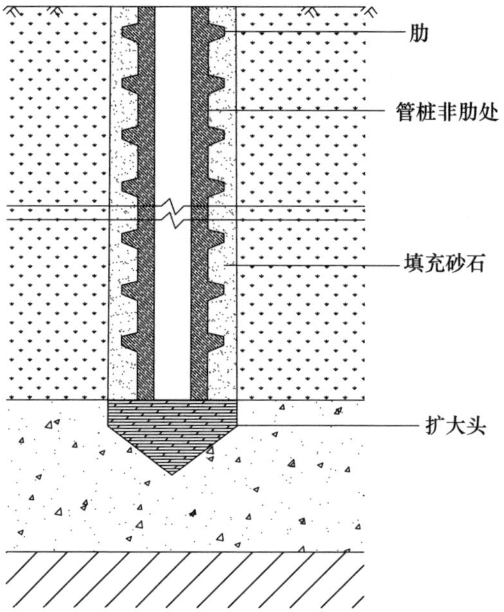

图 4.5 竹节桩工作原理示意图

图 4.6 预应力混凝土竹节桩

3. 设计计算

1）竖向承载力计算

根据土的物理指标与承载力参数之间的经验关系确定预应力混凝土空心桩单桩竖向承载力标准值时，可按式(4.18)计算。

$$Q_{\mathrm{uk}}=Q_{\mathrm{sk}}+Q_{\mathrm{pk}}=u\sum_{i=1}^{n}q_{\mathrm{sk}i}l_i+q_{\mathrm{pk}}(\lambda_{\mathrm{p}}A_{\mathrm{pl}}+A_{\mathrm{j}}) \tag{4.18}$$

式中，Q_{uk}为单桩竖向承载力标准值；Q_{sk}为总极限侧摩阻力标准值，kN；Q_{pk}为总极限桩端阻力标准值，kN；u为桩身周长，m；$q_{\mathrm{sk}i}$为桩周第i层土的极限侧摩阻力，kPa；l_i为桩周第i层土的厚度，m；A_{j}为空心桩桩端净面积，m^2；A_{pl}为空心桩敞口面积，m^2；λ_{p}为桩端土塞效应系数，对闭口桩取1.0。

由于竹节桩承载力与桩长、桩径、土质条件、成桩方式、成桩时间等因素有关，各影响因素难以独立表征，在分析中提出竹节桩平均侧摩阻力$\bar{q}_{\mathrm{sk}}$的概念，其计算公式为

$$\bar{q}_{\mathrm{sk}}=\frac{Q_{\mathrm{sk}}}{lu}=\frac{u\sum_{i=1}^{n}q_{\mathrm{sk}i}l_i}{lu} \tag{4.19}$$

竹节桩总极限侧摩阻力试验值Q'_{sk}的计算公式为

$$Q'_{\mathrm{sk}}=Q'_{\mathrm{uk}}-Q_{\mathrm{pk}}=Q'_{\mathrm{uk}}-q_{\mathrm{pk}}A_{\mathrm{p}} \tag{4.20}$$

式中，Q'_{uk}为竹节桩竖向承载力试验值，kN；Q_{pk}为竹节桩总极限桩端阻力标准值，kN。

根据竹节桩总极限侧摩阻力试验值Q'_{sk}与普通预应力混凝土管桩的总极限侧摩阻力标准值Q_{sk}，定义截面影响系数β_{c}为

$$\beta_{\mathrm{c}}=\frac{Q'_{\mathrm{sk}}}{Q_{\mathrm{sk}}} \tag{4.21}$$

根据151根试桩的工程检测资料统计分析结果，得到竹节桩的截面影响系数与平均侧摩阻力的函数关系：

当平均侧摩阻力满足$\bar{q}_{\mathrm{sk}}\leqslant 14\mathrm{kPa}$时，$\beta_{\mathrm{c}}=1.1$。

当平均侧摩阻力满足$14\mathrm{kPa}<\bar{q}_{\mathrm{sk}}\leqslant 54\mathrm{kPa}$时，平均侧摩阻力与截面影响系数呈近似线性关系。在该区间内进行回归分析，同时考虑一定的安全

储备，截面影响系数表示为

$$\beta_c = 0.005\bar{q}_{sk} + 1.03 \tag{4.22}$$

当平均侧摩阻力满足 $\bar{q}_{sk}>54\text{kPa}$ 时，$\beta_c=1.3$。

根据 151 个样本的试验数据，计算单桩竖向承载力标准值 Q_{uk} 与单桩竖向承载力试验值 Q'_{uk} 的比值。按比值的 0.1 分位统计不同 Q_{uk}/Q'_{uk} 的出现频数 N，并计算其平均值 $\bar{Q}_{uk}/\bar{Q}'_{uk}$ 以及均方差 S_n，如图 4.7 所示。

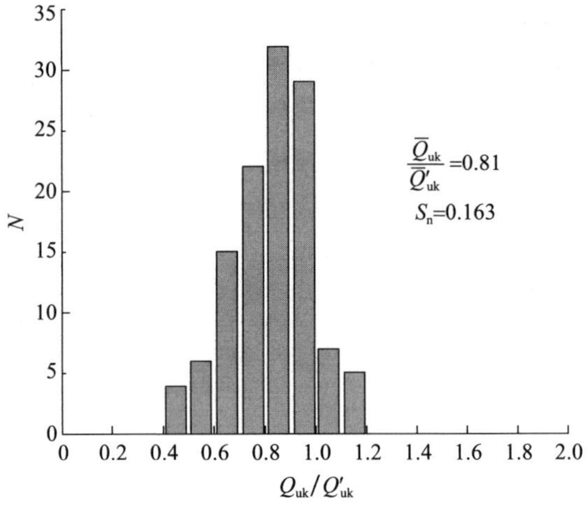

图 4.7　竹节桩单桩竖向承载力标准值/试验值的频数分布

2）单桩沉降计算

竖向荷载下竹节桩单桩的沉降由以下两部分组成：

（1）桩身弹性压缩引起的沉降 S_e。

（2）桩端沉降 S_b，包括桩侧荷载传递到桩端平面以下引起土体压缩继而桩端随土体压缩而产生的沉降，以及桩端荷载引起土体压缩而产生的桩端沉降。因此，单桩沉降可表示为

$$\begin{aligned} S &= S_e + S_b \\ &= \frac{1}{E_pA_p}\int_0^L P(z)\mathrm{d}z + \int_L^{L+H}\frac{\sigma_z}{E_s}\mathrm{d}z \\ &= \int_0^{L_{11}}\frac{P_1(z)}{E_pA_p}\mathrm{d}z + \sum_{i=1}^{n}\left[\int_{L_{i1}}^{L_{i2}}\frac{P_{ip}(z)}{E_pA_p}\mathrm{d}z + \int_{L_{(i+1)1}}^{L_{i2}}\frac{P_i(z)}{E_pA_p}\mathrm{d}z\right] \\ &\quad + \int_{L_{n2}}^{L}\frac{P_n(z)}{E_pA_p}\mathrm{d}z + \int_L^{L+H}\frac{\sigma_z}{E_s}\mathrm{d}z \end{aligned} \tag{4.23}$$

式中，A_p 为桩的截面面积，m^2；E_p 为桩的弹性模量，MPa；E_s 为桩端土体压缩模量，MPa；H 为单桩沉降计算范围的深度，m；L 为桩长，m；L_{i1} 为第 i 个环状凸肋下部顶部距桩顶距离，m；$L_{i2}=L_{i1}+2L_3$，L_3 为环状凸肋下部长度，m；n 为环状凸肋的总数，个；$P_i(z)$为第 $i-1$ 和 i 个环状凸肋桩体之间桩身轴力，kN；$P_{ip}(z)$为第 i 个环状凸肋体以上桩身轴力，kN；$P(z)$为深度 z 处桩身轴力，kN；S 为桩顶沉降，m；S_e 为桩身弹性压缩引起的沉降，m；S_b 为桩端沉降，m；σ_z 为桩端土体应力，kPa。

获取桩端阻力、矩形分布的桩侧摩阻力、三角形分布的摩阻力和环状凸肋两倍下部长度矩形分布的桩侧摩阻力的荷载分配系数后，可根据式(4.23)求得单桩沉降。

4.3　高速铁路桩网结构

复合地基承载力的发挥有赖于桩与桩间土的共同作用，这需要将传递至桩顶的上部荷载进行合理分配。在我国高速铁路复合地基处理中，普遍采用桩网结构与桩板结构实现上部荷载的分配与调节。其中桩网结构的技术经济性相对较好，应用最为广泛。

1. 工作原理

桩网结构，即在软弱地基中设置刚性桩或半刚性桩，并在桩顶铺设由土工合成材料和碎石（或砂砾）组成的加筋网垫，形成桩网支承的路基结构，如图 4.8 所示[12]。路基土拱效应和索膜效应使桩间土上方加筋材料只承担部分荷载，并将路基荷载大部分传至桩顶，如图 4.9(a)、(b)所示[13]。桩顶垫层内铺设加筋材料主要起到减小路基沉降的作用，并具有一定的边坡抗滑效应，如图 4.9(c)所示。

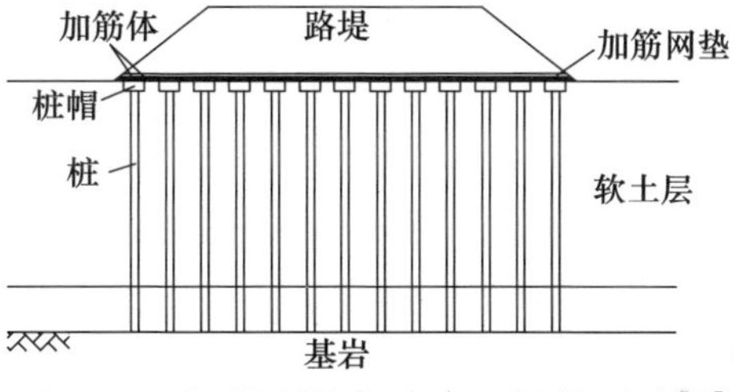

图 4.8　典型桩网支承路基结构形式[12]

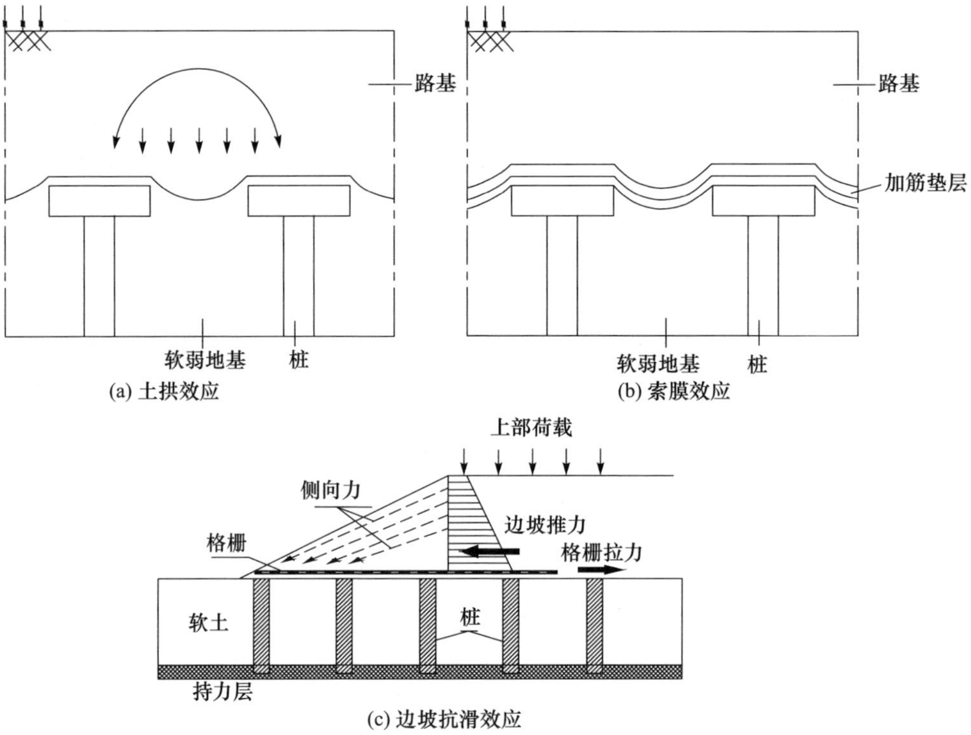

图 4.9　桩网结构工作原理示意图[13]

2. 结构形式

桩网结构主要为“桩＋桩帽＋加筋网垫”的形式。桩网结构采用的桩型、桩径、桩间距、桩帽、垫层等均可调整以适用不同地质条件，有非常广的适用性，如表 4.2 所示。

表 4.2　部分国内桩网结构应用汇总

线路名称	桩型	桩径/m	桩间距/m	桩帽/m	垫层
京沪高速铁路	CFG 桩	0.4、0.5	1.5～2.0	1.0～1.4	加筋碎石垫层
遂渝高速铁路	钢筋混凝土桩	0.6	2.0	1.2	加筋碎石垫层
遂渝高速铁路	CFG 桩	0.5	1.2～1.5	无	加筋碎石垫层
京津城际铁路	CFG 桩	0.4	1.2、1.5	无	加筋碎石垫层
武广高速铁路	CFG 桩	0.5	1.0～1.5	无	加筋碎石垫层
武广高速铁路	钢筋混凝土桩	0.6	2.0	1.2	加筋碎石垫层
武广高速铁路	钢筋混凝土桩	0.6	2.5	1.5	加筋碎石垫层
郑西高速铁路	水泥土挤密桩	0.4	0.8～0.9	无	水泥土垫层
郑西高速铁路	CFG 桩	0.4	1.2～1.5	无	水泥土垫层
郑西高速铁路	柱锤冲扩桩	0.45	0.8～1.2	无	水泥土垫层

3. 设计计算

高速铁路桩网结构设计中，静荷载引起的桩间土竖向应力采用球形拱假设计算，动荷载引起的应力采用 Boussinesq 方程计算；由竖向应力引起的格栅拉力采用悬索理论计算，考虑地基反力影响；由边坡推力效应引起的格栅拉力采用主动土压力与基底摩擦力的合力进行计算。

1）桩间土应力

桩间土应力为静荷载与动荷载引起的应力之和，在计算时应考虑土拱效应的影响，分析路基中桩和软弱地基土上方应力的重新分布，如图 4.10 所示。

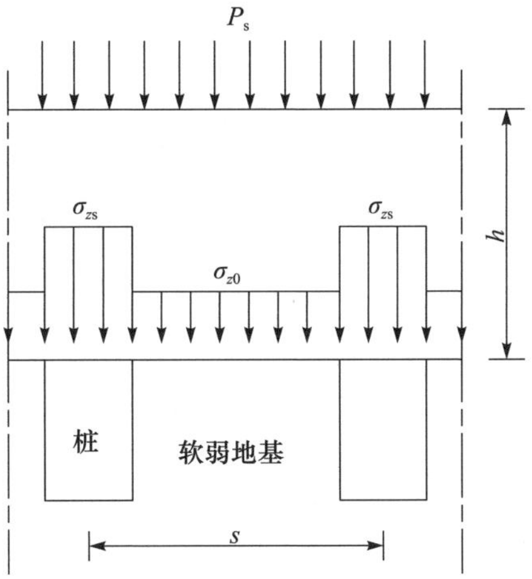

图 4.10　桩网结构应力分布计算简图

在分析桩顶平面位置的桩间土应力 σ_{z0} 时，将其分为自重作用引起的应力 σ_{z01} 以及动荷载引起的应力 σ_{z02} 两部分分别进行计算。其中，自重引起的桩顶平面位置桩间土应力 σ_{z01} 的计算式为

$$\sigma_{z01}=\lambda_1^{\chi}\left(\gamma+\frac{P_s}{h}\right)\left\{h(\lambda_1+h_g^2\lambda_2)^{-\chi}+h_g\left[\left(\lambda_1+\frac{h_g^2\lambda_2}{4}\right)^{-\chi}-(\lambda_1+h_g^2\lambda_2)^{-\chi}\right]\right\} \tag{4.24}$$

式中，γ 为土体容重，kN/m^3；P_s 为静荷载，kN；h_g 为土拱高度，当 $h \geqslant s/2$ 时，$h_g=s/2$，当 $h<s/2$ 时，$h_g=h$，h 为路基高度，m；s 为桩间距，m；χ、λ_1 和 λ_2 为参数。

$$\chi = \frac{d(K_{\text{crit}} - 1)}{\lambda_2 s}$$

$$\lambda_1 = \frac{1}{8}(s - d)^2$$

$$\lambda_2 = \frac{s^2 + 2ds - d^2}{2s^2}$$

式中，d 为圆形桩帽（或桩顶）直径，m，如果是其他形状，可按照 $d = 4A_s/\pi$ 转换，A_s 为桩帽（或桩顶）面积，m^2；$K_{\text{crit}} = \tan^2(45° + \phi'/2)$ 为被动土压力系数，ϕ' 为路基土体摩擦角，°。

在计算动荷载引起的桩顶平面位置桩间土应力 σ_{z02} 时，将上方施加的动荷载考虑为矩形分布，如图 4.11 所示。则 σ_{z02} 的计算式可表示为

$$\sigma_{z02} = \frac{2P_d}{\pi}\left[\arctan\frac{m}{\sqrt{1 + m^2 + n^2}} + \frac{mn}{\sqrt{1 + m^2 + n^2}}\left(\frac{1}{m^2 + n^2} + \frac{1}{1 + n^2}\right)\right] \tag{4.25}$$

式中，$m = l/b$；$n = 2z/b$；P_d 为表面动应力；b 为动应力影响横向宽度；l 为动应力影响纵向长度。

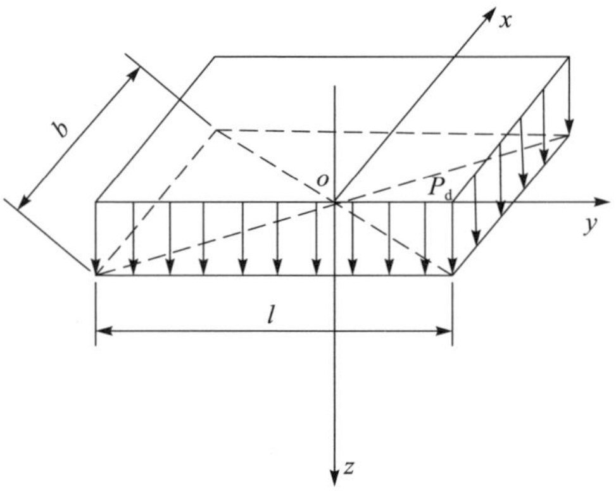

图 4.11　动荷载分布计算简图

桩顶平面位置的桩间土应力 σ_{z0} 为自重部分引起应力和动荷载部分引起应力的叠加，即

$$\sigma_{z0} = \sigma_{z01} + \sigma_{z02} \tag{4.26}$$

2）桩顶应力

根据土拱效应影响下竖向应力的整体平衡，桩顶平均应力可表示为

$$\sigma_{zs}=[(\gamma h+p)-\sigma_{z0}]\frac{A_e}{A_s}+\sigma_{z0} \tag{4.27}$$

式中，σ_{z0}为由于土拱效应作用于桩间土的平均竖向应力，kPa；p 为上覆附加荷载，kPa；A_s 为桩顶面积，m^2；A_e 为单桩承担荷载的单位总面积，m^2。

因此，桩承担的荷载为 $F_s=\sigma_{zs}A_s$。

桩顶承担的总荷载还应加上加筋体传递的荷载。一般情况下，从安全角度出发，桩所承担的荷载为

$$F_s=(\gamma h+p)A_e \tag{4.28}$$

3）加筋网垫承担竖向应力

加筋网垫承担的平均竖向应力为

$$\sigma_g=\sigma_{z0}-\sigma_d \tag{4.29}$$

$$\sigma_d=\frac{2}{3}k_s f \tag{4.30}$$

$$k_s=\frac{E_{s,k}}{t_w} \tag{4.31}$$

式中，σ_d 为地基桩间土产生的平均反力，kPa；f 为格栅中点挠度，m；k_s 为地基处理深度范围内的综合地基刚度，MPa；$E_{s,k}$为地基土压缩模量，MPa；t_w为处理深度，m。

当桩间土模量较高时，桩间土的反力足够大，可不必针对加筋网垫进行验算。此处引入桩土刚度比 $k_p/k_s=100$ 作为标准进行判断，当 $k_p/k_s>100$ 时，需要对加筋体强度进行验算，其中桩的刚度 k_p 根据单桩试验资料获取，可表示为

$$k_p=\frac{F_s}{S_t A_s} \tag{4.32}$$

式中，F_s 为桩承担的荷载；S_t 为桩的静载试验中在相应荷载条件下的沉降量。

4）加筋网垫拉力

加筋网垫拉力计算为竖向应力引起的加筋体拉力和边坡推力效应引起的加筋体拉力之和[14]。

竖向应力引起的加筋体拉力计算时假定加筋体受力变形后为悬索形状，由于挠度与桩净距之比较小，采用平抛物线进行计算。桩间距 s，桩帽尺寸 a，桩净距 $l=s-a$，受到均布力 q。图 4.12 为考虑初始挠度的拉力计算

模式，初始挠度为 c，承担荷载后发生挠度为 f，中点总挠度为 $f'=f+c$。

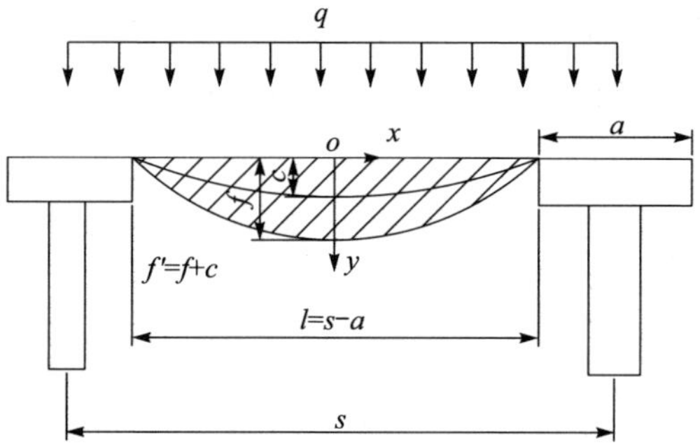

图 4.12 考虑初始挠度的计算模式

由土拱效应竖向应力引起的加筋体拉力为

$$F_{\mathrm{G,M}}=\frac{(s+a)(s-a)}{4a}\sigma_{\mathrm{g}}\sqrt{\left(\frac{s-a}{4f'}\right)^2+1} \tag{4.33}$$

式中，$f'=\sqrt{[8c^2+\varepsilon(3l^2+8c^2)]/8}$，m。

水平主动土压力由加筋体和地基共同承担，地基提供的摩擦反力 R_{u} 与地基土性质和加筋体网孔大小有关，表示为

$$R_{\mathrm{u}}=G\tan\varphi_{\mathrm{d}}p_{\mathrm{s}}=\frac{1}{2}\gamma h^2 n\tan\varphi_{\mathrm{d}}p_{\mathrm{s}} \tag{4.34}$$

式中，G 为边坡自重荷载，kN；φ_{d} 为基底土体初始摩擦角，°；n 为路基边坡坡度；p_{s} 为加筋体单位网格土体面积与总面积之比。

$$p_{\mathrm{s}}=1-\frac{s_{\mathrm{s}}}{s_{\mathrm{t}}}$$

式中，s_{t} 为加筋体单位网格总面积，m^2；s_{s} 为单位网格加筋体面积，m^2。

边坡推力效应引起的加筋体拉力为

$$F_{\mathrm{G,S}}=\frac{1}{2}\gamma h^2 K_{\mathrm{ah}}+phK_{\mathrm{ah}}-R_{\mathrm{u}} \tag{4.35}$$

式中，K_{ah} 为主动土压力系数。计算得到的 $F_{\mathrm{G,S}}$ 应不小于零。

桩网支承路基纵向的加筋体拉力为

$$F=F_{\mathrm{G,M}} \tag{4.36}$$

桩网支承路基横向的加筋体拉力为

$$F=F_{\mathrm{G,M}}+F_{\mathrm{G,S}} \tag{4.37}$$

参 考 文 献

[1] 中华人民共和国行业标准. 高速铁路设计规范(TB 10621—2014). 北京:中国铁道出版社,2016.

[2] 中华人民共和国行业标准. 铁路路基设计规范(TB 10001—2016). 北京:中国铁道出版社,2016.

[3] 中华人民共和国行业标准. 铁路工程地基处理技术规程(TB 10106—2010). 北京:中国铁道出版社,2016.

[4] 《地基处理手册(第二版)》编写委员会. 地基处理手册(第二版). 北京:中国建筑工业出版社,2000.

[5] 叶阳升,蔡德钩,姚建平,等. 高速铁路特殊土路基工后沉降变形控制技术//第 14 届中国科协年会第 13 分会场:软土路基工程技术研讨会. 北京,2012.

[6] 黄新智. 铁路路基地基处理极限状态法试设计分析. 铁道标准设计,2019,63(1):25-28.

[7] 丁兆锋,吴沛沛,李井元. 铁路路基承载力设计方法的探讨. 铁道工程学报,2017,34(6):8-11.

[8] 高峰. 螺杆桩在京雄城际铁路固安东站路基地基处理中的应用. 铁道建筑,2020,60(6):105-107.

[9] 张克辉,时兴隆,熊乾,等. 银吴客专螺杆桩复合地基承载及沉降特征研究. 路基工程,2019,37(1):71-75.

[10] 叶阳升,蔡德钩,陈晓斌,等. 高速铁路螺杆桩复合地基桩侧摩阻力原位试验研究. 中国铁道科学,2020,41(2):1-10.

[11] 陈锋,张飞,叶阳升,等. 考虑基桩自重作用的桩身轴力计算方法及其应用研究. 铁道建筑,2019,59(12):79-84.

[12] 蔡德钩,叶阳升,闫宏业,等. 高速铁路软土地基桩网结构加固技术及加筋网垫计算方法//第 14 届中国科协年会第 13 分会场:软土路基工程技术研讨会. 北京,2012.

[13] 周镜,叶阳升,蔡德钩. 国外加筋垫层桩支承路基计算方法分析. 中国铁道科学,2007,28(2):1-6.

[14] 李泰灃,叶阳升,张千里,等. 高速铁路桩网结构加筋垫层变形影响因素研究. 铁道建筑,2017,57(1):20-23.

第5章　路基变形监测与评估

由于地质条件的复杂性和土体参数的离散性，难以通过理论计算准确预测沉降变形。为满足高速铁路线路高平顺性的要求，应在建设期路基施工过程中进行沉降变形观测，对沉降变形的稳定性和发展趋势进行评估，并动态调整路基的施工过程，以确保路基工后沉降满足要求[1]。在运营阶段，由于服役环境的复杂性，高速铁路局部可能会出现异常变形情况，造成线路平顺性劣化，需开展沉降变形监测与评估，为线路的科学维护与列车的正常运营提供依据与技术支持。

5.1　建设期观测评估

5.1.1　评估流程

路基沉降变形满足工后沉降控制要求是轨道铺设的先决条件。路基沉降变形过大会造成轨道铺设后线路平顺性不能满足要求，且处理难度较大。因此，应在轨道工程施工前完成沉降变形的观测评估工作，根据评估结果确定铺轨时机；同时评估应延续到运营阶段，以满足高速铁路运营后对工后沉降的控制需求。建设期沉降变形观测与评估的流程如图5.1所示。

5.1.2　观测内容与断面设置

1. 观测内容

高速铁路路基变形观测以路基面沉降观测和地基沉降观测为主。无砟轨道路基、设计速度250km/h及以上的有砟轨道路基，以及处于软土、松软土等特殊地基条件下设计速度200km/h的有砟轨道路基，应进行沉降变形观测与评估。

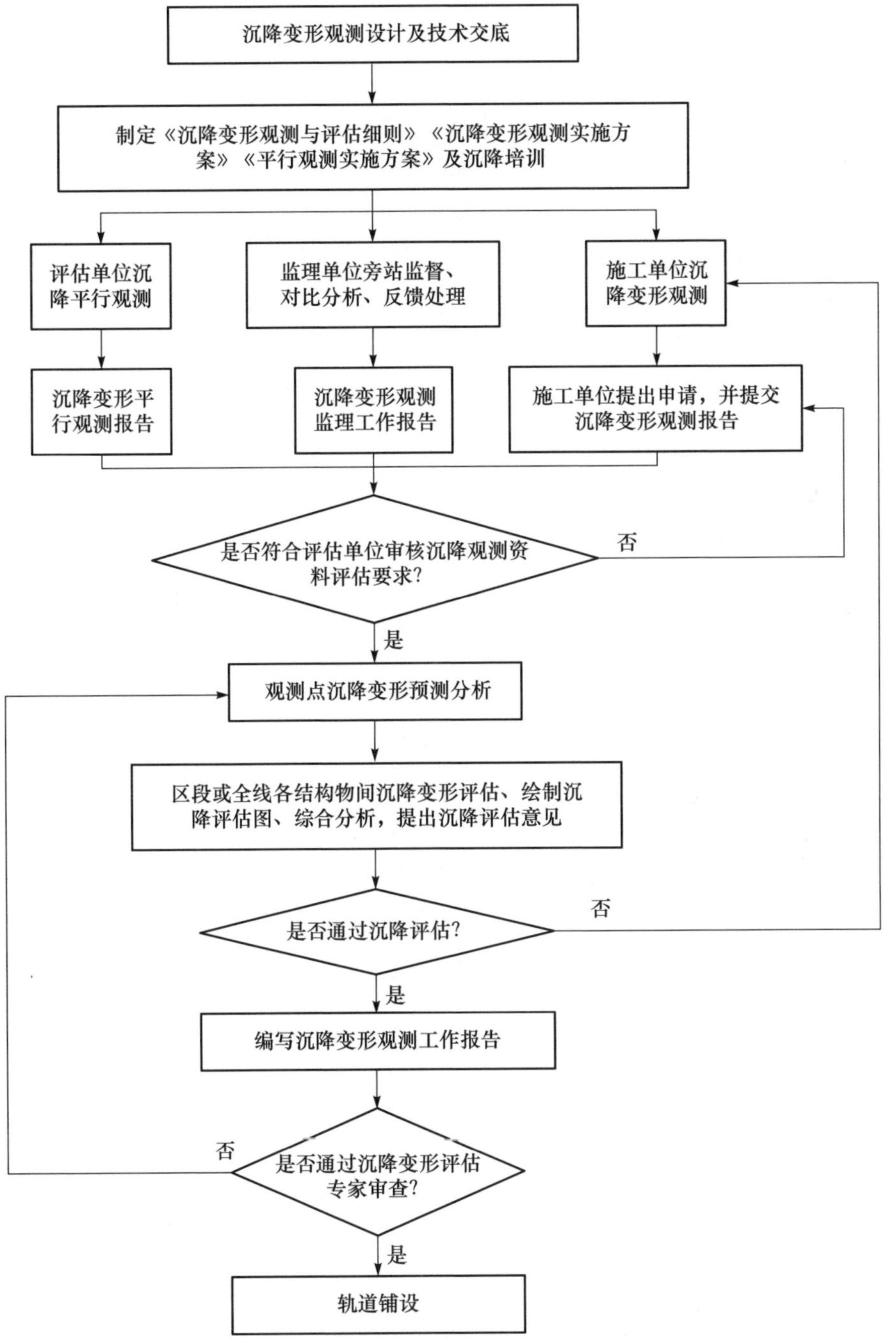

图 5.1　建设期沉降变形观测与评估流程

2. 观测断面及观测点设置

沉降变形观测断面的设置需考虑结构部位、填方高度、地基条件、堆载预压等因素，并根据施工过程地形地质的变化进行调整。

无砟轨道路基沉降观测断面的设置间距为 50m，地基条件较好时可放宽为 100m。有砟轨道路基观测断面的设置间距为 100m，当地基条件为软弱土等特殊地基时，观测断面宜适当加密；地基条件良好的石质路堑可不设观测断面。路桥、路隧过渡段，根据实际情况在距起点 1～5m、10～20m、30～50m 范围内各设 1 个断面。涵洞两侧路涵过渡段各设置 1 个断面，涵洞中心里程路基面设置 1 个断面。

路基各部位观测点宜设在同一横断面上，每个断面设置 3 个沉降观测桩，布置于双线路基中心及左右两侧路肩处，如图 5.2 所示。沉降板沿路基中心线布置，考虑到沉降板埋设对施工的干扰问题，其观测断面相对于沉降观测桩断面间隔设置，一般路堤地段间隔 5 个观测断面设置 1 个沉降板，软土、松软土路堤地段间隔 2 个观测断面设置 1 个沉降板。

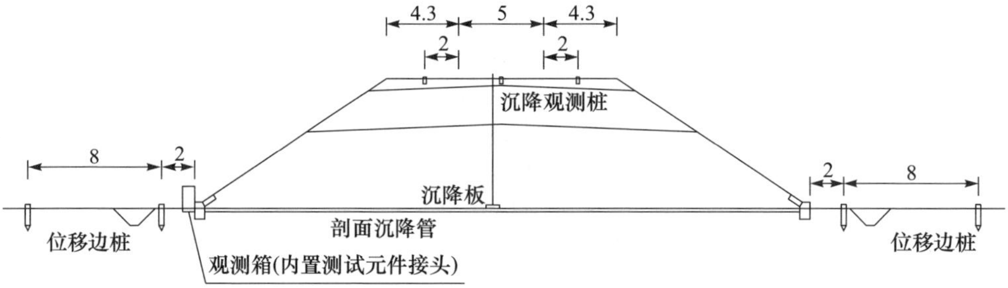

图 5.2　松软土地段观测断面布置(单位：m)

3. 观测周期

路堤地段应从路基填筑开始进行沉降观测，路堑地段应从开挖完成后开始观测。路基填筑完成或施加预压荷载后沉降变形观测期应不少于 6 个月，并宜经过一个雨季。路基沉降变形观测频次应不低于表 5.1 的规定。实际观测时间的间隔要根据沉降量和沉降速率进行调整。当两次连续观测的沉降差值大于 4mm 时，或出现沉降突变、地下水变化及降雨等外部环境变化时，应增加观测频次。

表 5.1　路基沉降观测频次

观测阶段	观测频次	
填筑或堆载	一般	1 次/d
	沉降量突变	2～3 次/d
	两次填筑间隔时间较长	1 次/3d
堆载预压或路基填筑完成	第 1～3 个月	1 次/周
	第 4～6 个月	1 次/2 周
	6 个月以后	1 次/月
架桥机(运梁车)通过	全程	首次通过前 1 次,首次通过后前 3 天 1 次/d,以后 1 次/周
轨道板(道床)铺设后	第 1 个月	1 次/2 周
	第 2～3 个月	1 次/月
	3 个月以后	1 次/3 月

5.1.3　观测方法

传统路基沉降变形观测一般采用水准测量,测量困难时则采用光电测距三角高程测量方法。这两种方法均需在现场埋设沉降观测标志如沉降观测桩、沉降板,在观测标志上立尺或架设棱镜,由人工操作仪器进行观测。其中水准测量采用的是水准仪,光电测距三角高程测量采用的是全站仪。随着测量仪器的快速发展,仪器读数已经由人工计数升级为自动读数,水准测量仪器为水准仪配合条码尺进行读数,目前使用 DS05 级水准仪能够达到高速铁路精度要求;三角高程测量为全站仪配合棱镜进行读数,0.5″级全站仪能够达到高速铁路精度要求。

《铁路工程沉降变形观测与评估技术规程》(Q/CR 9230—2016)[1]指出在有条件时应采用自动化测量方法。自动化测量方法主要设备有静力水准仪、全断面剖面仪、单点沉降计,通过在现场埋设相应的传感器,安装数据采集及传输装置,自动采集数据并借助无线网络把数据发送至服务器,进行数据处理与分析。

1. 水准测量

1) 观测标志

工程中水准测量最主要的观测标志和元件是沉降观测桩和沉降板,其埋设布置图分别如图 5.3 和图 5.4 所示。

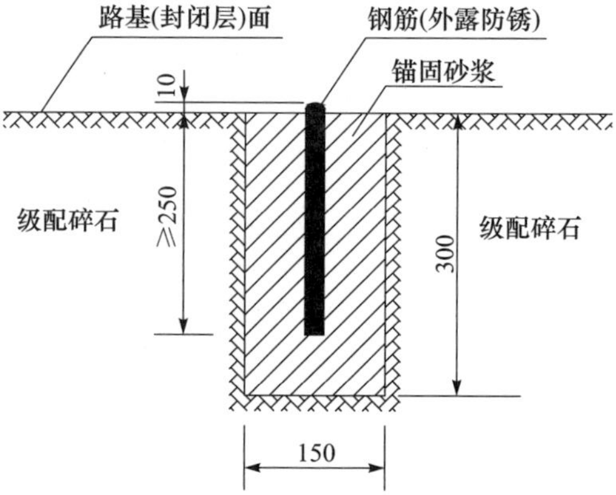

图 5.3　沉降观测桩埋设布置图(单位:mm)

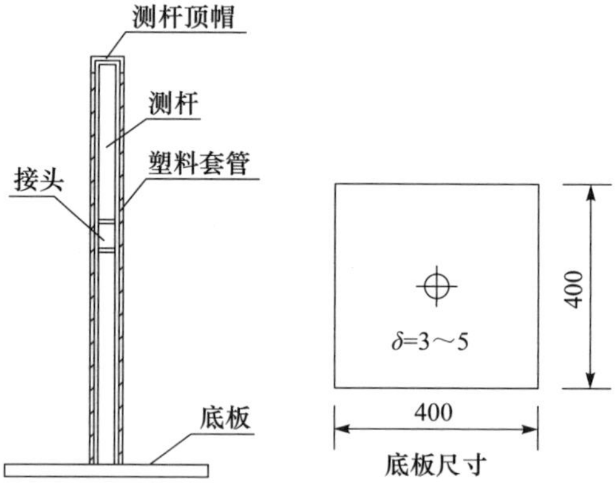

图 5.4　沉降板埋设布置图(单位:mm)

2）观测路径

沉降变形应按三等垂直位移监测网的要求进行观测,观测路线应布置成附合路线,附合长度不大于 1km。当观测断面间距大于等于 100m 时,路基、涵洞沉降观测水准路线如图 5.5 所示;当观测断面间距小于 100m 时,仪器架设在两个相邻断面中间,一次设站观测各点视距都不超限且前后视距大致相等时,路基、涵洞沉降观测水准路线如图 5.6 所示,另设一站观测环水准路线,和主水准路线构成附合结点网。

3）观测数据整理

高速铁路路基作为结构物,在地基处理、基床结构和填料压实等方面进行了严格控制,在各级荷载作用下,路基沉降变形一般呈逐渐收敛的趋势,如图 5.7 所示。高速铁路路基的工后沉降测试数据量值较小,对测试仪器精度和稳定性要求高。

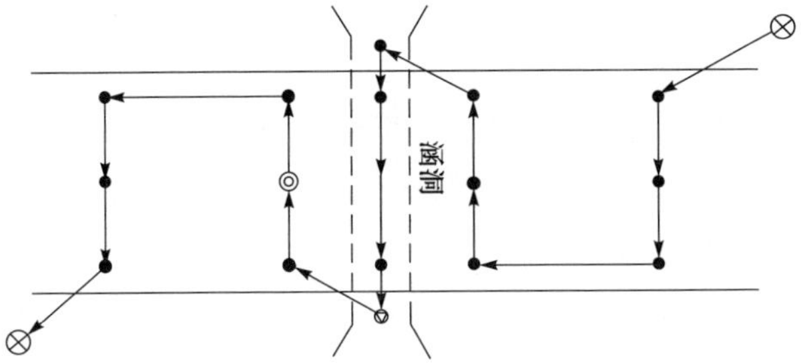

图 5.5　路基、涵洞沉降观测水准路线示意图(观测断面间距大于等于 100m)

● 路基观测桩; ◎ 路基沉降板; 涵洞观测点; ⊗ 工作基点; ——► 水准路线

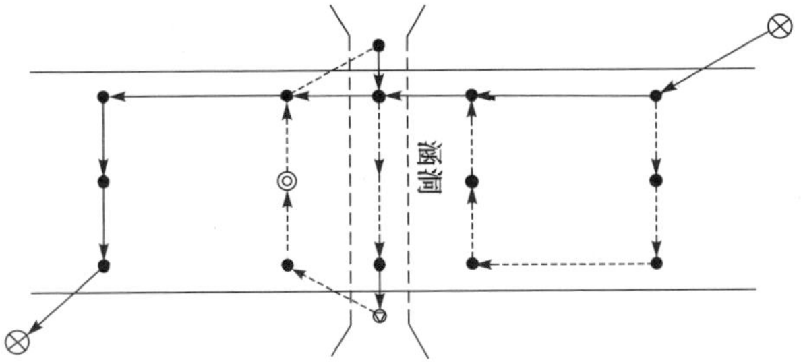

图 5.6　路基、涵洞沉降观测水准路线示意图(观测断面间距小于 100m)

● 路基观测桩; ◎路基沉降板; 涵洞观测点; ⊗工作基点; ——►水准路线; ----► 环水准路线

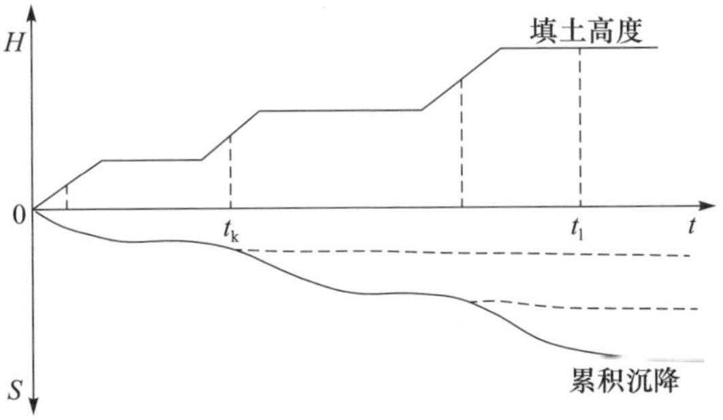

图 5.7　典型路基沉降变形曲线

沉降变形水准测量资料包含仪器检验与校正资料、电子版观测记录(手簿)、电子版平差计算、观测质量评定资料、沉降变形观测成果表和沉降变形观测工作报告。

沉降变形观测成果表应包含观测日期、测点编号、路基填筑高度、施工阶段等工况信息、本次高程、本期沉降量、累积沉降量、沉降速率等。

2. 自动观测

1）静力水准仪

静力水准仪由传感器、连通管、储液罐等组成。其中储液罐之间用连通管连接，罐内和管内充满液体，传感器安装在储液罐内，用于测量罐内液位或液压。通过测量各点的液位差或液压差可得到各点的相对高程，如选其中一点为基准点（绝对高程已知），可得到各点的绝对高程和沉降变形值[2]。静力水准仪沉降变形观测的示意图如图 5.8 所示。

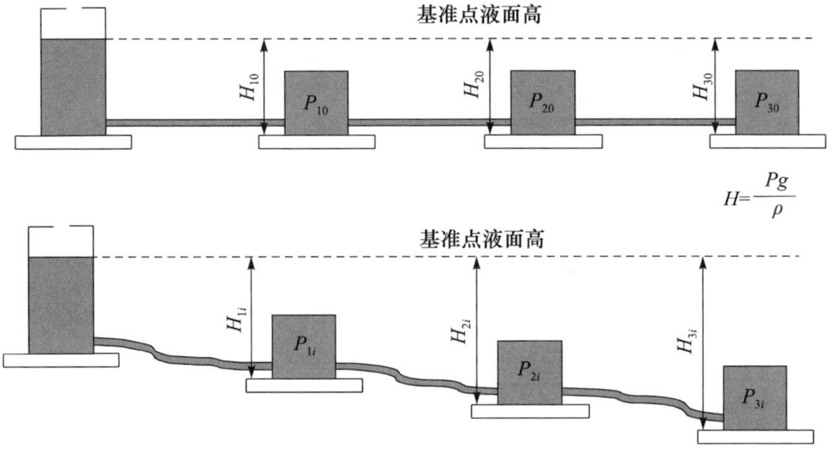

图 5.8　静力水准仪沉降变形观测示意图

2）沉降计

沉降计主要由锚固端、法兰盘、沉降位移计及测杆等部件组成，如图 5.9 所示。其中锚固端设置在相对不动点，法兰盘设置在监测高程端，监测点相对锚固端产生位移时，法兰盘带动电测位移传感器发生内部相对滑移，达到沉降变形监测的目的。

3）剖面沉降仪

剖面沉降仪由沉降导管、探头、电缆和记录仪组成，如图 5.10 所示。通过把特制的聚氯乙烯（polyvinyl chloride，PVC）沉降管埋设在路基中，用记录仪电缆把装有伺服加速度传感器的探头从沉降管的一端拉到另一端。由于地基沉降，探头处于倾斜方向，通过重力加速度在敏感水平轴上的投影，可精确测量探头的倾角，再根据探头的长度计算探头两端的高程差，从而得到探头两端点对应的沉降差，如此累积便可以计算出路基横断面中任一点处的沉降量值[3]。

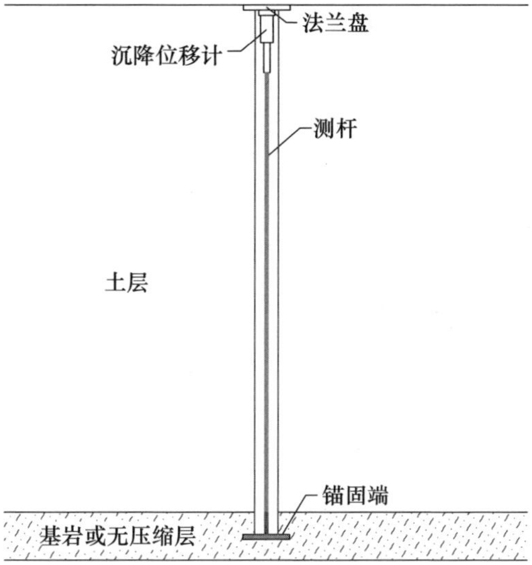

图 5.9　沉降计示意图

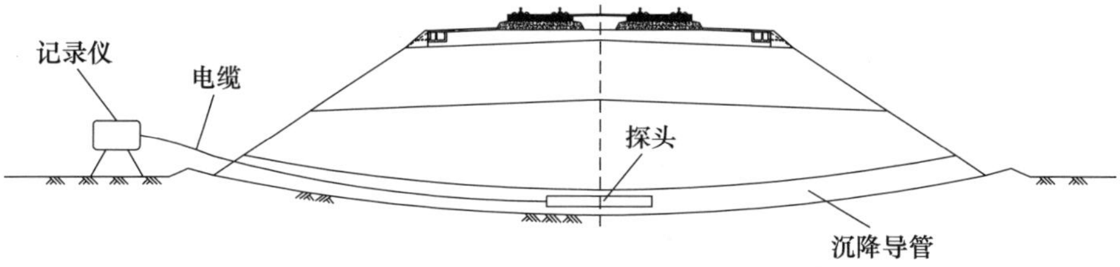

图 5.10　剖面沉降仪示意图

4）技术要求

自动观测沉降变形所采用的传感器必须适应高速铁路路基的特点和所处的环境条件。传感器应具有良好的环境适应性，能够适用于我国北方冬季低温和南方夏季高温的气候条件，保证单点沉降计测杆线膨胀系数、静力水准仪内溶液体积膨胀系数受温度变化影响较小。传感器的量程要考虑到沉降变形总量和线路纵向坡度形成监测段落的垂向高差两个因素，单点沉降计、剖面沉降仪量程要满足前者，而静力水准仪量程则需要满足以上两个因素。传感器的精度要求应不低于水准测量的精度要求，单点沉降计分辨率不应大于 0.01mm，静力水准仪分辨率不应大于满量程的 0.01%，剖面沉降仪精度要达到 4mm/30m。

自动观测传感器安装前应检验传感器标定结果，安装后应检验传感器工作状态。回填土性状应与周围土体保持一致，分层夯实。传感器应与路基土体紧密接触，观测期间应采取有效保护措施。

自动化测量装置采集数据应在读数稳定后进行，一般取不少于 10 次连续量测的平均值作为有效观测值。

5.1.4 预测与评估

1. 判定标准

1）无砟轨道路基及过渡段

一般情况下，无砟轨道路基的工后沉降控制标准为 15mm。考虑线路竖曲线调整要求，在路基沉降比较均匀的段落，调整轨面高程后的竖曲线半径能够满足式(5.1)的要求时，允许的最大工后沉降为 30mm。

$$R_{sh} \geqslant 0.4V_{sj}^2 \tag{5.1}$$

式中，R_{sh}为轨面圆顺的竖曲线半径，m；V_{sj}为高速铁路设计最高速度，km/h。

过渡段不同结构物间的预测工后差异沉降应不大于 5mm，差异沉降造成的纵向折角应不大于 1/1000。

2）有砟轨道路基及过渡段

有砟轨道的平顺性可通过扣件和道床两个方面进行调整。结合运营期间的要求和养护维修的工作量，可对工后沉降的控制标准进行适当放宽，如表 5.2 所示。

表 5.2 有砟轨道路基工后沉降控制标准

设计速度/(km/h)	一般地段/mm	过渡段/mm	沉降速率/(mm/a)
200	≤150	≤80	≤40
250	≤100	≤50	≤30
300、350	≤50	≤30	≤20

2. 预测要求

路基沉降的发展规律可通过土体固结理论来估算。但是由于固结理论存在假定条件简化及计算指标离散性问题，路基沉降的理论计算精度有限。因此工程中通常采取实测方法，通过积累大量沉降观测数据，找出路基沉降变形规律，并结合已有经验对沉降发展进行估算。沉降预测的要求如下：

（1）根据实测数据做不少于两种类型曲线的回归分析，确定沉降变形的趋势。

（2）路基填筑（堆载预压）完成为路基沉降预测的起始点。

（3）预测曲线回归拟合的相关系数不应低于 0.92。

（4）沉降预测的可靠性应经过验证，验证时间间隔不应少于 3 个月，两次预测的最终沉降量差值不应大于 5mm，新建设计速度 200km/h 的有砟轨道不应大于 15mm。

（5）轨道（道床）铺设前最终预测应符合准确性的基本要求，即从路基填筑完成或堆载预压以后沉降和沉降预测的时间 t 应符合式(5.2)的规定。

$$\frac{S(t)}{S(t)\mid_{t=\infty}} \geqslant 75\% \tag{5.2}$$

式中，$S(t)$ 为预测时实际已发生的沉降量，mm；$S(t)\mid_{t=\infty}$ 为预测的最终总沉降量，mm。

（6）预测工后沉降应考虑运营期荷载，可按荷载比例进行估算。

3. 预测方法

根据实测资料来推测最终沉降量的方法主要有四种：曲线拟合法、灰色系统法、人工神经网络法和遗传算法，如图 5.11 所示。

- 沉降预测方法
  - 曲线拟合法
    - 双曲线法
    - 三点法
    - 抛物线法
    - 指数曲线法
    - 修正双曲线法
    - 沉降速率法
    - 星野法
    - Asoka 法
    - 泊松曲线
  - 灰色系统法
  - 人工神经网络法
  - 遗传算法

图 5.11　沉降预测方法

曲线拟合法在工程中应用最为广泛，常规曲线拟合法在软土路基等较大变形情况下的沉降预测中应用较多。高速铁路路基沉降变形量级较小、相对波动较大，一般采用双曲线法、三点法、修正双曲线法和 Asaoka 法等几种工程上较为成熟的方法[4]。

4. 沉降评估

沉降评估分为单个观测点沉降变形评估和区段或全线的沉降变形评估两个阶段。

（1）单个观测点沉降变形评估是通过曲线拟合的方法，预测总沉降量、工后沉降量，从而判断单个观测点的沉降变形是否满足设计要求。

（2）区段或全线的沉降变形评估是在所有观测点沉降变形评估之后进行。在这个阶段，把单个观测点的沉降变形预测分析结果绘制在区段或全线运营里程范围内，形成能够反映线下工程各结构物沉降变形评估结果的沉降变形评估图，内容包括：结构物标识、实测累积沉降变形量、预测工后沉降量、预测总沉降量、工后沉降限值，如图 5.12 所示。绘制区段或全线沉降变形评估图后，要进行结构物间折角和折角的计算，并根据计算结果确定是否符合设计要求。

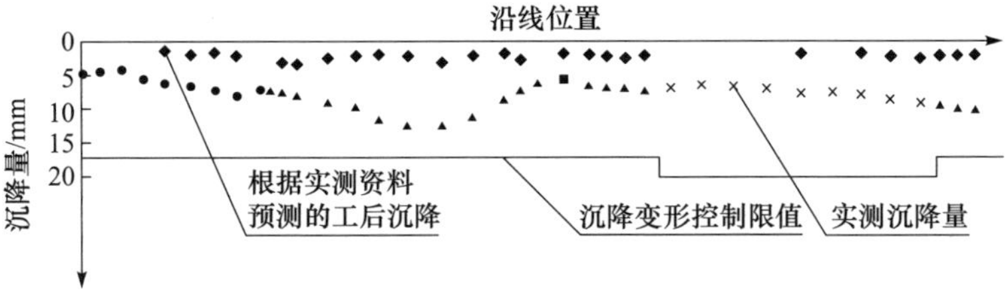

图 5.12　沉降变形评估图

▲路基或过渡段；●隧道；■涵洞；×桥梁；◆预测工后沉降

过渡段工后差异沉降和纵向折角的计算公式为

$$d_{\mathrm{h}}=\Delta H_i-\Delta H_j \tag{5.3}$$

$$\theta=\frac{\Delta H_i-\Delta H_j}{L} \tag{5.4}$$

式中，d_{h} 为过渡段差异沉降，m；ΔH_i、ΔH_j 分别为预测结构物的第 i 个观测点与第 j 个观测点的工后沉降，m；θ 为纵向折角，°；L 为断面间距，m。

沉降变形综合评估是结合观测点沉降变形预测分析成果、各构筑物间沉降变形评估成果、沉降变形评估图、工程地质条件、基础类型、结构类型等，综合分析判断线下工程结构物沉降变形是否满足轨道铺设条件。

5.1.5　数据信息化管理

随着我国高速铁路建设规模逐渐增加,线下工程沉降变形观测数据也逐步积累,已形成庞大的数据资料。如图 5.13 所示,为使建设期间的沉降变形观测数据得到有效的管理和应用,建立了全路沉降变形观测数据管理与评估信息化平台,构建了涵盖所有高速铁路沉降变形观测数据和评估成果的数据库,实现了全路沉降变形观测资料全方位信息管理和有效利用,达到信息按线可查、按工点可追溯,形成沉降变形观测数据智能化、图形化管理系统,为高速铁路的安全运营提供了技术支撑。

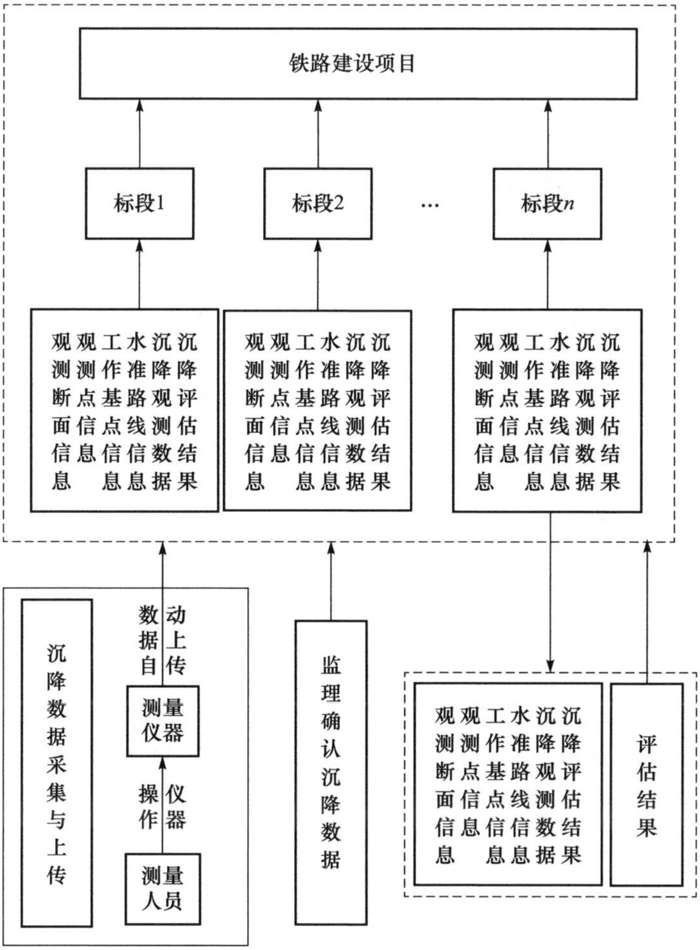

图 5.13　全路沉降变形观测数据管理与评估信息化平台

1. 平台功能

全路沉降变形观测数据管理与评估信息化平台能够实现权限管理、数据管理、外业采集、数据分析等功能,可通过图形化的方式管理测量进度、沉降数据质量等,如图 5.14 所示。每个标段可建立独立的工点信息、测量线路、工作基点、测点信息,测量人员通过手机应用程序(application program,APP)连接电子水准仪进行外业测量,并上传至管理平台上,全程不经人工干预,保证数据的可靠性与真实性。

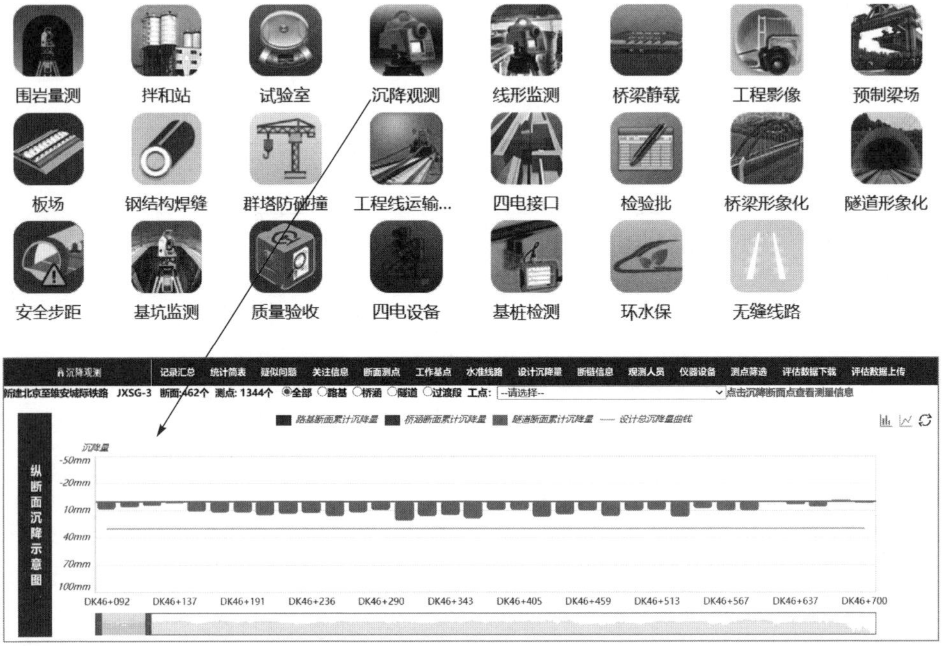

图 5.14　平台图形化管理方式示意

2. 数据上传

在平台初始化后,每个标段都有相应的标段应用管理员账户,授权测量人员根据各自工点类型建立相应的断面测点信息、水准线路信息等,然后使用手机 APP 进行外业测量并将结果数据上传至服务器。使用手机 APP 能够有效提高外业测量进度,保证数据质量。每条线路测量完成后,测量人员可以导出测量原始记录,进行数据解算平差,提交平差结果。

3. 数据使用

上传至信息化平台的数据，经审批后由参建各方统一使用。建设、设计、施工、监理、评估单位按照相应的权限进行查询、下载，并根据信息化平台数据对线下工程项目的沉降变形进行观测。沉降变形观测信息系统的界面示意如图 5.15 所示。

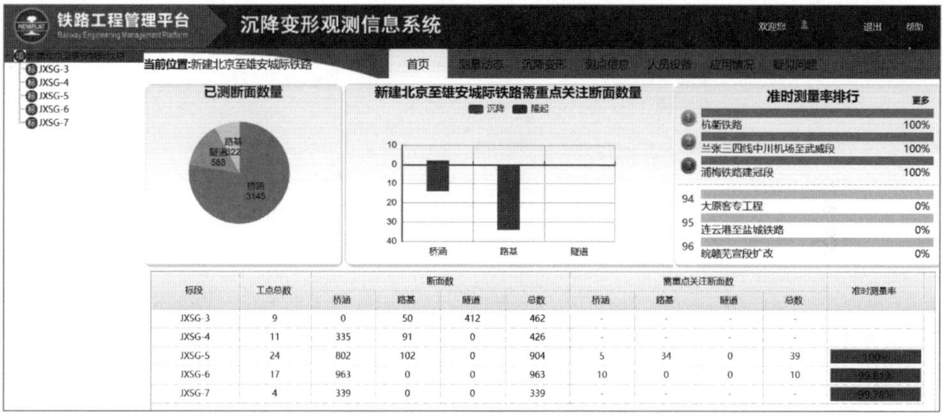

图 5.15　沉降变形观测信息系统界面示意

5.2　运营期监测预警

5.2.1　高速铁路路基异常变形及监测要求

1. 高速铁路路基异常变形问题

我国高速铁路跨越高寒、高原、亚热带沿海、大风干旱、大温差等不同气候地域，穿越季节性冻土、深厚软土、湿陷性黄土、荒漠戈壁土、膨胀岩土、采空区、断裂带等多种特殊岩土与不良地质区域，在复杂的环境与地质条件的影响下，部分高速铁路路基段局部出现了不同类型的异常变形问题，例如局部沉降、上拱变形、反复冻融等问题，如图 5.16～图 5.18 所示[5~8]。

2. 长期监测要求

上述异常变形的发生原因和发展特性各不相同，对监测评估的要求也各有差异，如表 5.3 所示[9]。

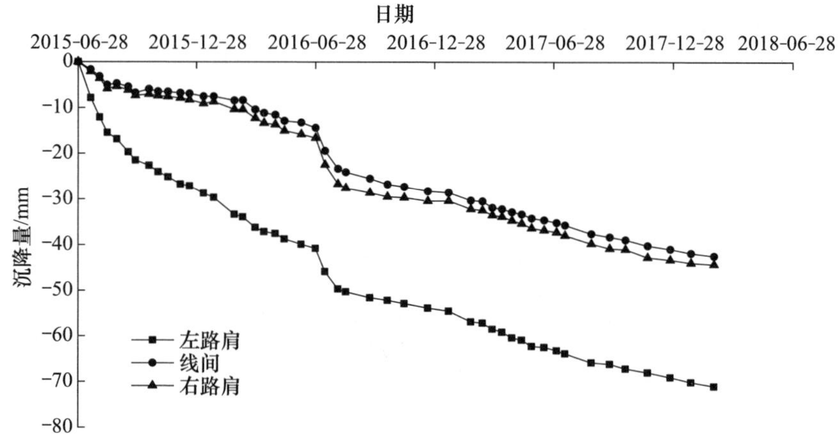

图 5.16　某高速铁路路基局部沉降情况

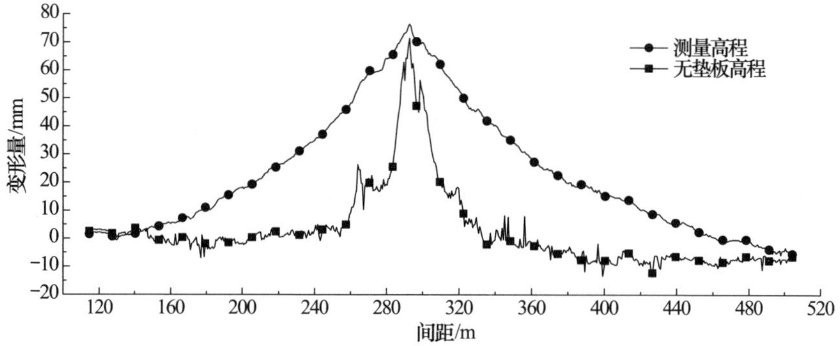

图 5.17　某高速铁路路基上拱变形情况

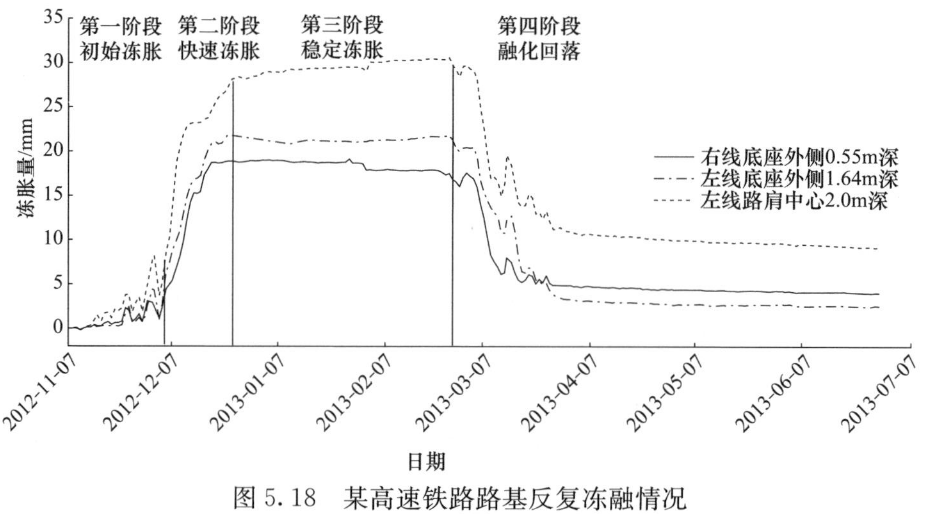

图 5.18　某高速铁路路基反复冻融情况

表 5.3　高速铁路路基异常变形分析与监测需求

类型	产生原因	发展特性与危害	监测要求
路基沉降	(1) 存在软土、松软土、湿陷性黄土等特殊岩土;线路附近微地貌形成汇水条件,造成表水汇集,侵入地基。 (2) 填料压实度不够;路基面封闭层开裂和结构缝封堵措施失效,大气降水入渗。 (3) 地基处理桩长不够,桩端未进持力层。 (4) 路基中隐伏的通水管道破损,水分渗漏。 (5) 线路附近工业与民用用水造成沉降漏斗	(1) 表现为持续缓慢发展,变化速率可达1～3mm/月,造成平顺性持续劣化。 (2) 沉降持续变大,同时伴随着轨向偏移,量值可超过扣件调整能力,造成列车限速。 (3) 区域沉降长期持续缓慢发展,沉降绝对量值较大但相对值较小	(1) 应开展区段纵向平顺性连续监测。 (2) 应开展分层监测,确定沉降发生层位。 (3) 应开展水位监测,掌握地下水变化情况。 (4) 应开展区域性监测,可采用北斗卫星定位监测技术,掌握沉降区域发展趋势
路基上拱	(1) 地基或填料中存在膨胀岩、膨胀土、盐渍土等特殊岩土。 (2) 路基表面封闭层开裂和结构缝封堵措施失效,表水入渗	(1) 长期持续缓慢发展,造成平顺性持续劣化。 (2) 上拱持续变大,同时伴随轨向偏移,可超过扣件调整能力,造成列车限速。 (3) 存在轨道结构混凝土结构裂损风险	(1) 应开展区段纵向平顺性连续监测。 (2) 应开展分层监测,确定上拱发生层位。 (3) 应开展水分、湿度、温度监测,综合分析上拱成因
冻胀融沉	(1) 冻深范围内填料细粒含量超过控制要求。 (2) 路基表面封闭层开裂和结构缝封堵措施失效,表水入渗。 (3) 涵洞顶填料不良,排水不畅	(1) 每年反复冻融,冻胀量值基本稳定。变形发展阶段基本可分成初始波动期、快速发展期、平稳变化期和迅速回落期,第二、四阶段变形速率较大。 (2) 轨道结构反复隆起回落,存在混凝土结构裂损风险	(1) 应开展区段纵向平顺性连续监测。 (2) 应开展分层监测,确定冻胀发生层位。 (3) 应开展温度监测,掌握冻深发展情况。 (4) 应开展水分、湿度监测,综合分析冻胀成因

续表

类型	产生原因	发展特性与危害	监测要求
边坡滑坡	(1) 高大边坡，隐伏滑裂面较多。 (2) 降水渗入滑裂面，导致结构面强度参数降低。 (3) 山体中地下水径流改变，地下水位上升，土体强度参数发生变化。 (4) 突发一定级别的地震	坡体沿滑裂面产生滑移，变形一般发展缓慢；强降水或地震时会加速发展，甚至发生滑坡，阻断行车	(1) 应开展坡体关键断面不同深度侧向位移监测。 (2) 应开展坡面全覆盖变形监测，可采用北斗卫星定位监测技术。 (3) 应开展当地气候监测，掌握降水情况。 (4) 应开展地下水监测，掌握地下水的波动
采空区沉陷	(1) 线路下方或附近，隐伏矿产采空区，且未进行回填处理。 (2) 采空区顶板岩性较弱或较薄。 (3) 线路附近地表与采空区有水道联通，长期冲刷流蚀，地下孔洞增多，致使采空区变大	(1) 地表逐渐沉陷，变形发展缓慢，形成沉陷漏斗，平顺性劣化。 (2) 隐伏孔洞和采空区变大到一定程度，经强降水诱发，会形成突发小型天坑或溶洞，造成行车中断	(1) 应开展区段纵向平顺性连续监测。 (2) 应开展当地气候情况监测
活动断裂带	(1) 线路跨越活动断裂带。 (2) 长期地质活动	(1) 变形范围一般较大。 (2) 产生沉降和横向大错台。 (3) 无砟轨道结构损伤	(1) 应开展区段纵向平顺性连续监测。 (2) 应开展深层土体侧位移监测
邻近营业线施工引发的异常变形	邻近既有高速铁路线路的地基处理、基坑开挖、桩基施工、路基填筑、帮宽堆载等工程，扰动既有高速铁路地基，产生附加荷载，造成既有高速铁路线路产生附加变形	(1) 既有高速铁路路基的变形与施工过程影响紧密相关。 (2) 由于土的固结效应，在邻近营业线施工结束后，变形会持续发展一段时间	(1) 应开展区段纵向平顺性连续监测。 (2) 应开展深层土体侧位移监测

5.2.2　长期监测技术及应用

运营期高速铁路路基变形监测技术主要有纵向连续变形监测、水平位移监测、分层变形监测、北斗卫星定位监测、合成孔径雷达干涉(interferometric synthetic aperture radar,InSAR)区域性变形监测等,为高速铁路科学维护提供了依据,保障了高速铁路安全平稳运营。

1. 纵向连续变形监测

1) 监测原理

纵向连续变形监测技术是通过测量基准点与测点压力差的变化,依据系统性标定关系计算得到测点的相对变形量,如图 5.19 所示。其中压力值主要通过压阻式传感器测得,一体化密封设计将敏感芯片封装在结构优化过的波纹膜片壳体中,在不锈钢波纹膜片和芯片之间充满硅油,组成压力敏感芯体。当传感器处在压力介质中时,压力作用于传感器中的敏感芯体,使芯体上的波纹膜片受压,进而通过不可压缩的硅油将压力等值传递给芯片。芯片受压后其电阻值发生变化,产生电信号,再通过外电路进行温度漂移补偿。通过选取高精度传感器、边缘计算精细补偿与系统性标定,纵向连续变形监测精度可达±0.2mm[10]。

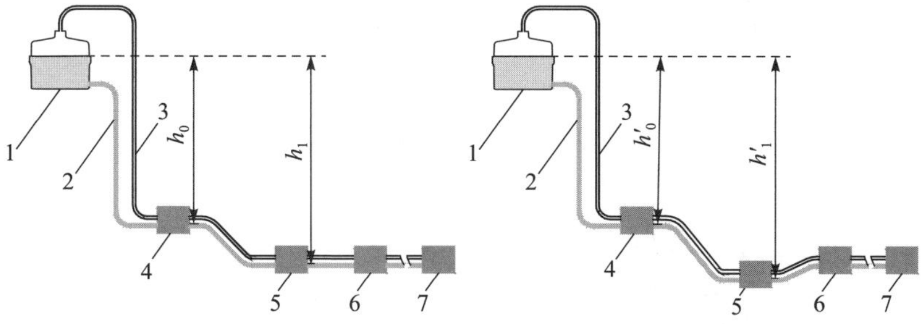

图 5.19　纵向连续变形监测技术示意图

1. 储液罐;2. 液路;3. 气路;4. 监测基准点;5～7. 监测点;h_0. 初始状态时基准点液面高程;h_1. 初始状态时监测点液面高程;h'_0. 当前状态时基准点液面高程;h'_1. 当前状态时监测点液面高程

2) 应用案例

新建鲁南高速铁路接入京沪高速铁路曲阜东站,涉及邻近营业线施工,可能造成既有京沪高速铁路路基产生附加变形。为保障京沪高速铁路安全运营,动态指导新建鲁南高速铁路施工,对京沪高速铁路曲阜东站Ⅰ、Ⅱ股道的路基变形情况进行自动监测,如图 5.20 所示。Ⅰ、Ⅱ股道纵向连续沉

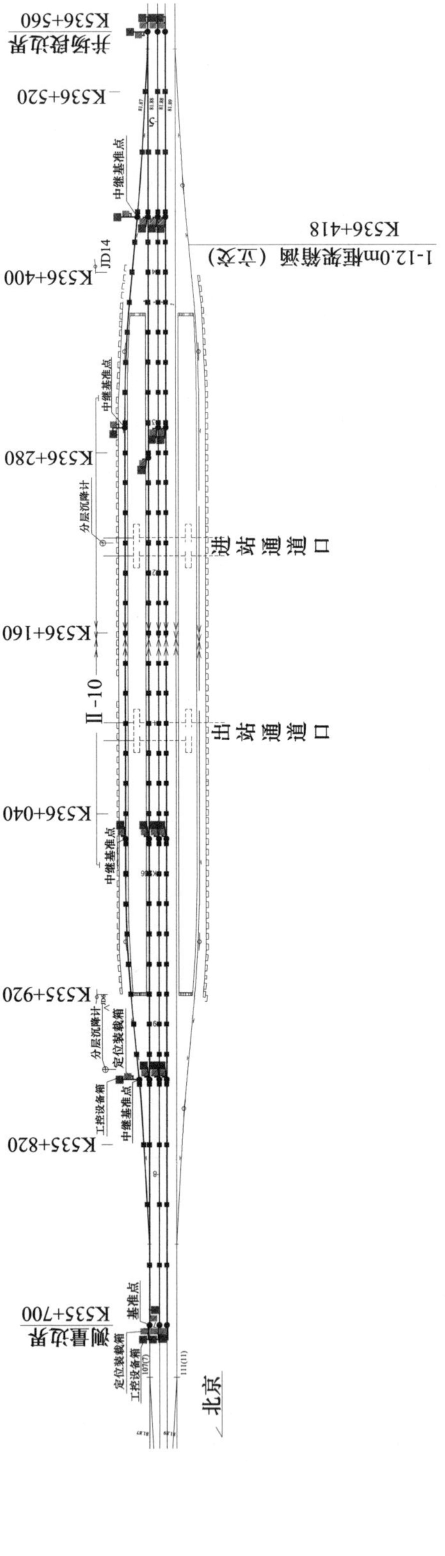

图 5.20　京沪高速铁路曲阜东站路基变形自动监测点布置图

■自动监测点

降变化情况如图 5.21 所示。在新建鲁南高速铁路施工过程中,纵向连续变形监测发挥了重要作用,有力地保障了京沪高速铁路的安全平顺运营。

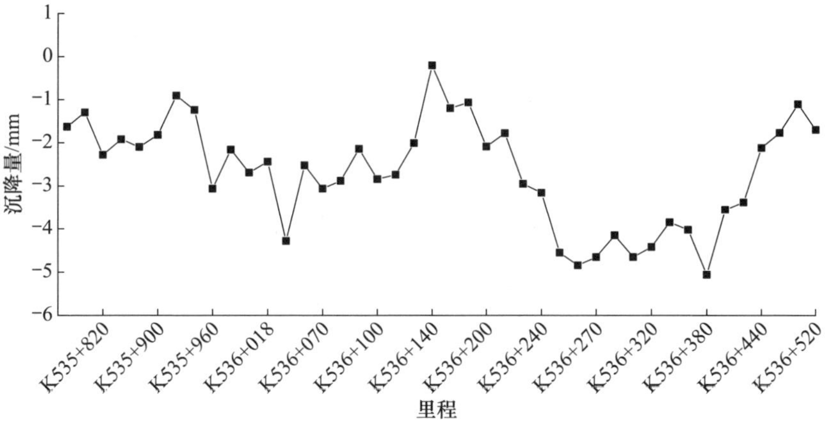

(a) Ⅰ股道纵向连续沉降变化情况

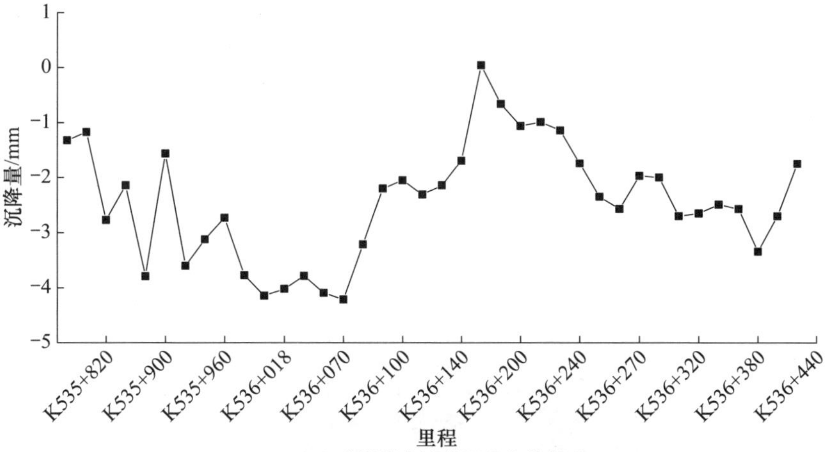

(b) Ⅱ股道纵向连续沉降变化情况

图 5.21　Ⅰ、Ⅱ股道纵向连续沉降变化情况

■ 自动监测点

2. 水平位移监测

1）监测原理

岩土体水平位移监测中,首先测得不同深度处岩土体的倾斜角度,并逐段换算成横向位移,从基准点向上进行叠加,进而计算得到不同深度处岩土体的水平位移[11]。其测试原理如图 5.22 所示,相应的计算公式为

$$D_H = \sum_{i=1}^{n} L\sin\theta_i \tag{5.5}$$

式中，D_H 为距离基准点 H 深度处土体发生的绝对位移，m；n 为基准点至 H 深度范围内测试单元数量，$n=H/L$；i 为基准点至 H 深度范围内测试单元序号；L 为测试单元长度，m；θ_i 为测试单元轴线与重力加速度的夹角，°。

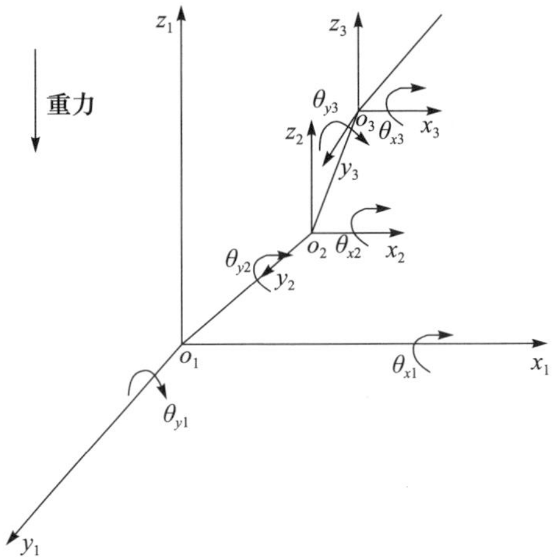

图 5.22 水平位移测试原理示意图

分段岩土体的倾斜角度通过岩土体水平位移测试传感器测得，如图 5.23 所示。该种传感器能够测量加速度输出轴与重力加速度夹角的变化，通过转台传感器标定、温度修正等措施，监测精度可达到±1.5mm/30m。

图 5.23 岩土体水平位移测试传感器

2）应用案例

新建鲁南高速铁路接入京沪高速铁路曲阜东站，并轨段地基处理时需评估 PHC 管桩成桩过程对既有京沪高速铁路路基水平位移的影响。利用岩土体水平位移监测技术开展了 PHC 管桩成桩过程挤土效应的现场试验研究,分析成桩工艺对邻近区域土体的扰动影响及前排桩的隔离效应,为新建鲁南高速铁路的地基处理方案的确定提供了依据。现场试验试桩区传感器的布置情况如图 5.24 所示,地基处理成桩过程中土体横向位移曲线如图 5.25 所示。

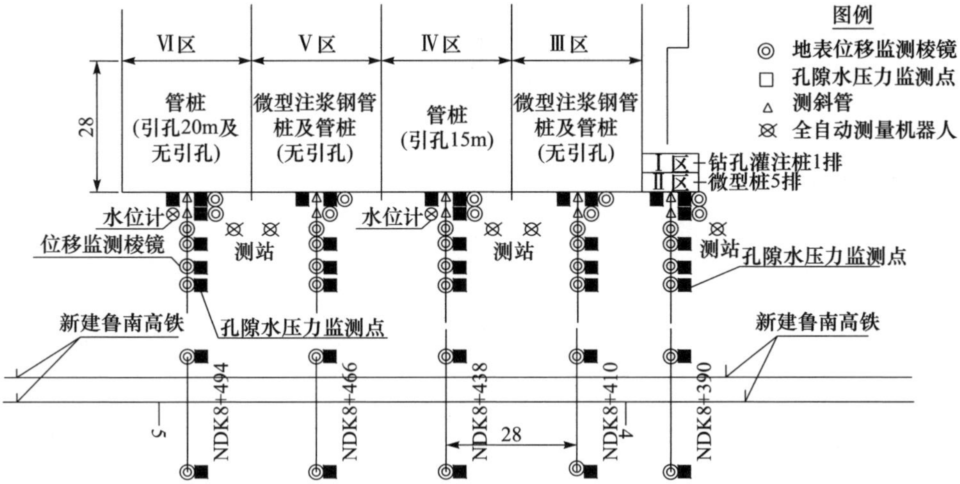

图 5.24　试桩区传感器布置图(单位:m)

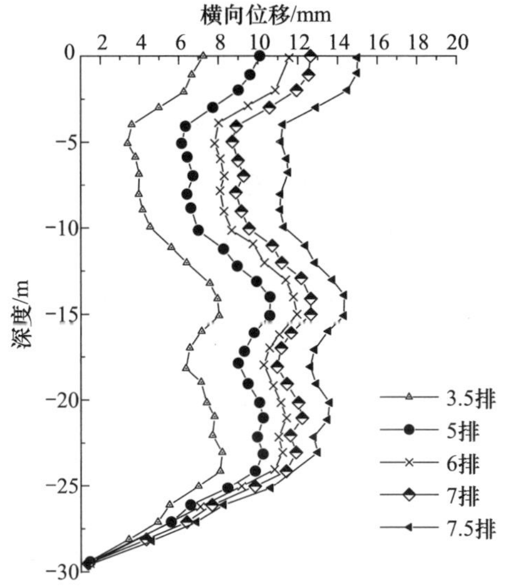

图 5.25　成桩过程中土体横向位移曲线

3. 分层变形监测

1）监测原理

分层变形监测技术中，在岩土体中设置单点变形传感器，测量传感器测杆基准点与固定端之间的相对位移，从而获得两端点范围内土体的压缩或膨胀变形，如图 5.26 所示[12]。经过精细化标定，分层变形监测的精度可达±0.1mm。

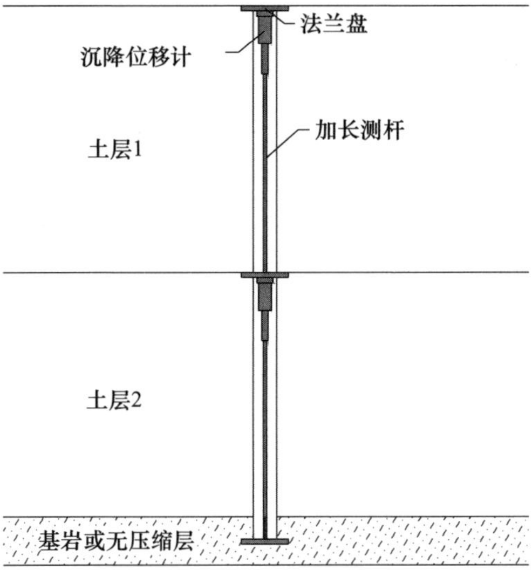

图 5.26　分层变形监测布置示意图[12]

2）应用案例

兰新高速铁路局部地段路基发生持续上拱病害。为掌握高速铁路路基上拱发展变化特性，明晰高速铁路路基上拱的具体层位，开展了分层变形监测，如图 5.27 所示。分层沉降变形发展曲线如图 5.28 所示，可知上拱变形主

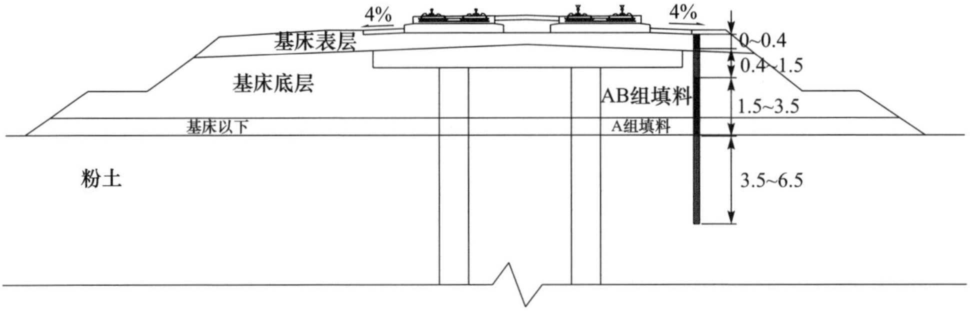

图 5.27　高速铁路路基分层变形监测(单位:m)

要发生在 1.5～3.5m 层位。根据监测结果，可针对性地对发生明显变形的土体层位进行进一步调查和处理，这为病害整治措施的提出提供了科学依据。

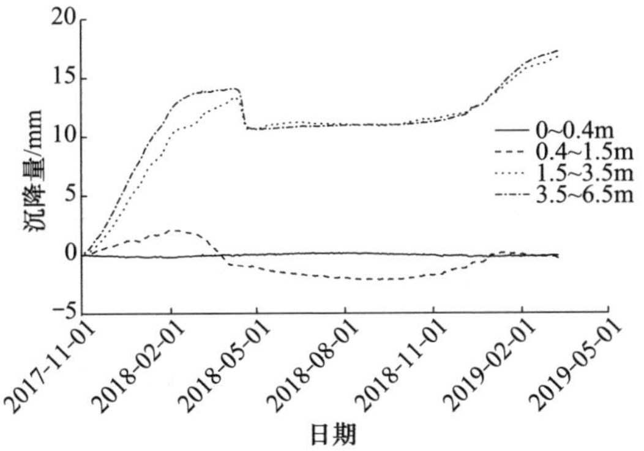

图 5.28　分层沉降变形发展曲线

4. 北斗卫星定位监测

1）监测原理

北斗卫星定位监测通过基准点和监测点的接收机接收卫星的原始观测数据，然后对其进行解码、预处理及定位解算，得到监测点的三维空间坐标，计算其与初值的差值即为测点的变形情况，如图 5.29 所示[13]。为提高监测精度，可采用北斗卫星导航系统、全球定位系统（global positioning system，GPS）、全球卫星导航系统（global navigation satellite system，GLONASS）进行解算。水平位移变形的监测精度可达±2mm，高程精度可达±3mm。

2）应用案例

渝怀铁路增建第二线怀化西编组站建设过程中，需要分级开挖高陡边坡。为防止出现开挖下一级边坡时，上部边坡变形开裂、失稳、滑坡情况，在施工过程中采用北斗卫星定位技术对高陡边坡坡面变形进行监测。图 5.30 为北斗卫星定位监测获取的监测曲线。

5. InSAR 区域性变形监测

1）监测原理

InSAR 测量技术集合成孔径雷达技术与干涉测量技术于一体。合成孔

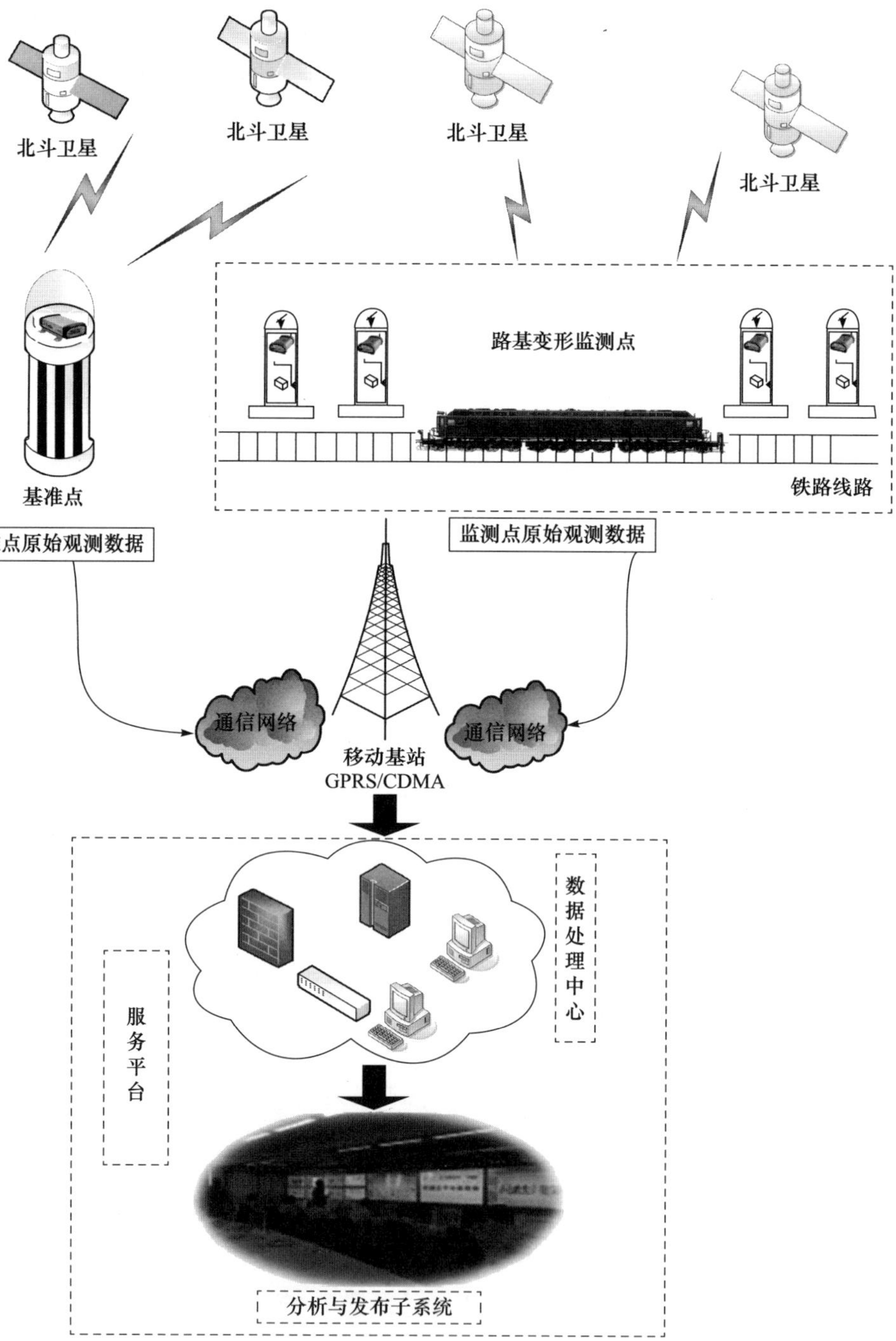

图 5.29　北斗卫星定位监测技术原理示意图[13]

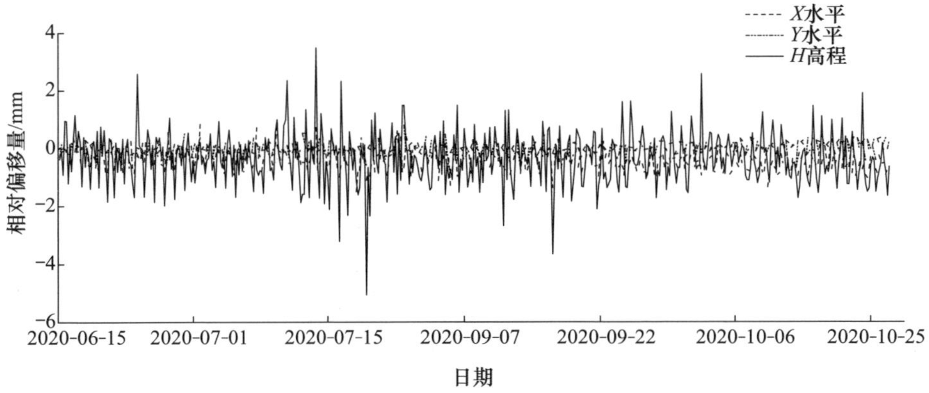

图 5.30　北斗卫星定位监测曲线

径雷达(synthetic aperture radar,SAR)是一种主动式微波遥感,用来记录地物的散射强度信息及相位信息。干涉的基本原理是通过同一区域两次或多次过境的 SAR 影像的复共轭相乘,来提取地物目标的地形或者形变信息。雷达干涉的模式包括沿轨道干涉法、交叉轨道干涉法和重复轨道干涉法,其中重复轨道干涉法最为常用,其干涉相位表达式为

$$\varphi_{\mathrm{int}}=\varphi_{\mathrm{flat}}+\varphi_{\mathrm{topo}}+\varphi_{\mathrm{def}}+\varphi_{\mathrm{atmo}}+\varphi_{\mathrm{noise}} \tag{5.6}$$

式中,φ_{flat}为平地相位,rad;φ_{topo}为地形相位,rad;φ_{def}为地表形变相位,rad;φ_{atmo}为大气延迟相位,rad;φ_{noise}为观测噪声引起的噪声相位,rad。

将平地相位、地形相位、噪声相位、大气延迟相位去除,计算得到地表形变相位,称之为雷达差分干涉技术(differential interferometric synthetic aperture radar,D-InSAR)。该项技术可用于探测厘米级的地表形变,其几何关系如图 5.31 所示。

$$\Delta r=\frac{\lambda}{4\pi}\varphi_{\mathrm{def}} \tag{5.7}$$

式中,Δr 为所要求解的地面目标点的雷达天线与地面目标点的连线方向形变信息;λ 为雷达波长,m。

高速铁路路基变形 InSAR 监测技术还可以通过设置反射增强点的方式获得关键位置的形变特征,必要时可布置 GLONASS 观测点或人工观测标准点作为微波遥感沉降观测的参考点,对微波遥感探测获得的区域沉降信息进行校正[14~16]。

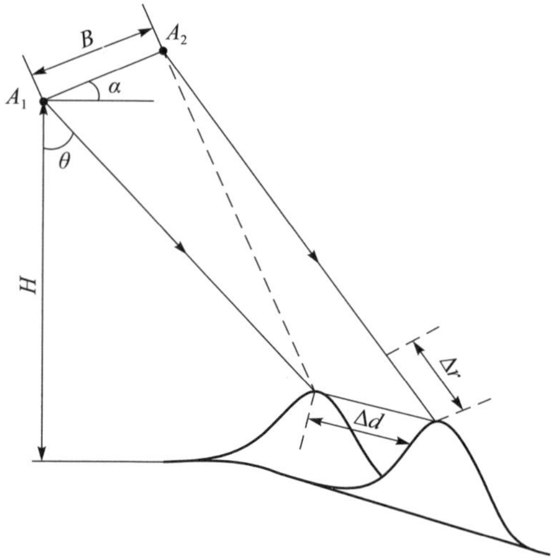

图 5.31　差分干涉测量几何关系示意图

A_1. 第一次获取影像时雷达的位置；A_2. 第二次获取影像时雷达的位置；B. 基线距离；H. 雷达在A_1位置的高度；α. 基线与水平线的夹角；θ. 雷达系统的入射角；Δd. 目标点移动前后高程的变化；Δr. 获取两幅 SAR 影像的时间间隔内，目标点移动前后沿雷达视线方向的位移

2）应用案例

京津城际铁路沿线局部发生区域性沉降，采用合成孔径雷达干涉测量技术，对该地区地表变形开展高精度 InSAR 观测。通过对影像数据进行处理、解译，获得线路路基沉降信息，为京津城际铁路安全平稳运营提供了技术保障，如图 5.32 和图 5.33 所示。

5.2.3　在线预警技术

1. 监测预警框架

高速铁路路基长期变形监测预警应建立在考虑时间效应的评估模型基础之上[17,18]。因此，应构建基于时间序列的预测评估模型，形成实时在线评估技术，进行高速铁路路基变形发展的分析预警，如图 5.34 所示。

2. 监测管理平台

1）设备并发接入管理

监测管理平台可以实现百万数量级传感器数据的并发接入管理和分布式数据的存储处理。设备接入层采用轻量级受限应用协议（constrained

图 5.32　观测区域

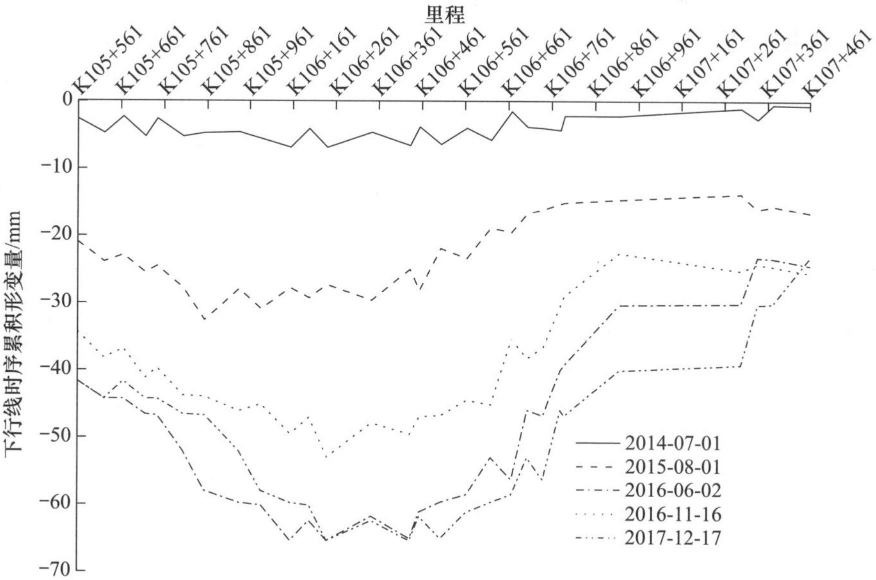

图 5.33　线路沉降曲线

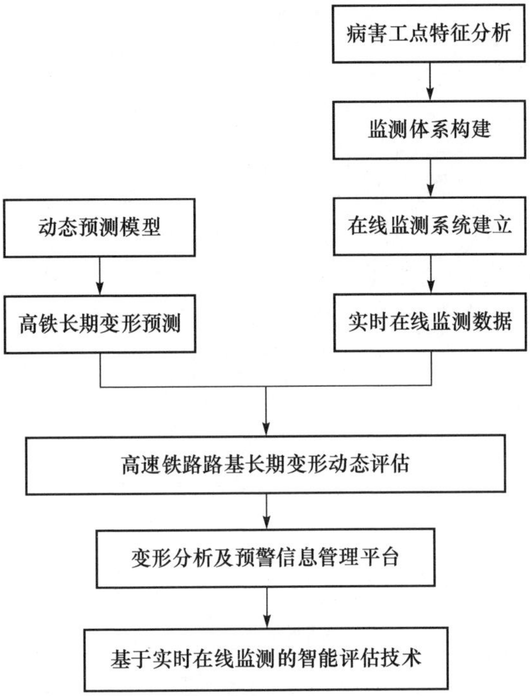

图 5.34 基于实时在线的高速铁路路基变形评估框架

application protocol,COAP)及消息队列遥感传输(message queuing telemetry transport,MQTT)与设备进行数据交互,负责设备管理、设备认证、安全权限、大数据分布式存储等功能。其前端使用设备负载均衡,后端设备接入层和多台服务器部署,可随时进行服务器负载的扩容,增加设备接入数量。同时设备数据接入消息中间件(采用集群部署,消除单点故障),为后续实时计算和离线计算提供原始数据通道,如图 5.35 所示。

设备接入层可针对不同的传感器类型和设备类型进行统一的抽象描述,使得在系统层面可根据不同的设备类型进行不同的 Web 应用,可根据不同的 Web 应用选择相对应的设备进行接入集成。不需要对每一个 Web 应用单独进行系统开发,缩短了开发周期,加速新业务系统的上线时间。

2) 项目管理与权限管理模块

平台的项目管理模块可新建项目、里程,在每个项目下可绑定对应的监测设备。权限管理模块可新增系统用户,并对用户进行系统各个模块的权限分配(修改权限或者查看权限等),用户只能对分配给自己的模块进行相应操作。项目管理模块的监测管理运营平台界面如图 5.36 所示。

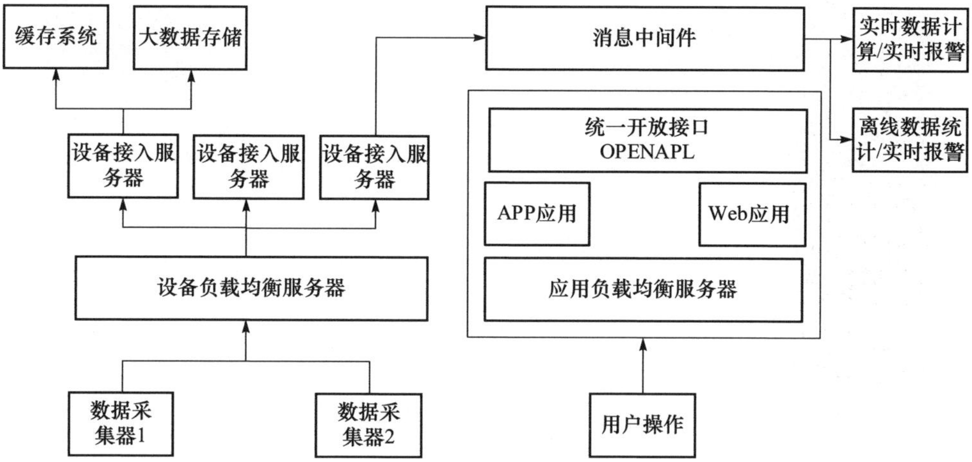

图 5.35　设备并发接入管理框架图

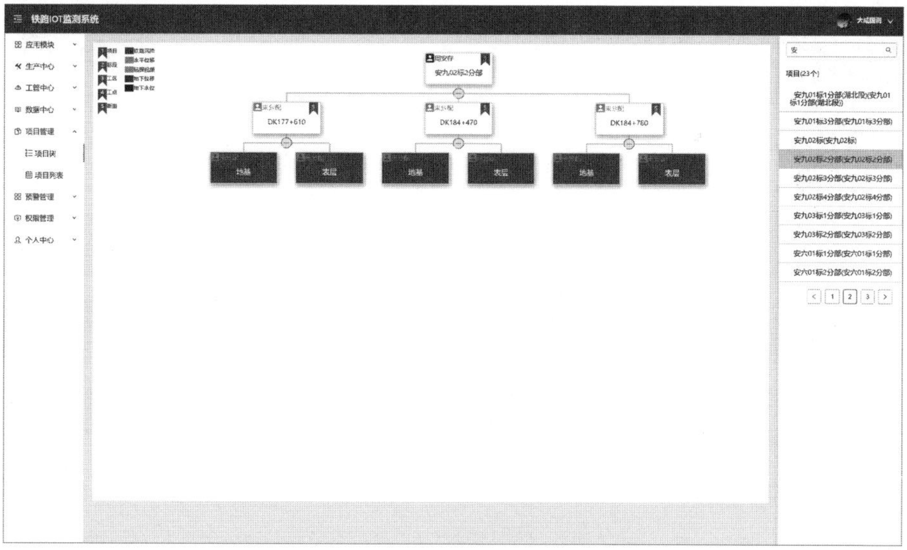

图 5.36　监测管理运营平台界面

监测管理平台还应提供能满足运营单位要求的显示界面,能够显示监测布设方案,提供贯通曲线、单点时程曲线及预测分析。纵向连续沉降系统界面和边坡水平位移监测系统界面分别如图 5.37 和图 5.38

所示。

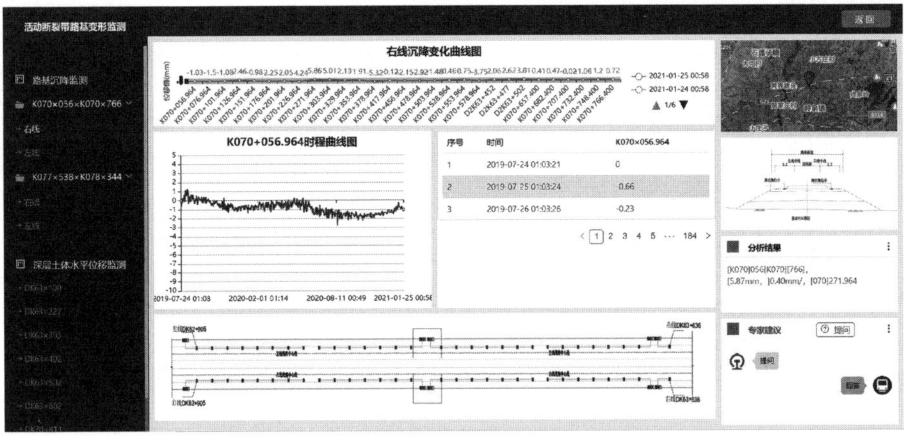

图 5.37　纵向连续沉降系统界面

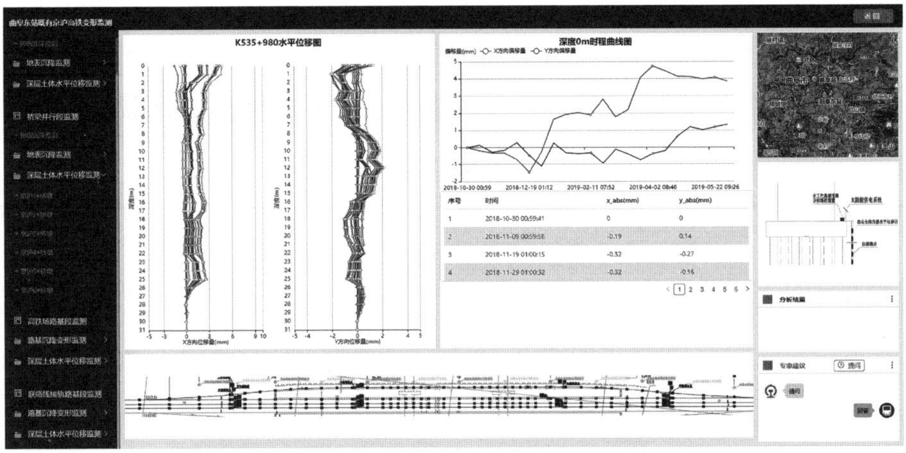

图 5.38　边坡水平位移监测系统界面

3. 监测预警设定

依据《高速铁路无砟轨道线路维修规则(试行)》(TG/GW 115—2012)[19]对轨道静态几何尺寸容许偏差管理值的规定,应对运营期的线路变形进行评估,建立分级预警准则。监测平台可进行远程设定预警值,超出预警值时可根据设置的通知模板与电话号码自动触发短信通知,短信预警平台和预警设置界面分别如图 5.39 和图 5.40 所示。

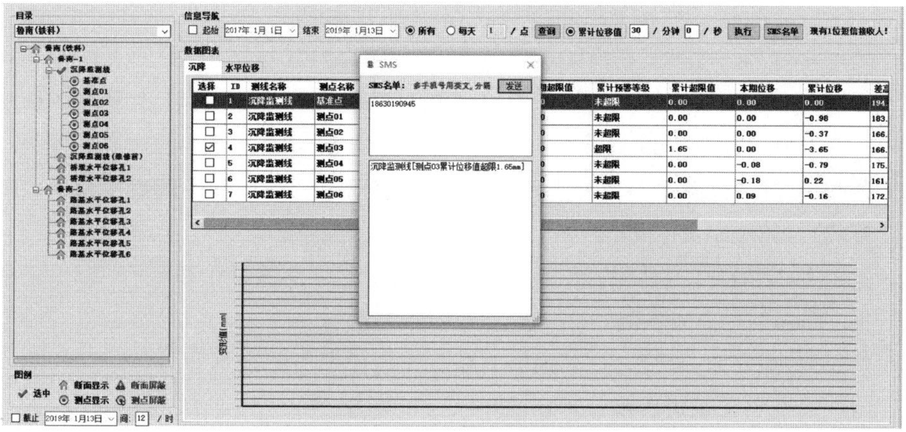

图 5.39　短信预警平台

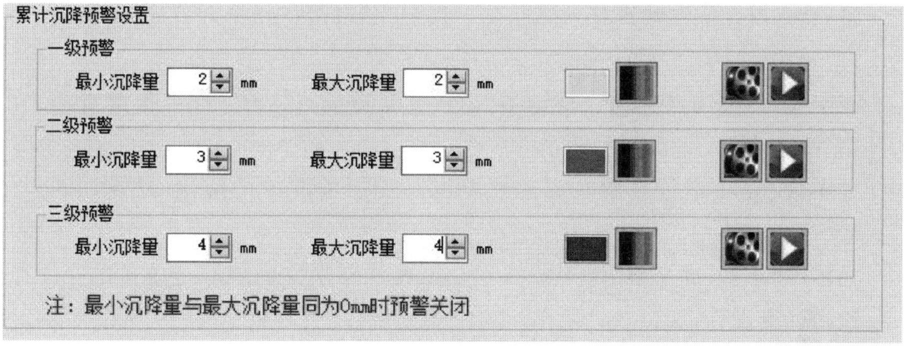

图 5.40　预警设置界面

参 考 文 献

[1] 中国铁路总公司企业标准. 铁路工程沉降变形观测与评估技术规程(Q/CR 9230—2016). 北京：中国铁道出版社，2016.

[2] 杨宏，张献州，张拯，等. 液体静力水准系统在高速铁路运营期实时沉降监测中的应用研究. 铁道勘察，2015，41(6)：28-31.

[3] 杨婧，冯其波，张斌，等. 基于倾斜传感器的路基剖面沉降自动监测方法与系统. 北京交通大学学报，2012，36(6)：52-56.

[4] 中华人民共和国行业标准. 客运专线铁路无砟轨道铺设条件评估技术指南(铁建设[2006]158 号). 北京：中国铁道出版社，2006.

[5] 郭浏卉，陈锋，李中国，等. 高速铁路路基状态调查与分析. 铁道建筑，2019，59(3)：64-68.

[6] 王敏，徐林荣，黄宇华，等. 高铁软基工后沉降特性与加固效果. 土木与环境工程学报，2019，41(1)：29-35.

[7] 蔡德钩. 高速铁路季节性冻土路基冻胀时空分布规律试验. 中国铁道科学，2016，37(3)：16-21.

[8] 尧俊凯，叶阳升，王鹏程，等. 硫酸盐侵蚀水泥改良路基段上拱研究. 岩土工程学报，2019，41(4)：782-788.

[9] 蔡德钩，闫宏业，陈锋，等. 高速铁路路基工程长期监测技术和设备研究. 北京：中国铁道科学院集团有限公司，2019.

[10] 张玉芝，杜彦良，孙宝臣，等. 基于液力测量的高速铁路无砟轨道路基沉降变形监测方法. 北京交通大学学报，2013，37(1)：80-84，89.

[11] 雷瑜，张震，孔庆哲. 高速铁路路基工程 PHC 桩沉桩挤土效应研究. 铁道工程学报，2010，27(9)：9-14.

[12] 闫宏业，蔡德钩，姚建平，等. 装配式分层沉降观测装置在路基沉降观测中的应用. 铁道建筑，2008，48(6)：83-85.

[13] 强小俊. 北斗定位技术在高速铁路沉降变形监测中的应用. 铁道建筑，2020，60(7)：81-84.

[14] 马传广，李翔，高文峰. InSAR 技术在高速铁路采空区地质选线中的应用研究. 铁道标准设计，2017，61(5)：23-27.

[15] 杨志飞，严天峰，蔺鹏臻. 基于 GNSS 的铁路路基安全监测系统研究. 测控技术，2018，37(3)：83-88.

[16] 刘东明. D-InSAR 技术在高速铁路区域沉降监测中的应用研究. 铁道勘察，2017，43(1)：24-26.

[17] 王子昂，王武斌，苏谦，等. 新建铁路大临线临沧站站场路基沉降评估分析. 铁道科学与工程学报，2020，17(7)：1688-1698.

[18] 温宏宇，钟雁，王福田. 高速铁路路基沉降风险评估量化模型研究. 铁道科学与工程学报，2018，15(7)：1650-1656.

[19] 中华人民共和国铁道部. 高速铁路无砟轨道线路维修规则(试行)(TG/GW 115—2012). 北京：中国铁道出版社，2012.

第 6 章　边坡支挡与防护结构

6.1　边坡支挡结构

支挡结构是支撑侧向土压力与抵御土体滑动的结构物。铁路路基工程中，支挡结构主要用于支撑路堤或路堑边坡、隧道洞口以及桥梁与路堤连接处，起到稳定路堤或路堑边坡、缩短隧道长度以及连接路堤的作用。路基支挡结构常与其他结构物联合使用，如陡坡路堤段的桩基托梁挡墙、深路堑的桩间挡土墙、膨胀土和富水路堑边坡联合支撑渗沟等。

6.1.1　支挡结构分类及适用范围

1. 支挡结构分类

铁路路基支挡结构包括各种类型的挡土墙，以及其他具有承重能力的支撑结构物，如预应力锚索、抗滑桩等。

1）挡土墙

挡土墙是路基支挡结构最常见的形式。根据挡土墙在路基横断面上的位置，可分为路堑挡土墙、路肩挡土墙、路堤挡土墙等；根据挡土墙的建筑材料，可分为石砌体、片石混凝土、素混凝土及钢筋混凝土挡土墙等；根据挡土墙所处的环境条件，可分为一般地区、浸水地区、地震地区、不良地质区挡土墙等；根据挡土墙的结构形式，可分为重力型挡土墙和轻型挡土墙。

重力型挡土墙主要依靠墙体自重抵抗土压力或滑坡推力，从而维持土体稳定。该类挡土墙结构主要包括重力式挡土墙与衡重式挡土墙，如图 6.1 所示。

轻型挡土墙包括悬臂式挡土墙、扶壁式挡土墙、加筋土式挡土墙、土钉式挡土墙、锚杆式挡土墙（竖向与横向）、锚定板式挡土墙、桩板式挡土墙等，如图 6.2 所示[1]。

2）预应力锚索

预应力锚索是通过对锚索施加预应力以加固岩土体，使其达到稳定状态或改善内部应力状况的支挡结构。锚索是一种主要承受拉力的杆状构件，通过钻孔及注浆体将钢绞线固定于深部稳定地层中，在被加固体表面对钢绞线张拉产生预应力，从而达到使被加固体稳定和限制其变形的目的。铁路应用最为普遍的是拉力型预应力锚索，如图 6.3 所示。

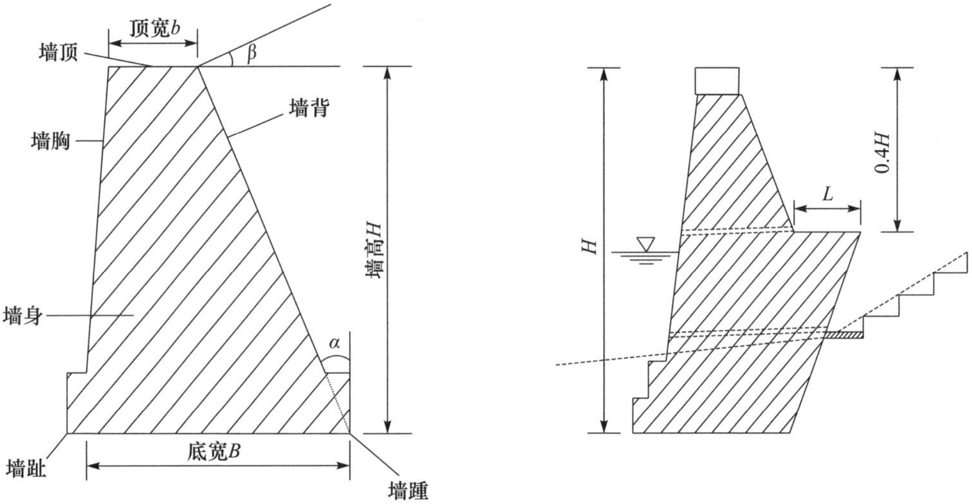

(a) 重力式挡土墙　　(b) 衡重式挡土墙

图 6.1　重力型挡土墙

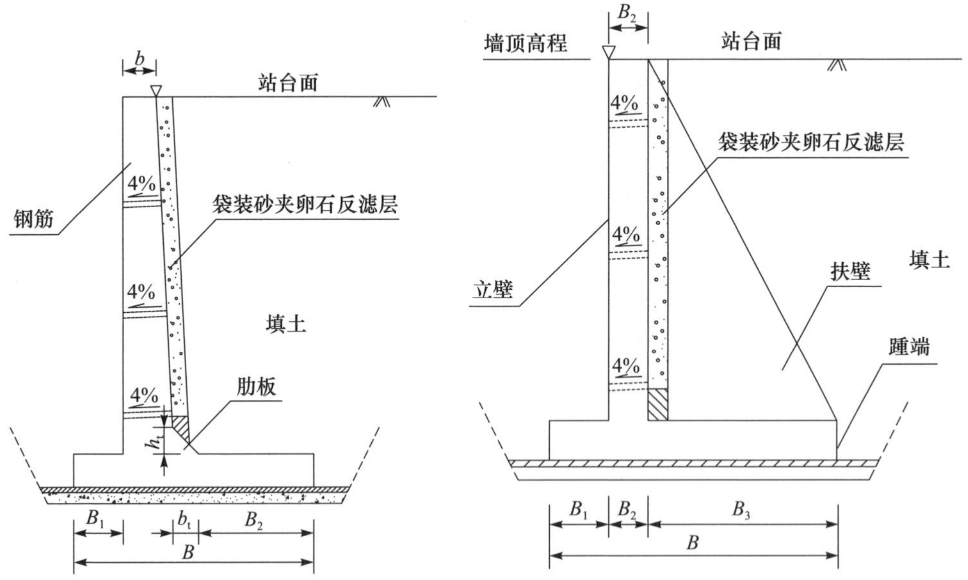

(a) 悬臂式挡土墙　　(b) 扶壁式挡土墙

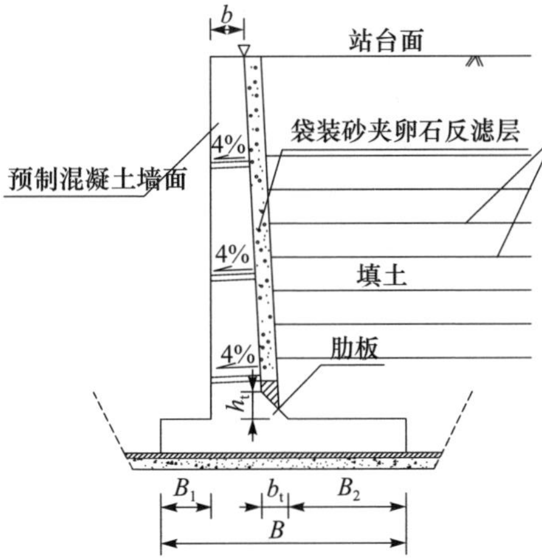

(c) 加筋土式挡土墙

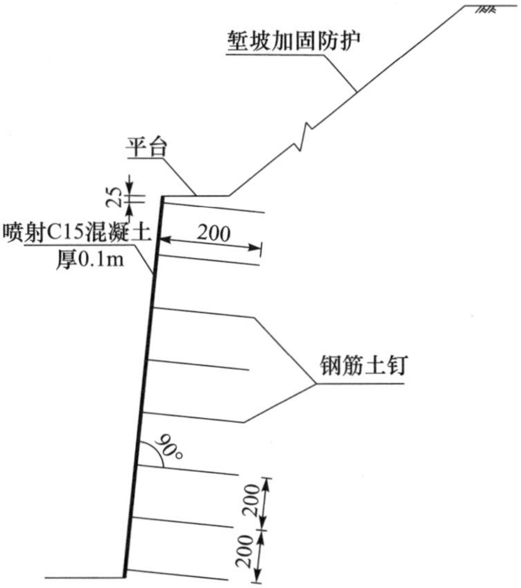

(d) 土钉式挡土墙 (单位：mm)

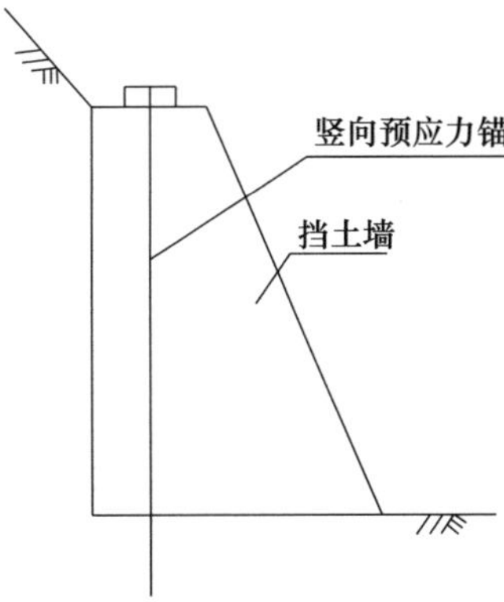

(e) 竖向锚杆式挡土墙

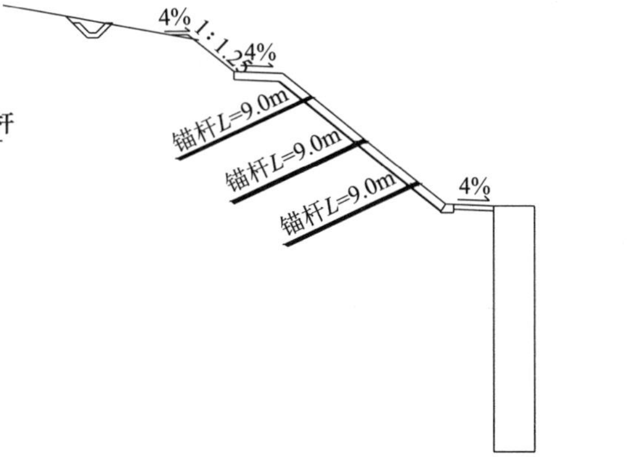

(f) 横向锚杆式挡土墙

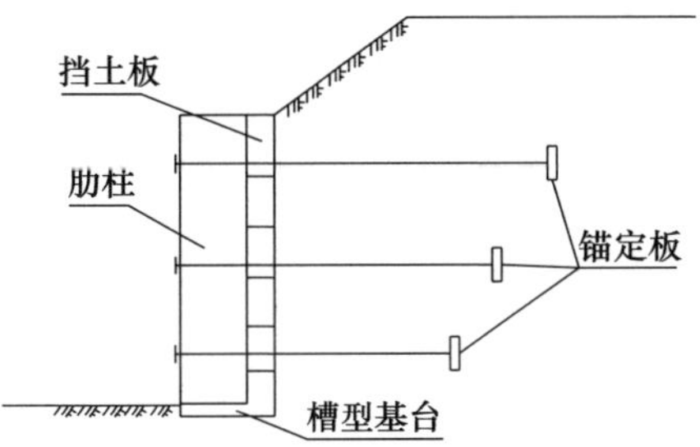

(g) 锚定板式挡土墙

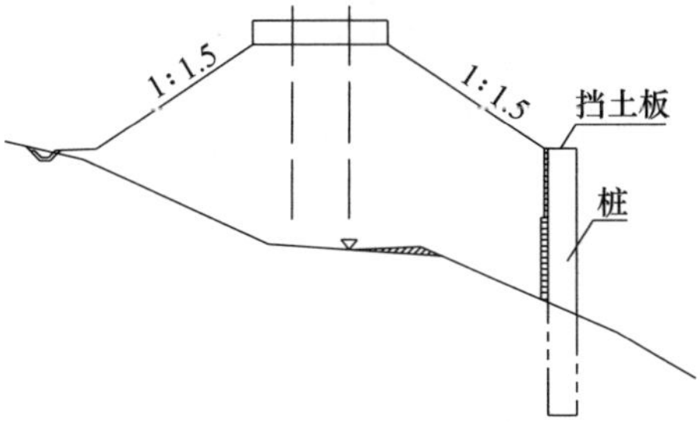

(h) 桩板式挡土墙

图 6.2　轻型挡土墙[1]

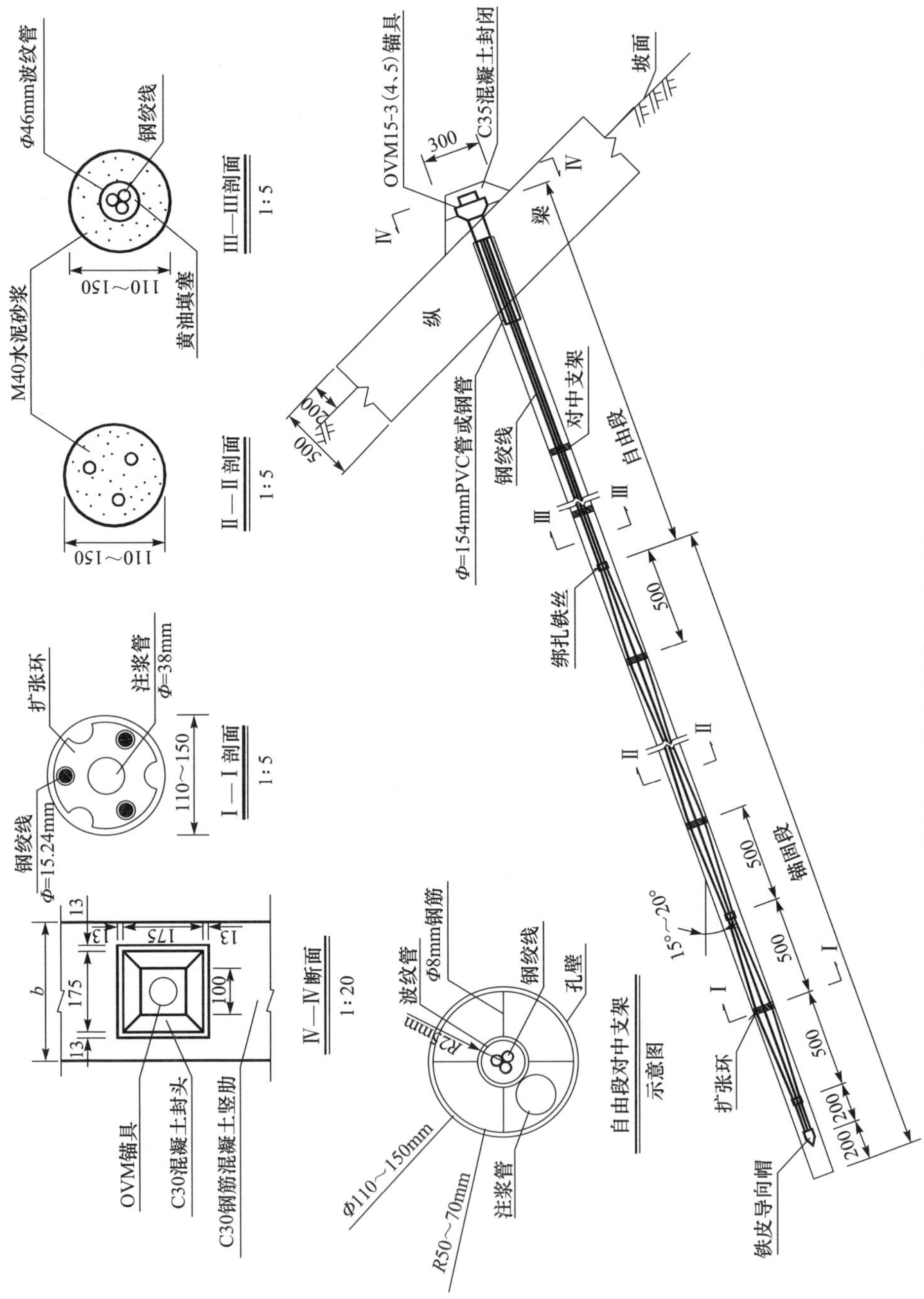

图 6.3　拉力型预应力锚索结构(单位:mm)

3）抗滑桩

抗滑桩为侧向受荷桩，其将边坡剩余下滑力通过桩身传递到下部锚固段，由锚固段的桩周抗力来平衡，是类似于悬臂的一种受力结构，如图 6.4 所示。桩位可灵活设置，可集中设置在滑体的某一部位，也可单独使用或与其他结构联合使用。其施工安全，施工过程中可验证地质资料，适用于松散、软弱、地下水丰富而不易产生锚固力或对锚索有腐蚀作用的地层，适用于除流塑性滑坡以外的各种类型滑坡，是目前普遍使用的滑坡治理措施，在铁路路基边坡支挡中应用广泛。

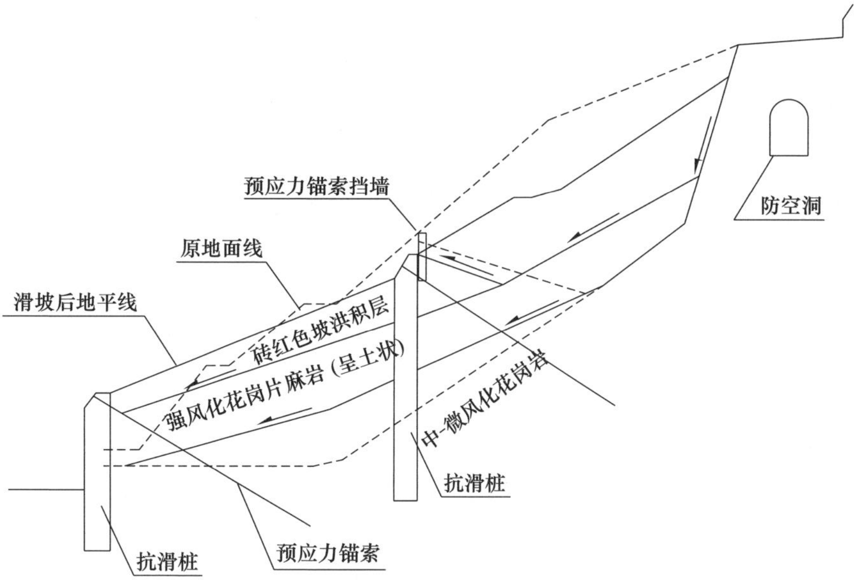

图 6.4　抗滑桩应用于滑坡治理的示意图

2. 支挡结构适用范围

铁路路基支挡结构经历了由单纯依靠重力维持平衡的挡土墙，逐步向采用支撑、土筋复合结构以及锚固技术等多种新型、轻型支挡技术发展的过程，设计计算也由单一强度设计向强度与变形联合控制转变。不同支挡结构的结构形式各有特点，适用范围也有较大差异，如表 6.1 所示[1]。

表 6.1　铁路路基支挡结构适用范围汇总[1]

挡土墙类型	适用范围
重力式挡土墙（包括衡重式挡土墙）	一般地区、浸水地区、地震地区和特殊岩土地区的路肩、路堤和路堑等部位可采用。路肩、路堤和土质路堑挡土墙高度不宜大于 10m，石质路堑挡土墙不宜大于 12m。墙身材料应采用混凝土或片石混凝土
悬臂式挡土墙	应采用钢筋混凝土结构，墙高不宜超过 6m，墙顶宽度不应小于 0.2m；墙高于 4m 时，宜在墙面板前加贴角。不宜在不良地质地段或设计地震动峰值加速度 0.2g 及以上的地区采用
扶壁式挡土墙	应采用钢筋混凝土结构，高度不宜大于 10m。墙顶宽度不应小于 0.3m。不宜在不良地质地段或设计地震动峰值加速度 0.2g 及以上的地区采用
加筋土式挡土墙	适用于一般地区、地震地区的路肩地段和路堤地段。墙高不宜大于 10m，高于 10m 时应做特殊设计。填料宜采用砂类土
土钉式挡土墙	适用于一般地区土质及破碎软弱岩质路堑地段，在腐蚀性地层、膨胀土地段及地下水较发育或边坡土质松散时，不宜采用土钉墙。土质边坡总高度不应大于 10m，岩质边坡高度不应大于 18m。胸坡宜为 1∶0.1～1∶0.4。多级墙上、下级之间应设置平台，平台宽度不宜小于 2m，每级墙高不宜大于 10m。单级墙高不宜大于 10m
锚杆式挡土墙	适用于一般地区岩质路堑边坡，每级墙高度不宜大于 8m，平台宽度不宜小于 2.0m。具体高度可视地质和施工条件而定，总高度不宜大于 18m
锚定板式挡土墙	适用于一般地区路肩或路堤地段，单级墙的高度不宜大于 6m，双级墙的总高度不宜大于 10m。双级墙上、下两级之间宜设置平台，平台宽度不宜小于 2.0m
桩板式挡土墙	适用于一般地区、浸水地区和地震区的路堑和路堤，桩的自由悬臂长度不宜大于 15m，截面尺寸不宜小于 1.25m，桩板墙顶位移应小于桩悬臂端长度的 1/100，且不宜大于 10cm
预应力锚索	适用于土质、岩质地层的边坡及地基加固，其锚固段宜置于稳定岩层内，腐蚀性地层不宜采用预应力锚索
抗滑桩	桩位应设在滑坡体较薄，锚固段地基强度较高的地段。桩间距宜为 6～10m

高速铁路运行速度快，对线路变形要求高，路基支挡结构使用比普速铁路更为严格。高速铁路路基支挡结构多设置在陡坡路基、深路堑、耕地区及邻近城镇等地段，达到保证路基边坡稳定、节约用地并减少填筑工程量的目的。目前高速铁路路基支挡结构墙身均采用钢筋混凝土或素混凝土材料。重力式支挡结构路堤墙高度不宜大于 6.0m，路肩墙高度不宜大于 8.0m；悬臂式挡土墙、扶壁式挡土墙、加筋土式挡土墙等轻型支挡结构应考虑高速铁

路轨道变形要求等影响，对支挡结构进行强度与变形特殊设计。抗滑桩、预应力锚索、桩板式挡土墙等支挡结构在高速铁路中得到广泛应用。

6.1.2　支挡结构荷载

高速铁路路基支挡结构设计时需先查明山体和地基工程地质、水文地质条件，合理选择岩土的物理力学参数，然后根据地质条件、轨道荷载及列车荷载等确定不同工况的荷载组合，进行稳定性验算及结构构件设计。

参照《铁路路基支挡结构设计规范》(TB 10025—2006)[1]，挡土墙宜采用总安全系数法进行抗滑动和抗倾覆稳定性验算(见表 6.2)，同时还需进行基底压应力检算及墙身截面强度验算，墙身截面强度验算包括合力偏心矩、法向压应力及墙身剪应力验算。位于软土、斜坡等地段的路基支挡结构需进行整体稳定性验算；加筋土挡墙、土钉墙、预应力锚索需进行抗拉、抗拔验算。锚固桩结构需进行锚固地基侧向压应力检算与顶部位移验算。若按极限状态设计方法进行支挡结构设计，应参照《铁路路基极限状态法设计暂行规范》(Q/CR 9127—2015)[2]。

表 6.2　挡土墙抗滑动与抗倾覆稳定系数

稳定系数	一般工况、常水位工况	洪水位工况	地震工况	临时工况
抗滑动稳定系数	≥1.3	≥1.2	≥1.1	≥1.05
抗倾覆稳定系数	≥1.6	≥1.4	≥1.3	≥1.1

注：临时工况主要指架桥机等运架设备及其他施工临时荷载。

路基支挡结构主要承受侧向土压力或滑坡推力、轨道列车荷载、附属设施重力荷载、风荷载及运梁车等施工过程特殊荷载等。

高速铁路路基轨道列车荷载应符合《高速铁路设计规范》(TB 10621—2014)[3]相关规定，其分布自轨枕底面端部按 45°向下扩散。支挡结构顶部设置接触网立柱、声屏障及挡风结构时，支挡结构设计荷载需增加相应结构的自重及风荷载。运梁车通过时，支挡结构设计需考虑运梁车等特殊荷载的影响。运梁车荷载宜按式(6.1)换算为均布荷载 q，并按 45°向下扩散。

$$q=\frac{W+G}{2nBL} \tag{6.1}$$

式中，W 为运梁车自重，kN；G 为箱梁重，kN；n 为轴线数；B 为荷载分布宽度，即每悬挂两相邻轮胎间距与轮胎着地宽度之和,m;L 为相邻轴线间距,m。

土压力和滑坡推力的计算是支挡结构设计的关键,计算时应采用合理的岩土体参数,确保计算结果的准确性。

1. 土压力计算

目前针对支挡结构土压力的计算方法有极限平衡法、滑移线法、极限分析法和有限元分析法等。

(1) 极限平衡法计算方法简便。Rankine 土压力理论假设挡土墙墙背垂直、光滑,墙后土体表面水平并无限延伸,作用在挡土墙上的土压力相当于半无限弹性土体处于极限平衡状态时的应力状态;Coulomb 土压力理论假设墙后滑动土体为刚性,通过墙踵的滑裂面为平面或者曲面等,滑裂面和墙土接触面同时达到极限平衡状态,然后根据滑动土体静力平衡方程和极值原理近似求得极限土压力合力。

(2) 滑移线法是利用材料塑性变形过程中最大切应力迹线的性质,求解塑性力学边值问题的一种方法。

(3) 极限分析法将土体看作服从流动法则的理想塑性材料,当外力达到某一定值时,在外力不变的情况下土体发生塑性流动,所受荷载达到极限荷载,即应用上下限定理分别推求极限荷载的上限和下限。

(4) 有限元法适于处理非线性、非均质和复杂边界问题,近年来在土压力计算分析问题中得到广泛应用。相对于其他方法,有限元法需要额外考虑接触面的本构关系和接触单元体的设置。

支挡结构土压力计算受土拱效应、水土分算与合算、挡墙位移效应及时间等因素影响较大。上述计算方法中,极限平衡法概念清晰、计算方法简便,但其需满足的条件苛刻、限制性较大。滑移线法一般只适用于平面应变或轴对称问题,并且极限平衡法和滑移线法均未考虑土体的应力-应变关系。极限分析法将土体看作理想的塑性材料,与真实土体的复杂性有差距,真实土压力介于上、下限之间。随着计算机和数值分析方法的发展,滑移线法和极限分析法通过结合有限元分析方法得到了进一步的发展。

依据《铁路路基支挡结构设计规范》(TB 10025—2006)[1],铁路支挡工程土压力荷载计算采用 Coulomb 土压力理论,土压力荷载根据路基工程结构的具体情况采用主动土压力、静止土压力或被动土压力,并结合工程经验乘以相应的增大或折减系数。挡土墙前的被动土压力可不计算，但当基础埋置较深且地层稳定、不受水流冲刷和扰动破坏时，根据墙身的位移条件，可采用被动土压力值的 1/3。

承受主动土压力的支挡结构根据墙背反力、破裂棱体重力和破裂面反力的静力平衡进行计算。支挡结构主动土压力及与之平衡的力系如图 6.5 所示。

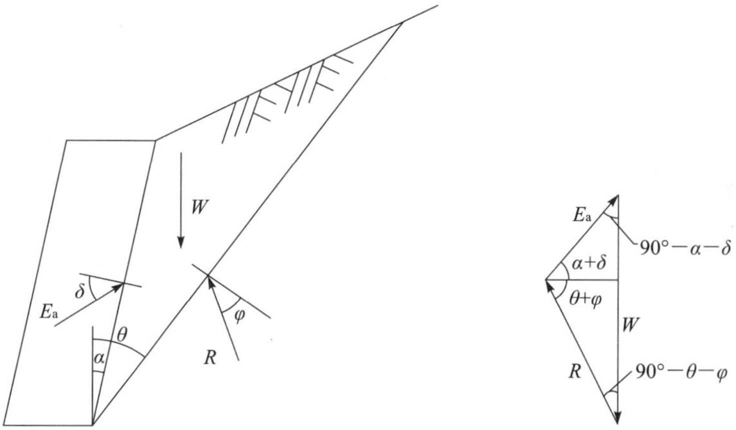

图 6.5　支挡结构主动土压力及与之平衡的力系

E_a. 墙背反力，与主动土压力相等；R. 破裂面反力；W. 破裂棱体自重；
α. 墙背倾角，若产生第二破裂面，则为第二破裂面的竖向夹角；δ. 墙背摩擦角；
θ. 第一破裂面的竖向夹角；φ. 墙背岩土综合内摩擦角

浸水路基土压力计算分水土合算与水土分算。路基填料为黏性土，按水土合算，黏性土抗剪强度指标降低；路基填料为砂性土，则按无水条件计算土压力并扣除破裂棱体受浮力影响减少的土压力。墙背填料为渗水土且墙身设有泄水孔时，可不计墙身两侧静水压力。

2. 滑坡推力计算

滑坡推力的计算方法主要有极限平衡法(如 Morgenstern-Price、Fellenius、Bishop、Janbu、Spencer、Sarma 等方法)、有限元数值法以及传递系数法三类计算方法。极限平衡法在滑动面明显出现反坡段时，其计算结果偏小，且不适用于滑动面为折线形的情况。有限元数值法理论背景、建模、计算较为复杂，不易被现场掌握。传递系数法又称为剩余推力法或不平衡推力传递法，作为纳入建筑规范的一种方法，在我国水利、公路和铁路部门滑坡稳定分析中得到了广泛应用。

传递系数法显著区别于国际上通用的以“条分”为特征的各种极限平衡法，主要应用于滑面为折线形或可以简化为折线形滑坡的情况。传递系数法的具体计算过程如下：

1）计算单元的选取

将沿着同一滑动面(带)滑动、滑动方向和速度大体一致的滑体视为一个计算单元(滑块)。对于由多个滑坡组成的滑坡群，可按其各部分滑动速度和方向的差异而划分为若干部分，在平面及横断面上按滑床形状分条，在纵断面上按顺滑动方向分级或分层；每条滑坡、每级滑坡或每层滑坡，均可视为一个计算单元。对于大型复杂滑坡，可以有多个计算单元。

2）基本假设

(1) 视滑块为刚体。

(2) 横向取单位宽 1m 滑体作为计算代表断面，不计其两侧摩阻力的作用。

(3) 当任一段滑块的剩余下滑力计算值为负值时，表示无剩余下滑力，不再向下传递。

(4) 当所计算滑块本身的下滑力为负值时，如反坡段，不再乘以安全系数 K。

3）作用于滑块的力系及计算公式

作用于滑块的外力可分为基本力系和特殊力系。

(1) 基本力系在任何情况下必须计入，如图 6.6 所示。

① 滑块自重 W_i 作用于该条块重心，垂直向下。

② 自上一滑块传递来的剩余滑坡推力 E_{i-1} 平行于第 $i-1$ 段的滑面，指向下滑方向。

③ 使第 i 滑块保持平衡所需的支撑力 E_i 平行于本段滑面，指向滑动方向的反方向，其大小与剩余滑坡推力相等，方向相反。

④ 滑床反力 R_i 垂直滑面向上。

⑤ 滑面上的抗滑力 F_i 平行于本段滑面，与滑动方向相反，且 $F_i=W_i\cos\alpha_i\tan\varphi_i+c_il_i$。

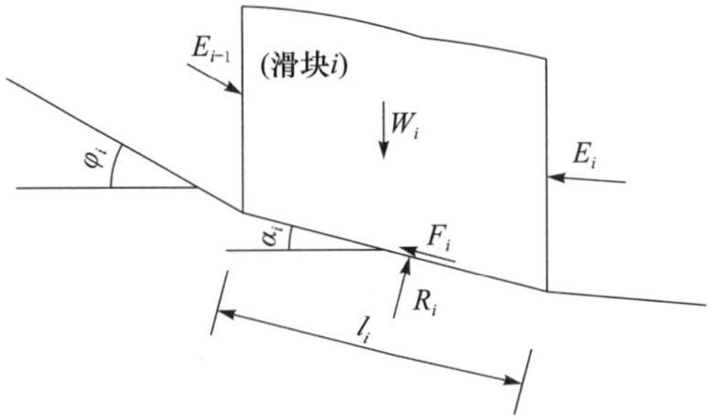

图 6.6　作用在任一滑块的基本力系

在滑动方向上对第 i 滑块进行受力平衡分析，得到第 i 滑块的剩余滑坡推力 E_i 的计算公式为

$$E_i = KW_i\sin\alpha_i - W_i\cos\alpha_i\tan\varphi_i - c_i l_i + E_{i-1}\Psi_i \tag{6.2}$$

$$\Psi_i = \sin(\alpha_{i-1} - \alpha_i) - \cos(\alpha_{i-1} - \alpha_i)\tan\varphi_i \tag{6.3}$$

式中，K 为安全系数；W_i 为滑体自重，kN/m；Ψ_i 为滑动块体之间的传递系数；α_i、α_{i-1} 分别为第 i 滑块及第 $i-1$ 滑块滑面的倾角，°；φ_i 为第 i 滑块滑面的内摩擦角，°；c_i 为第 i 滑块滑面的黏聚力，kPa；l_i 为第 i 滑块滑面的长度，m。

(2) 特殊力系主要指作用于条块上的外部荷载、地下水的作用以及地震作用等，应根据作用性质的不同，分别计入下滑力和抗滑力进行计算。

铁路支挡工程滑坡推力计算推荐采用传递系数法。滑坡推力应根据边界条件、滑体重度和滑带土的强度指标，通过计算确定。滑动面的强度指标宜根据试验确定。当缺乏试验资料时，可根据反算值及经验数据等综合确定。

传递系数法滑坡推力计算公式中的安全系数 K 实质上是为了弥补暂时难以查清和考虑不到的因素，从保证工程安全角度出发，人为给定的大于 1 的安全储备系数。K 是从工程实践中总结出来的经验数据，没有明确的物理意义。在计算滑坡推力时，K 值对滑坡推力计算结果的影响很大，安全系数每增加 0.05，滑坡推力可增加 42%。故选择 K 值时，应根据对滑坡的认知程度，尤其要综合考虑滑面空间形态判断及滑面抗剪强度指标确定的准确程度、抗滑措施的可靠程度以及措施失败后可能产生的后果等因素影响。《铁路特殊路基设计规范》(TB 10035—2006)[4]规定，安全系数一般采用 1.10～1.25；当考虑临时荷载时，可适当降低，但不应低于 1.05。

6.1.3 支挡结构设计

1. 悬臂式挡土墙和扶壁式挡土墙内力设计

悬臂式挡土墙和扶壁式挡土墙属轻型支挡结构，依靠墙身自重和墙底板以上填筑土体（包括荷载）的重力维持挡土墙的稳定，其主要特点是厚度小、自重轻、高度较高、经济性较好，适用于地基承载力较低的填方地段。

悬臂式挡土墙和扶壁式挡土墙已经广泛应用于我国铁路工程建设。悬臂式挡土墙高度一般不大于 6m，墙顶宽度不小于 0.2m，当墙高大于 4m 时，宜在墙面板前加倒（支挡结构规范）角，如图 6.7 所示。

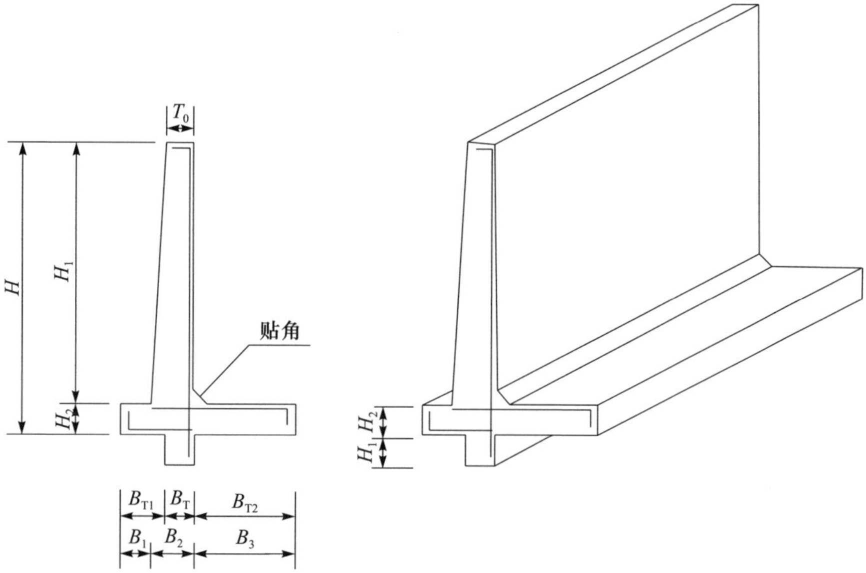

图 6.7 悬臂式挡土墙

B_1. 趾板宽；B_2. 悬臂板底宽；B_3. 踵板宽；B_T. 凸榫宽度；B_{T1}. 凸榫外缘距墙趾的距离；B_{T2}. 凸榫内缘距墙踵的距离；H. 墙高；H_1. 悬臂板高度；H_2. 趾板高度；T_0. 悬臂板顶宽

扶壁式挡土墙高度一般不大于 10m，墙顶宽度不小于 0.3m，如图 6.8 所示。扶壁式挡土墙不宜在不良地质地段或设计地震动峰值加速度 0.2g 及以上的地区采用。

对于悬臂式挡土墙和扶壁式挡土墙，计算挡土墙整体稳定和墙面板的内力时，不考虑墙前土作用。悬臂式挡土墙各部分均按悬臂梁计算。扶壁式挡土墙作用于墙面板的荷载，可按墙高呈梯形分布简化；墙面板竖向弯矩沿墙高和沿线路方向的分布，如图 6.9 所示；墙趾板按悬臂板计算；墙踵板纵向可视为扶壁支承的连续梁，不计墙面板对底板的约束，墙踵板横向荷载可不验算；扶壁按悬臂的 T 形梁计算，将墙面板视为梁的翼缘，扶壁视为梁的腹板。

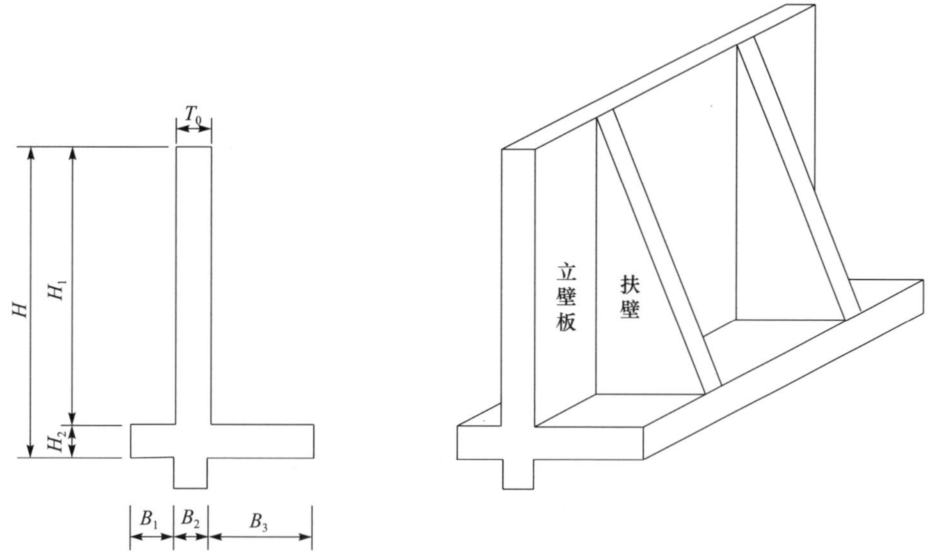

图 6.8　扶壁式挡土墙

B_1. 趾板宽；B_2. 立臂板底宽；B_3. 踵板宽；H. 墙高；H_1. 立壁板高度；H_2. 趾板高度；T_0. 立壁板顶宽

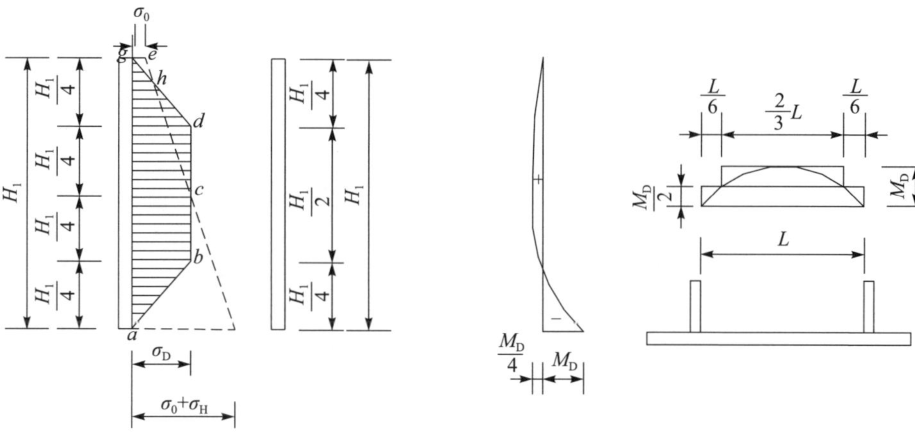

图 6.9　土压力竖向弯矩沿墙高及沿线路方向的分布

H_1. 墙面板高度；L. 扶壁之间的净距；M_D. 板跨中弯矩；

σ_0. 墙面板顶端由路基面以上荷载引起的法向土压应力；σ_D. 悬臂板中部土压应力，

其值为 $\sigma_0+0.5\sigma_H$；σ_H. 墙面板底端由填料引起的法向土压应力

当挡土墙受滑动稳定控制时，应在墙底面下设置防滑键（凸榫），其高度应保证键前土体不被挤出，厚度应满足直剪强度要求，但不应小于 0.3m。

2. 桩板式挡土墙

桩板式挡土墙是由锚固桩发展而来的，当路基边坡采用悬臂式锚固桩支挡时，桩与桩间支挡（桩间挂板或搭板）的组合结构即为桩板墙。桩板式挡土墙由钢筋混凝土桩和板组成，如图 6.10 所示。桩的截面一般为矩形，板可采用槽形板，也可采用空心板。桩板式挡土墙可用作一般地区、浸水地区和地震区的路堑和路堤支挡，也可用作滑坡等特殊路基的支挡。

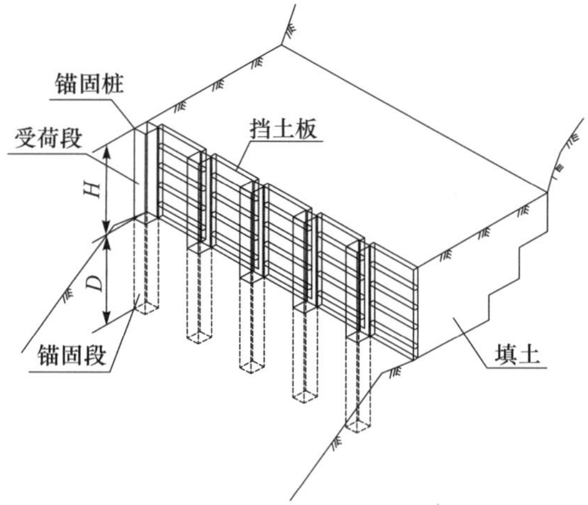

图 6.10　桩板式挡土墙三维结构示意图

随着岩土锚固技术的发展，在陡坡路堤高挡土墙的设计中将岩土锚固和桩板式挡土墙结合起来，形成了锚拉式桩板墙。该结构通过在桩上适当位置设置锚索拉住立柱并施加一定的预应力，从而改变桩的悬臂受力状态，使桩成为下端在地层内嵌固，上端为锚索支撑的受力结构。这样的受力状态更加合理，有效降低桩的内力，减小桩的截面及桩的埋深，技术经济优势明显。图 6.11 为南昆铁路贵州安龙石头寨车站锚拉式桩板墙。

西南山区地势陡峭，路基常位于半填半挖地段，路基下边坡一般采取两种方法处理：

(1) 直接放坡填筑。在高陡坡面地段，填筑线与地面无法相交，呈薄条状，填筑土太高，边坡稳定和差异沉降均存在问题，难以满足高速铁路严格的变形要求。

图 6.11　石头寨车站锚拉式桩板墙

(2) 采用路肩挡土墙、路肩桩板墙等支挡工程收坡。采用路肩挡土墙需要保证襟边宽度，挡土墙较高仍难以满足高速铁路稳定性与变形要求。在西南山区采用桩板墙结构加固高速铁路陡坡地段，具有横向收坡、横向位移变形小、后期养护维修少等优点。因此，路肩桩板墙在陡坡路基设计中广泛运用，如表 6.3 所示。

表 6.3　路肩桩板墙使用情况表

线路区段	桩板墙段落/个	加固总长度/km
沪昆高速铁路贵州段	161	4.66
沪昆高速铁路云南段	63	2.41
成贵高速铁路云贵段	67	4.66

桩板式挡土墙自由悬臂长度不宜大于 15m。桩的截面尺寸不宜小于 1.25m，截面形式可采用矩形或 T 形，桩间距宜为 5～8m。我国《铁路路基支挡结构设计规范》(TB 10025—2006)[1]规定桩顶位移不超过悬臂段长度的 1%，对于普通铁路不宜大于 100mm。我国《高速铁路设计规范》(TB 10621—2014)[3]明确规定无砟轨道路基工后沉降不宜超过 15mm，而桩板墙桩顶位移引起的路基表层沉降可能导致路基工后总沉降量超过允许值。《铁路路基支挡结构设计规范》(TB 10025—2006)[1]中对桩板墙桩顶位移的规定难以满足高速铁路对路基工后沉降的要求，因此有必要提出适用于高速铁路无砟轨道条件下桩板墙的设计方法。预应力锚索桩板墙计算，需考虑锚索、桩及岩土体相互作用，现有设计计算方法可以归结为悬臂桩法、桩锚部分位移协调法、变形约束地基系数法、基于施工工况的弹性地基梁有限

差分法四类。

(1) 悬臂桩法将填土土压力和锚索拉力作为外力作用在桩上，计算悬臂段桩的内力；通过锁口处桩的剪力和弯矩计算锚固段的内力，未考虑锚索、桩与岩土体相互作用。

(2) 桩锚部分位移协调法假设：①土压力符合静止土压力条件；②桩的相对位移等于填土压力和两排锚索拉力产生的位移之和；③桩在锚索处的位移和锚索的伸长量一致。该方法考虑了锚索和桩的部分变形协调条件以及桩的锚固段和岩体变形协调条件，反映了桩锚的部分共同作用。由桩身的正负弯矩相等来确定锚索的总拉力和预应力大小，但该方法仍然不完善。首先，在求解锚索拉力时将锚索简化为未施加预应力的弹性拉杆，土压力的作用使桩变形，拉杆(锚索)拉力增加，最终拉杆(锚索)和桩达到变形协调状态，与实际工程提前施加预应力不符。其次，将土压力视为恒定，没有考虑土压力受土体、桩、锚索变形协调的影响。

(3) 变形约束地基系数法假设：①土压力按 Coulomb 主动土压力确定；②桩在锚索处的水平位移和锚索伸长量的水平分量一致；③桩锚固段视为弹性约束。该方法考虑了锚索和桩的变形协调与共同作用以及桩身嵌固段与岩体的变形协调与共同作用，但是没有考虑锚索加载对填土土压力产生的影响，而且锚索和填料是分步施工的，最终状态并不是简单叠加。

(4) 基于施工工况的弹性地基梁有限差分法假设：①桩上锚索作用点可假定为弹性铰支点；②锚索在锚索力作用下产生弹性变形，且弹性变形完全发生在自由段；③在锚索作用点，桩的位移与锚索弹性伸长变形协调一致，锚索拉力等于锚头处位移与锚索线弹性系数乘积。

依据预应力锚索桩板墙的施工过程，可以把预应力锚索桩板墙内力计算划分为四类典型计算模式(工况)。设计时针对四类工况分别计算，根据控制工况，按最不利状态进行桩的结构设计。

① 初次填土计算模式(A_{I} 工况)。

桩悬臂段仅承受填土土压力，其分布形态为三角形矩形、三角形梯形；嵌固段采用有限差分弹性地基梁法进行计算，如图 6.12 所示。

② 锚索张拉计算模式(B 工况)。

初次锚索张拉计算模式(B_{I} 工况)：采用有限差分法计算弹性地基梁，锚索作用视为弹性支点，用整体弹性地基梁法进行计算，如图 6.13 所示。

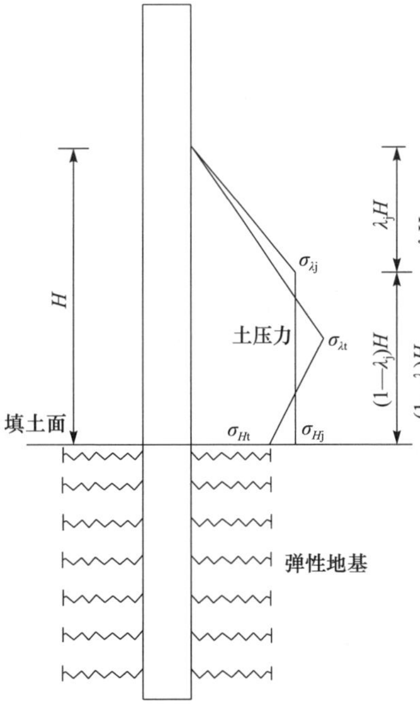

图 6.12　A_{I} 工况计算模式

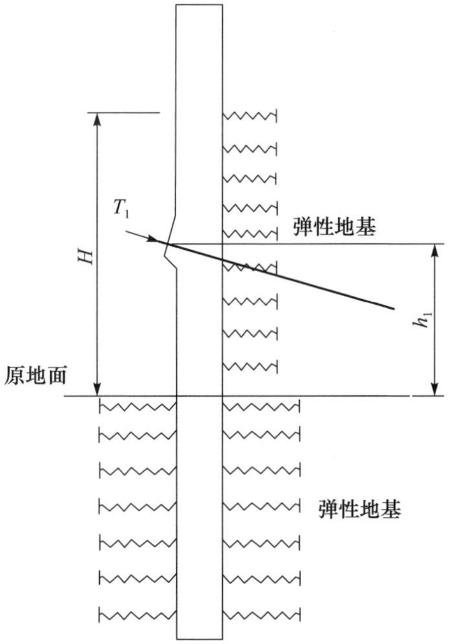

图 6.13　B_{I} 工况计算模式

多次锚索张拉计算模式（B_{II} 工况）：锚索张拉使其他锚索力变化的计算，采用有限差分弹性地基梁法进行计算，为使锚索处变形协调，采用迭代法，如图 6.14 所示。

③ 多次填土计算模式（A_{II} 工况、A_{III} 工况）。

填土面以下采用有限差分法计算弹性地基梁（填土是弹性地基的一部分），施加填土加高引起的附加土压力，为使锚点处变形协调，采用迭代法进行计算，如图 6.15 和图 6.16 所示。

④ 列车荷载作用下的计算模式（C 工况）。

计算模式同 A（除 A_{I}）工况，只是将填土土压力改为列车荷载引起的附加应力，如图 6.17 所示。

基于施工工况的弹性地基梁有限差分法可以进行多层地基、变截面桩、桩上有集中力和力矩等条件下桩的内力计算，考虑了桩上设置多排锚索时锚索之间的相互影响，可分析不同施工工况下桩的受力及变形特性，了解桩身内力与变形在整个施工中的变化规律。因此，建议采用该方法进行预应力锚索桩板墙设计。

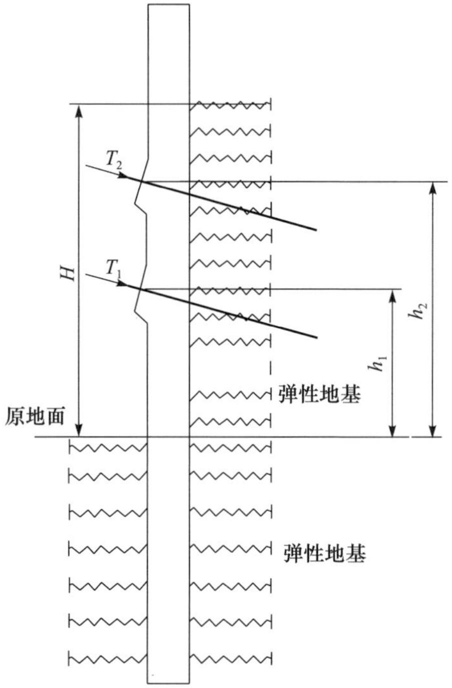

图 6.14　B_{II}工况计算模式

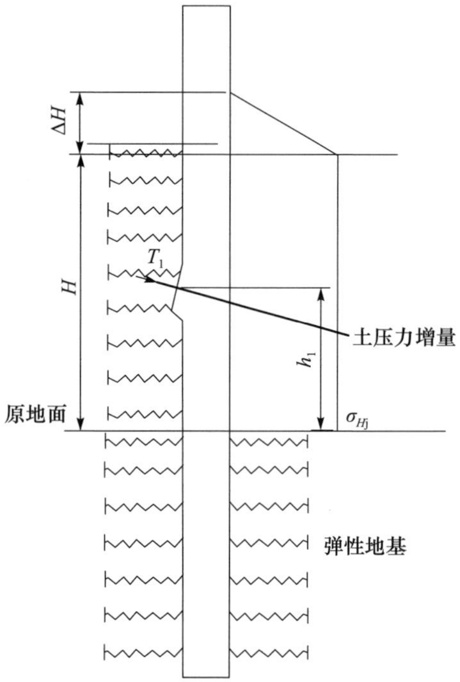

图 6.15　A_{II}工况计算模式

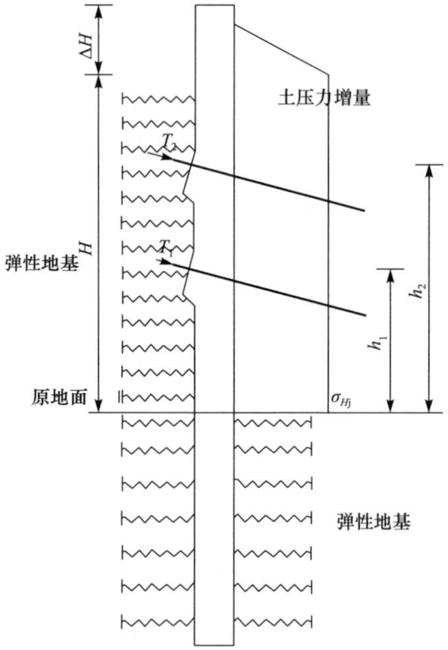

图 6.16　A_{III}工况计算模式

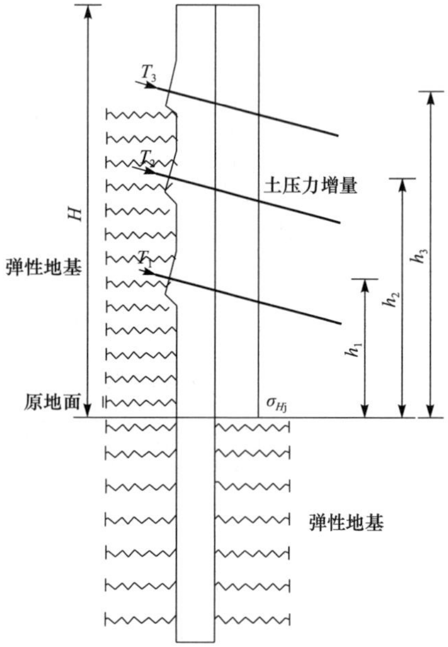

图 6.17　C工况计算模式

6.2　边坡防护结构

路基边坡长期暴露于大自然中，在遭受各种自然环境因素的作用下岩土的物理力学性质易发生变化。坡面岩土体浸水后含水量增大，强度降低；温差作用下形成冻融循环，湿差作用下形成干湿循环，导致岩土体强度衰减和剥蚀；部分岩性差的岩体，在大气环境影响下会加剧风化过程[5]。因此，对路基边坡加强防护，是保证路基稳定的重要措施。路基边坡防护形式包括工程防护、生态防护及二者的组合防护。生态防护在保持边坡稳定的同时可以达到美化环境的作用，近年来得到了广泛应用。

6.2.1　坡面冲刷形态与状态分析

坡面冲刷与填料性质、气候环境、边坡坡度、边坡坡高、植被、降雨量、渗流速率、径流速度、径流水层的厚度等因素有关。具有一定动能的雨滴对坡面土体产生冲击，使土体结构破坏，土颗粒分散和跃移；当降雨强度大于土的入渗能力后，坡面开始产生径流，在水流运动方向上对土体产生冲刷力；当径流冲刷力大于土的抗冲力时，则会引起土粒分散、搬运，产生土体侵蚀，出现坡面冲刷现象[6,7]。坡面冲刷主要表现为坡面土体在水流作用下的剥落、流失，冲刷进一步发展会导致坡面破坏。

1. 坡面冲刷形态分析

根据冲刷发展阶段和冲蚀痕迹的形态特征，将坡面降雨冲刷类型分为面蚀、沟蚀、冲刷性坍塌。

1）面蚀

面蚀是地表径流冲走坡面表层土粒的一种侵蚀现象，是坡面侵蚀中最常见的一种形式。在裸露平整的坡面上，径流开始时呈薄而均匀的层流，将表层松散土颗粒冲刷带走，形成面蚀。面蚀的侵蚀能力取决于流速、流量及降雨特征，也取决于边坡土质情况、坡长、坡度、坡面形态等。一般情况下，降雨强度大、土质抗冲性差、坡度陡、坡长大时坡面面蚀较为强烈。

2）沟蚀

沟蚀分为细沟侵蚀、浅沟侵蚀、冲沟侵蚀。

(1) 细沟侵蚀。在雨滴击溅及薄层坡面水流的共同作用下,坡面土体颗粒分散、飞溅、向下移动,坡面出现细小的坑洞及沟槽,坡面径流从细小的坑洞及沟槽中流过,时分时合,冲刷力不一致。暴雨径流在分散和兼并过程中出现不均匀的股流,与面蚀相比,不均匀股流的侵蚀性增强,并随径流汇集而增大,沿股流流动的轨迹可能产生细沟冲刷。同时,单条细沟也不断发展,有时分叉,有时汇合,形成细沟侵蚀性系统。随着径流流量的增大,细沟不断向边坡上部和深部扩展。细沟的规模一般深度小于 5cm,宽度小于 10cm。

(2) 浅沟侵蚀。坡面流由小股径流汇聚成大股径流,既冲刷表土又冲蚀细沟沟底土体,形成比细沟规模更大且有一定深度和宽度的浅沟。浅沟一般深 5～50cm,宽 10～50cm。

(3) 冲沟侵蚀。浅沟在集中地表径流强烈的冲刷侵蚀作用下继续加深、加宽和加长,沟深大于 1m、沟宽 1～2m 时,称之为冲沟。沟头向坡面上方具有溯源侵蚀的发展趋势,主要受降雨特征、土质、坡长和坡度的影响。

3) 冲刷性坍塌

冲沟发展到一定程度会造成冲刷性坍塌,即冲沟两侧和上游沟壁土体由于强烈冲刷与重力共同作用下失去平衡,产生掉块、泻溜和塌落。冲刷性坍塌中一般坍塌物松散、抗冲性差,易被水流冲走,水力冲刷与重力坍塌作用交互进行,加剧坡面冲刷程度,将会严重威胁线路的安全运营。

铁路路基坡面冲刷过程大致为:降雨时,首先雨滴击溅裸露坡面的土体颗粒,随后雨水形成的薄层水流对坡面产生面蚀作用,将表土冲走,冲刷进一步发展,在坡面形成大小不一的冲刷沟槽。当坡面冲刷程度进一步加剧,冲沟不断加深和加宽,最终导致边坡发生重力坍塌,包括泻溜、陷穴、崩塌、滑坡等多种形式。

综上所述,将铁路路基坡面冲刷模式分为平整坡面的路基冲刷、折曲坡面的路基冲刷和沟槽坡面的路基冲刷。一般铁路路基坡面的冲刷以细沟和浅沟的沟槽坡面冲刷为主。

2. 坡面冲刷状态分析

路基边坡坡面冲刷的物理本质是坡面水流对坡面土体颗粒的搬运,只有当坡面水流的搬运力大于坡面土体颗粒抵抗搬运的能力时,坡面土体颗粒才有可能脱离母体，产生运动。按照泥沙运动力学观点，水流作用下颗粒的运动方式包括推移质运动和悬移质运动，其产生条件和运动方式有较大的区别，在运动中遵循不同的力学规律，在同一水流条件下，往往同时出现。推移质中较细的部分与悬移质中较粗的部分，常常构成彼此交错状态，前者土体颗粒主要以滚动、滑动或跳动等推移方式运动；后者主要以悬浮的方式运动。坡面冲刷的产生与水流速度、径流深度、土的性质、坡面防护情况等诸多因素有关[8~10]。

1）填料颗粒的受力分析

在坡面冲刷过程中，坡面土颗粒除了受到本身的重力和粒间黏结力作用外，还受到水流对颗粒的作用力，包括浮力、拖曳力、上举力、渗透压力等，在运动过程中还会受到粒间离散力、摩擦阻力等。在这些力的共同作用下，坡面土颗粒表现为失稳起动、运移、沉积[11]。

2）颗粒的冲刷起动与临界条件

坡面冲刷产生的根源是水流力的作用，将作用力的某一临界值作为衡量坡面冲刷产生条件的指标是最直接的。当土颗粒位于平面上时，参考河流泥沙运动力学原理，进行冲刷水流作用下颗粒的受力分析，如图 6.18 所示。

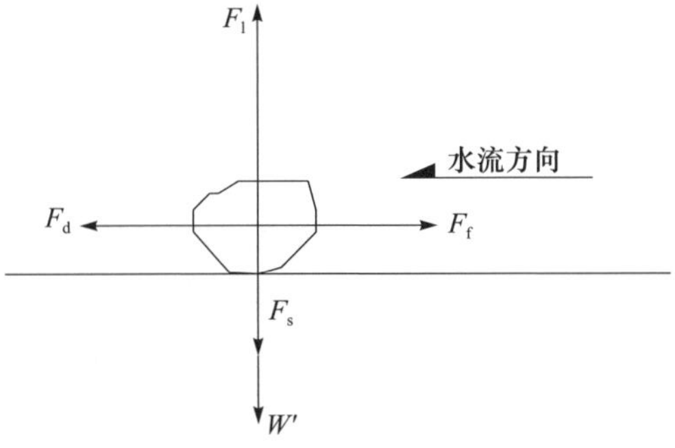

图 6.18　处于水平状态的单个土颗粒受力

F_d. 水流拖曳力；F_f. 颗粒产生移动趋势时受到的阻力；F_l. 上举力；F_s. 渗透压力；W'. 浮重力

处于水平状态的土颗粒受到浮重力、水流的拖曳力、上举力、渗透压力、颗粒产生移动趋势时受到的阻力等作用[12]。粒间离散力和颗粒剪切力因水流冲刷作用尚未使土颗粒产生起动，土颗粒之间的碰撞还未发生，不予考虑。冲刷水流作用下，平面上土颗粒开始移动的临界条件为 F_d 与 F_f 达到

临界平衡，即

$$F_{\mathrm{d}}=F_{\mathrm{f}}=f(W'-F_{1}+F_{\mathrm{s}}) \tag{6.4}$$

式中，f 为土颗粒之间的摩擦系数。

土体颗粒的起动拖曳力主要由土颗粒大小、水流深度、坡面阻力及土体入渗条件来决定。根据流体力学原理，考虑水流的层流黏性剪力和紊流脉动剪力作用，推导出平面上起动拖曳力 τ_{c} 为

$$\tau_{\mathrm{c}}=f\left(\frac{U_{*}D}{v}\right)(\gamma_{\mathrm{s}}-\gamma_{\mathrm{w}}+\gamma_{\mathrm{w}}J_{\mathrm{s}})D \tag{6.5}$$

式中，U_{*} 为摩阻流速，m/s；$f(U_{*}D/v)$ 为水流雷诺数的函数；γ_{s} 为土颗粒重度，$\mathrm{N/m^3}$；γ_{w} 为水的重度，$\mathrm{N/m^3}$；D 为土的粒径，m；J_{s} 为土中渗透水流的水力坡度。

式(6.5)中，$f(U_{*}D/v)$项需要由试验来确定。参考不同比重泥沙试验的结果，当雷诺数很大时，$f(U_{*}D/v)$的取值范围为 0.04～0.06；当雷诺数等于 10 附近时，$f(U_{*}D/v)$最小，最容易产生冲刷起动。

3）坡面土颗粒起动的水流拖曳力

相对水平面上的土颗粒，坡面上的颗粒由于重力分量的影响，在冲刷水流作用下，更容易失稳移动。假设路基边坡坡度为 θ，坡面水流方向与坡面水平轴成角度 β，作用在斜面上坐标原点处土颗粒上的力为拖曳力 F_{d}，与水流方向相同；上举力 F_{1}，与边坡面垂直；浮重力 W'，作用方向向下；渗透压力 F_{s}，作用方向与重力方向一致，如图 6.19 所示。其中，渗透压力 F_{s} 与土颗粒浮重力 W'在坡面方向的分力大小为$(F_{\mathrm{s}}+W')\sin\theta$，沿垂直于坡面方向的分力大小为$(F_{\mathrm{s}}+W')\cos\theta$。与水平面条件下的受力方式相比，边坡土颗粒的浮重力 W'在斜坡方向上有一个分力$W'\sin\theta$，此力的存在加速了土体颗粒的冲刷起动。

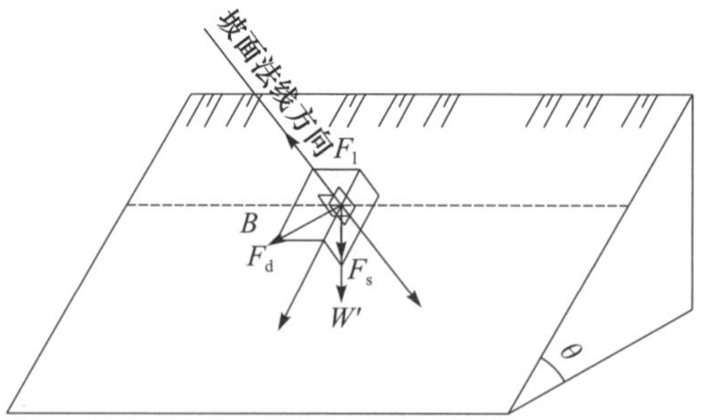

图 6.19　作用在坡面坐标原点单个土颗粒上的力

由颗粒受力分析，可知沿坡面方向拖曳力 F_d、渗透压力 F_s、浮重度 W' 的合力为

$$F=\sqrt{[F_d\sin\beta+(W'+F_s)\sin\theta]^2+F_d^2\cos^2\beta} \tag{6.6}$$

垂直于坡面方向的合力为

$$F'=(F_s+W')\cos\theta-F_l \tag{6.7}$$

坡面上土颗粒起动的临界状态为

$$\frac{F}{(W'+F_s)\cos\theta-F_l}=f=\tan\phi \tag{6.8}$$

式中，f 为摩擦系数；ϕ 为土体在水下的天然休止角，一般指坡面土的内摩擦角，°。

令 τ_c 为土颗粒在平面上($\theta=0$)的起动拖曳力，τ'_c为土颗粒在斜坡面上的起动拖曳力。为简化分析，认为土体处于饱和状态，未考虑水流的渗透作用(渗透压力 F_s 取为 0)，根据土颗粒在平面上的起动条件可得

$$\frac{\tau'_c}{\tau_c}=\left[\left(1+\frac{C_l}{C_d}\tan\phi\right)(\cos^2\theta-\sin^2\theta\cot^2\phi)\cot\phi\right]\left[\frac{F_l}{F_d}\cos\theta+\sin\theta\sin\beta\cot^2\phi+\right.$$

$$\left.\cot\phi\sqrt{\cos^2\theta-\sin^2\theta\cot^2\phi+\left(\frac{F_l}{F_d}\right)^2\sin^2\theta+2\frac{F_l}{F_d}\sin\theta\cos\theta\sin\beta+\sin^2\theta\sin^2\beta\cot^2\phi}\right]^{-1} \tag{6.9}$$

式中，C_d、C_l 与雷诺数和颗粒直径有关，颗粒接近圆球体时，雷诺数起主要影响作用；β 为坡面水流方向与坡面水平轴所成夹角。

考虑 $\beta=90°$，这时水流沿斜坡向下流动，忽略上举力，则

$$\frac{\tau'_c}{\tau_c}=\cos\theta-\frac{\sin\theta}{\tan\phi} \tag{6.10}$$

由上述分析可以看出，斜坡上的土颗粒起动拖曳力除了与土颗粒粒径大小、坡面流深度、坡面对水流的阻力大小有关外，还与斜坡的坡度、土粒的水下天然休止角大小密切相关。当坡度较缓时，斜坡起动拖曳力较大，土粒难于起动；坡度较陡时，起动拖曳力较小，土粒易于起动被水流带走。土体的内摩擦角增大，使得起动拖曳力增大，坡面土体不易遭受冲刷破坏。

4) 颗粒起动的冲刷流速

由于坡面流速场和剪力场之间存在一定的关系，有了颗粒起动拖曳力，就可推求冲刷水流的起动流速。综合分析光滑坡面、粗糙坡面水流断面的平均流速，利用坡面上土颗粒的起动条件，可推导出起动流速的表达式为

$$U=5.75\sqrt{\frac{\gamma_s-\gamma+\gamma J_s}{\gamma}gD\left(\cos\theta-\frac{\sin\theta}{\tan\phi}\right)f\left(\frac{U_* D}{v}\right)}\log\left[12.27\frac{\chi R}{k_s}\right] \tag{6.11}$$

式中，γ_s 为土颗粒重度，N/m³；J_s 为土中渗透水流的水力坡度；D 为土的粒径，m；ϕ 为土的水下天然休止角，°；θ 为边坡坡度，°；f 为土颗粒之间的摩擦系数；U_* 为摩阻流速，m/s；R 为水力半径，m；χ 为矫正值；k_s 为坡面粗糙尺寸，m。

考虑铁路路基填料特征，一般无黏性粗颗粒的$(\gamma_s-\gamma)/\gamma$ 取为 1.65，水下天然休止角取 $\phi\approx38^\circ$，$\tan\phi\approx0.78$；路基坡面相对粗糙，校正值 χ 取 1；坡面水力半径$R\approx h$；坡面糙率尺寸 k_s 可取 0.005m；一般在坡面冲刷条件下水流紊动强烈，雷诺数很大，$f(U_* D/v)$取值范围为 0.04～0.045；路基坡度按 1∶1.5 考虑。对于粗粒土填料，路基坡面颗粒起动粒径与水流速度的关系如图 6.20 所示。可以看出，颗粒的冲刷起动流速与起动粒径呈非线性幂函数关系，随起动粒径的变大，冲刷起动流速迅速增大。

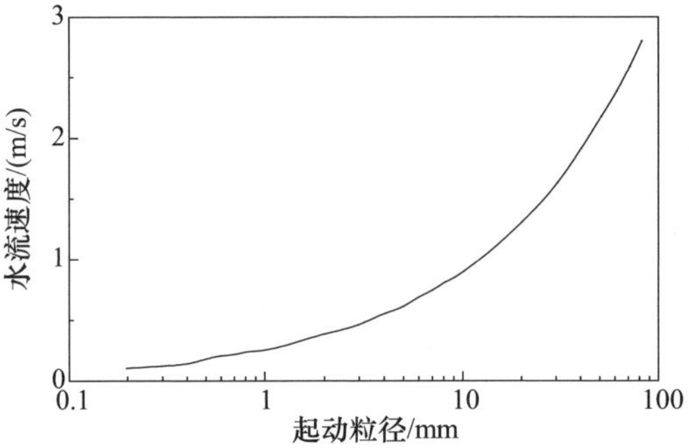

图 6.20　铁路粗粒土填料坡面水流速度与起动粒径的关系

6.2.2　坡面防护结构稳定性分析

坡面防护结构稳定性分析是在边坡坡体滑动稳定的基础上，考虑降水坡面土体产生渗流的作用，分析坡面浅层溜坍、滑动破坏以及坡面防护体的稳定性[13]。降水入渗使边坡土体含水率增大，甚至达到饱和，产生渗流，形成渗透压力，对坡面土体稳定性产生影响。设置工程防护后，防护体重力沿坡面方向的分力可以由工程结构承担，垂直坡面方向的分力向坡面土体施加法向压力，受该附加法向压力的影响，土体之间以及与防护体之间的摩擦力增大，提高了坡面稳定性[14,15]。

1. 坡面顺坡滑动稳定分析

处于坡面防护与路基深部稳定土体之间的填土受气候等外界条件影响显著，土体流失可能导致坡面空洞，坡面防护受损，因此受冲刷影响的上部坡面土体需进行稳定分析计算。

图 6.21 所示为坡面土体滑动稳定计算模型。该模型假设路基深部土体是稳定的，防护沿坡面方向完全刚性，重力沿垂直坡面方向的法向分力均布作用于坡面上，这一法向分力用大小相等、方向相同的应力 σ 表示，进行不稳定土体在重力作用下不同深度处的滑动安全系数计算，则不稳定坡面土体滑动稳定安全系数 F_s 为

$$F_s = \frac{f_1 + f_2}{G\sin\theta} \tag{6.12}$$

式中，f_1 和 f_2 分别为不稳定土体内外表面的切向力，kN；G 为不稳定土体的重力；θ 为边坡坡角，°。

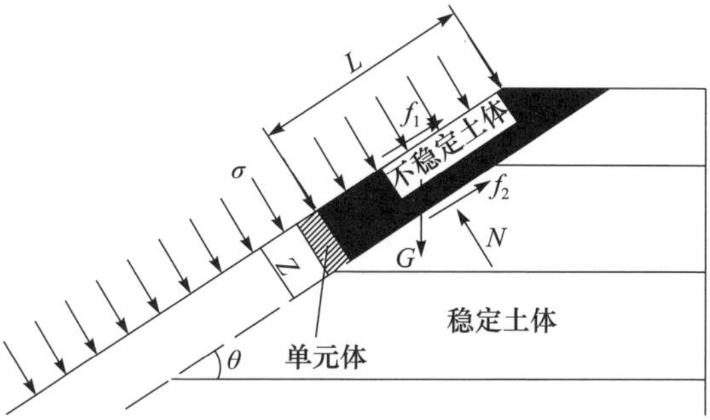

图 6.21　坡面土体滑动稳定计算模型

2. 坡面鼓胀受力分析

路基坡面内不稳定的土体将对下部土体形成一定的压力，该压力的大小与影响深度 Z 及坡面不稳定土体的长度 L 有关，如图 6.22 所示。从任意断面取土体单元进行计算分析，根据计算截面以上不稳定土体的下滑力计算 σ_1，乘以主动土压力系数即得到对坡面防护的作用力 σ_3。当 $\sigma > \sigma_3$，垂直

坡面方向的压力是主动力，对坡面稳定有利；当 $\sigma<\sigma_3$，沿坡面方向的压力 σ_1 将对坡面防护体产生一定的推力，导致坡面土体移动、流失，坡面防护局部或者整体变形，诱发次生破坏，如图 6.22 和图 6.23 所示。

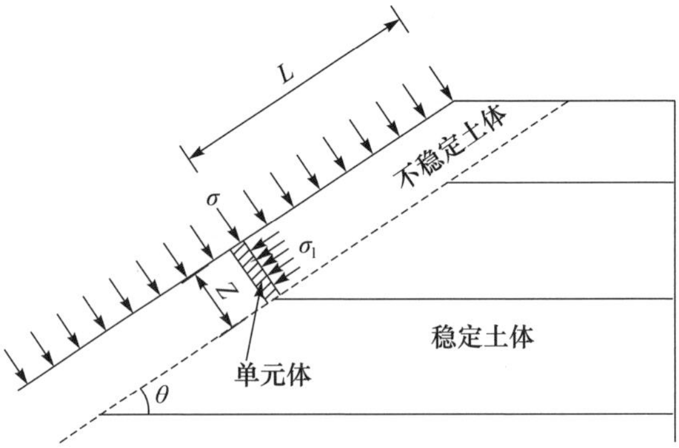

图 6.22　路基坡面内不稳定土体断面示意图

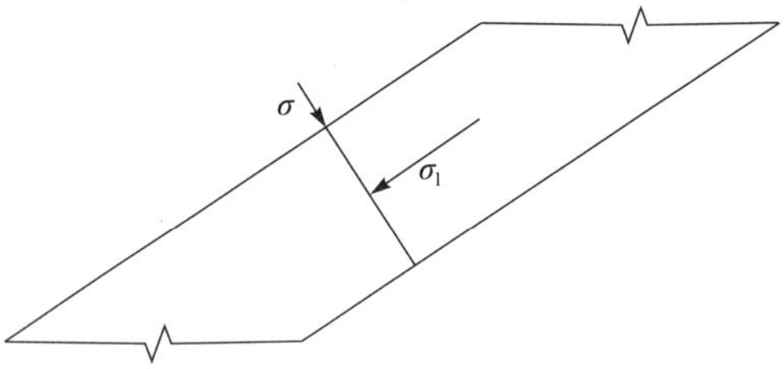

图 6.23　路基坡面内不稳定土体内部单元体受力分析图

上述分析主要考虑坡面土体在其上方不稳定土体压力的作用下，是否会发生局部破坏，向外挤压防护体，诱发变形，形成坡面的鼓胀变形，进而可能导致上方土体继续发生位移。

3. 坡面折线滑动稳定分析

对于坡面防护严密、土体不发生流失但坡面表层土体有侧向滑动可能的情况，应对其进行稳定分析，如图 6.24 所示。假设滑动面为折线形，路基深部土体是稳定的，坡面防护沿坡面方向完全刚性，重力沿垂直坡面方向的法向分力均布作用于坡面上，计算时采用将法向荷载 σ 直接作用于坡面，进行坡面土体在重力作用下不同深度处的滑动安全系数计算。不稳定土体分两个部分，与底面成一定角度的滑动面与内部稳定土体相交，过交线存在与坡面垂直的平面，这两个平面与坡面形成土体 2，重度记为 G_2，不稳定土体中的其他区域为土体 1，重度记为 G_1，如图 6.24 所示。考虑安全系数作用，计算土体 1 作用于土体 2 上的下滑力，记为 P_1，然后根据土体 2 的平衡和土体 2 的安全系数定义，计算整个滑面的安全系数，土体 1、2 与水平面的角度分别为 α_1 和 α_2。

$$P_1 = G_1\sin\alpha_1 - \frac{G_1\cos\alpha_1\tan\phi}{F_s} \tag{6.13}$$

$$F_s = \frac{[P_1\sin(\alpha_1-\alpha_2)+G_2\cos\alpha_2]\tan\phi}{P_1\cos(\alpha_1-\alpha_2)+G_2\sin\alpha_2} \tag{6.14}$$

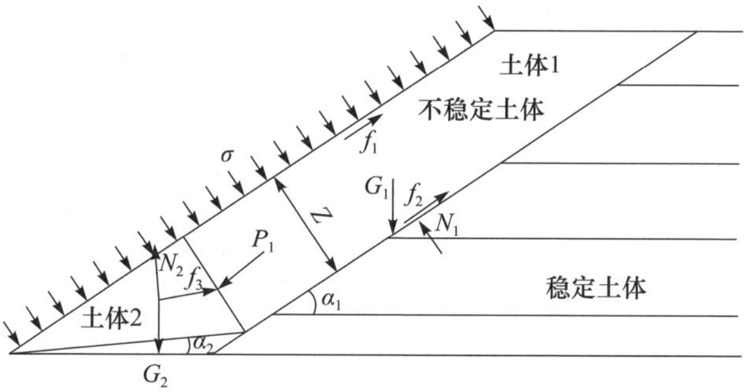

图 6.24　坡面稳定折线形滑动计算图

上述分析主要考虑在坡面上部土体滑动力的作用下，整个坡面土体（土体 1 和土体 2）的滑动稳定安全系数是否满足规范要求，即边坡土体和防护结构是否会在坡脚处产生滑动破坏。

6.2.3　坡面防护技术

坡面防护是指为了避免暴露于大气中受到水、温度、风等自然因素反复作用的路堤和路堑边坡坡面出现剥落、碎落、冲刷或表层土溜坍等破坏而对坡面加以防护的措施。路基边坡坡面防护类型和结构形式应根据边坡的岩土性质、水文地质、边坡高度、边坡坡度及地区气候等条件确定[16]。坡面防护结构形式一般分为生态防护、工程防护两大类，铁路路基边坡常用的生态防护及工程防护类型如表 6.4 所示。骨架护坡、孔窗式护坡、锚杆框架梁护坡等工程防护形式可与生态防护相结合。以下重点介绍铁路路基边坡常用生态防护新技术。

表 6.4 生态防护与工程防护常用类型及适用条件

防护类型	结构形式	适用条件
生态防护	喷播或栽植灌草	土质边坡,全风化岩石边坡,边坡坡度不陡于1∶1.25
	植生带或网垫植草、灌木	碎石类土边坡、全风化的硬质岩石或强风化软质岩边坡,边坡坡度不陡于1∶1
	生态袋或植生袋植草、灌木	碎石类土边坡、硬质岩边坡或弱风化软质岩边坡,边坡坡度不陡于1∶1
	客土植生	漂石土、块石土、卵石土、碎石土、粗粒土和强风化的软质岩及强风化、全风化的硬质岩石路堑边坡,或由其弃渣填筑的路堤边坡,边坡坡度不陡于1∶1
	喷混植生	漂石土、块石土、卵石土、碎石土、粗粒土和强风化、弱风化的岩石路堑边坡,边坡坡度不陡于1∶0.75
工程防护	骨架护坡	路堤边坡或土质、全风化岩层及强风化软岩路堑边坡,边坡坡度不应陡于1∶1
	实体护坡(墙)	风沙、浸水及受河流冲刷地段的路堤边坡或土质和易风化剥落的岩石路堑边坡防护
	窗孔式护坡(墙)	易风化或风化破碎的岩石路堑边坡、坡面易受侵蚀的土质路堑边坡,边坡坡度不宜陡于1∶0.75
	锚杆框架梁护坡	土质、软质岩及风化硬质岩路堑边坡防护,边坡坡度不宜陡于1∶0.75
	喷射混凝土(砂浆)护坡	风化破碎、节理裂隙较发育或较高陡的岩石路堑边坡

1. 铁路路基边坡生态防护指导规范

为全面推进铁路绿色通道建设,相关部门先后制定颁布了一系列规范。2013年《铁路工程绿色通道建设指南》[17]发布,提出了铁路边坡常用生态防护技术及适用条件。2019年,《铁路工程绿化设计和施工质量控制标准(南方地区)》(Q/CR 9526—2019)[18]发布,2020年《铁路工程绿化设计和施工质量控制标准(北方地区)》(Q/CR 9527—2020)[19]发布(下文简称两者为《铁路绿化工程南北方标准》),明确了铁路工程绿化建设的设计、施工及验收要求。

2. 铁路路基边坡植被选种及配置模式

铁路路基边坡考虑植物不同生态位采用“灌木为主，藤草花为辅”的植被结合方式，既能全面加固坡面，确保群落稳定性，又可以保证景观效果。在植被物种配置上，铁路路基边坡采用以下模式：

(1) 先锋种与建群种搭配模式。先锋种在短期内迅速覆盖坡面，在防护边坡的同时也为建群种改善了立地条件，先锋种与建群种合理搭配建植，更好地兼顾了前期和长期效果。

(2) 豆科与禾本科搭配模式。豆科与禾本科混播植草在产量和质量上表现出众多优越性。

(3) 不同生长型草本、木本搭配模式。这可以提高植被的固土护坡、增强坡面群落的抵抗能力。例如，京张高速铁路路基边坡植物品种以灌木为主，草本为辅，考虑到气候与土质条件，灌木品种主要选择了卫矛、紫叶小檗与沙地柏，如图 6.25 所示。卫矛耐干旱，萌芽力强，生长效果好；紫叶小檗是园林绿化中色块组合的重要品种，具有很好的景观效果；沙地柏耐寒、耐旱、耐瘠薄，成活后适生性强，长期效果好。

图 6.25　京张高速铁路路基边坡植物配置

3. 铁路路基边坡生态防护技术

目前铁路路基边坡高度低于 3m 时可采用全坡面植物防护，常规植物防护形式包括喷播或栽植灌草、植生带(袋)植草、客土植生等。近年来，中国铁道科学研究院集团有限公司在传统生态护坡技术的基础上,采用更加环保的材料或更先进的技术,研发出多种新型生态防护技术,如纤维结构团粒喷播技术[20]、三维柔性生态护坡技术、土工格室固土绿化技术、锚拉式绿色防护技术[21]、动物蛋白材料(animal protein material,APM)基材植生固坡技术等。

1) 纤维结构团粒喷播技术

纤维结构团粒喷播技术使用专业喷播机械将搅拌均匀的植物纤维、壤土、有机质、生物活化剂、复合团粒剂、植物种子和水喷射至路基坡面,通过植物纤维的加筋作用及土壤的团粒化,迅速在坡面形成抗冲刷性能好的基质层;同时依托有机质、生物活化剂等营养物质促进多种植物生长发育,最终利用植被根系的力学加固效应和地上生物的水文效应达到固土护坡和改善环境的目的。该方法具备施工高效快捷、前期出苗快、后期养护工作量小等优点,适用于坡度等于或缓于 1∶1 的岩质或土质边坡,坡度陡于 1∶1 时需与其他工程加固措施联合使用。

基质配比是纤维结构团粒喷播技术的核心。结合京雄高速铁路地理环境特点,研发新型基质辅助材料并制定科学合理的基质配比,并将研究成果应用于京雄高速铁路固安东站站前三标段,路基边坡长 225.1m,边坡坡度 1∶1.5,最大坡高约 5.0m,生态防护面积约 1500m^2。在温度较低的秋季施工两至三周出苗约 10cm,不同阶段生长效果如图 6.26 所示。

(a) 施工后2~3周　(b) 施工后1个月　(c) 施工后6个月

图 6.26　京雄高速铁路路基边坡纤维结构团粒喷播技术

纤维结构团粒喷播技术在太焦高速铁路边坡坡度 1∶1、斜长 14m 路堑边坡应用,经历多次降雨量为 8～16mm/h 的大雨冲刷,坡面稳定,植被生长良好。生态防护总面积约为 12000m²,坡面绿化效果如图 6.27 所示。

图 6.27　太焦高速铁路路基边坡纤维结构团粒喷播技术

2）三维柔性生态护坡技术

三维柔性生态护坡是一种新型护坡结构,由生态袋、扎口带和缝袋线、三维排水联结扣和土工格栅(选配)组成,如图 6.28 所示。

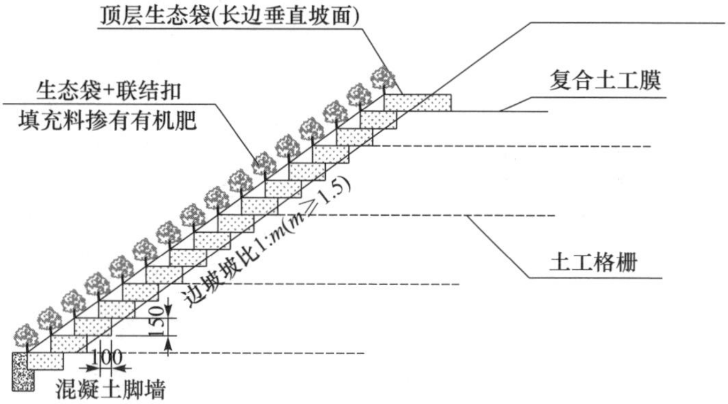

图 6.28　三维柔性生态护坡示意图(单位:mm)

生态袋是三维柔性生态护坡系统的基本组成单元,其透水不透土的特性能保证袋内土壤和营养物质不流失,同时又能维持水分的自由流动,以供植物生长。袋体间使用三维排水联结扣紧密连接,三维排水联结扣上的垂直孔洞和表面纵横交错的凹槽能够形成立体交错的三维排水网络,从而极大地降低了整个系统的静水压力,保证边坡稳定。生态袋及三维排水联结扣如图 6.29 所示。三维柔性生态护坡技术适用于坡度缓于 1∶1 的情况,当坡度陡于 1∶1 时需采用锚固措施。三维柔性生态护坡技术在连镇铁路得到应用,如图 6.30 所示。

图 6.29　生态袋、三维排水联结扣

图 6.30　连镇铁路路基边坡三维柔性生态护坡技术

3）土工格室固土绿化技术

近年来，土工格室等土工合成材料逐渐应用于铁路路基边坡生态防护中。土工格室固土绿化是将土工格室展开，通过铆钉将其固定在坡面上，然后在格室内充填种植土种植灌草再浇水养护的生态护坡技术。该护坡形式将种植土包裹于格室内，可减少坡面土壤流失，已在京张高速铁路、京沈高速铁路等线路中得到应用，如图 6.31 所示。

图 6.31　京张高速铁路路基边坡土工格室固土绿化技术

4）锚拉式绿色防护技术

锚拉式绿色防护结构用于边坡坡度较高的岩质边坡。在生态袋施工时，先打一层锚杆布网固坡，码砌生态袋完毕后，再用钢绳格栅网加固袋体坡面。锚拉式绿色防护结构克服了岩质路堑边坡难以绿化的困难，为高陡岩质边坡的绿化提供了解决方案。京张高速铁路路基边坡采用了锚拉式绿色防护结构，如图 6.32 所示。

图 6.32　京张高速铁路路基边坡锚拉式绿色防护结构

5）APM 基材植生固坡技术

APM 基材植生固坡技术施工时，首先在路基坡面上施作上下镶边和肋条骨架，然后在骨架内铺设镀锌铁丝网并打入铆钉固定，运用机械将土壤、APM 基材、保水材料、黏结材料、草籽和灌木籽等生态混合料加水搅拌均匀后喷射到路基边坡上，形成具有一定强度和厚度的硬化体。APM 基材植生固坡技术圬工使用少、绿化速度快，适用于坡度不陡于 1∶1.5 的边坡，该技术在蒙华铁路得到应用，如图 6.33 所示。

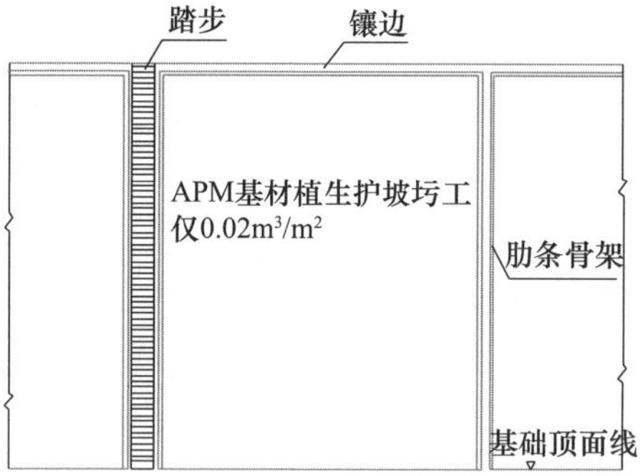

图 6.33　蒙华铁路路基边坡 APM 基材植生固坡技术

6）边坡绿化组合防护技术

当边坡高度大于等于 3m 时宜采用生态防护与工程防护相结合的措施，以保证边坡的稳定。生态防护与工程防护相结合的方式可以充分利用植物与工程材料的优点，解决“绿化”与“硬化”之间的矛盾，节省了材料，达到了一定的经济效益与环境效益。如张唐铁路赤城车站深路堑边坡，长度 550m，上山一侧采用桩板墙＋锚索格梁收坡，格梁内铺设植生袋；下山一侧采用孔窗护墙防护，孔窗内铺设植生袋，如图 6.34 所示。杭黄铁路在路基、隧道等地多处采用工程与生态组合防护形式，既保证了坡面的稳定，又绿化美观了坡面，如图 6.35 所示。

图 6.34　张唐铁路赤城车站深路堑边坡绿化组合防护技术

图 6.35　杭黄铁路荷花塘隧道边坡绿化组合防护技术

上述生态防护新技术在铁路领域的应用促进了铁路路基边坡生态防护技术的发展。针对铁路路基生态护坡安全要求高、后期养护难等特点，现有生态防护新技术应围绕上述特点加强适用性研究；另一方面，由于不同生态防护技术适用条件各异，应持续跟踪各类技术应用后的坡面稳定状态、植物生长及扎根情况等，验证其长期防护效果，为后续铁路路基边坡生态防护技术的合理选择提供依据。

4. 铁路路基边坡生态防护效果评价

《铁路绿化工程南北方标准》分区域对路基边坡生态防护施工质量验收进行了说明。南方地区植物建植不少于 12 个月或北方地区植物建植不少于一个生长季，建设单位应对边坡生态防护工程进行质量评定，评定指标以覆盖率、成活率为主。现有规范未对铁路运营期路基边坡生态防护效果评价进行规定，因此，针对边坡生态防护工程验收、运营期不同阶段，需确定相应的评价指标及权重，实现对铁路路基边坡生态防护效果的全面客观评价。

1）指标体系

结合铁路工程绿色通道建设的要求，从护坡功能、生态效益、安全要求三方面对工程验收及运营阶段铁路路基边坡生态防护效果进行综合评价。铁路路基边坡生态防护效果评价体系由目标层、准则层、指标层三个层次构成，如图 6.36 所示。

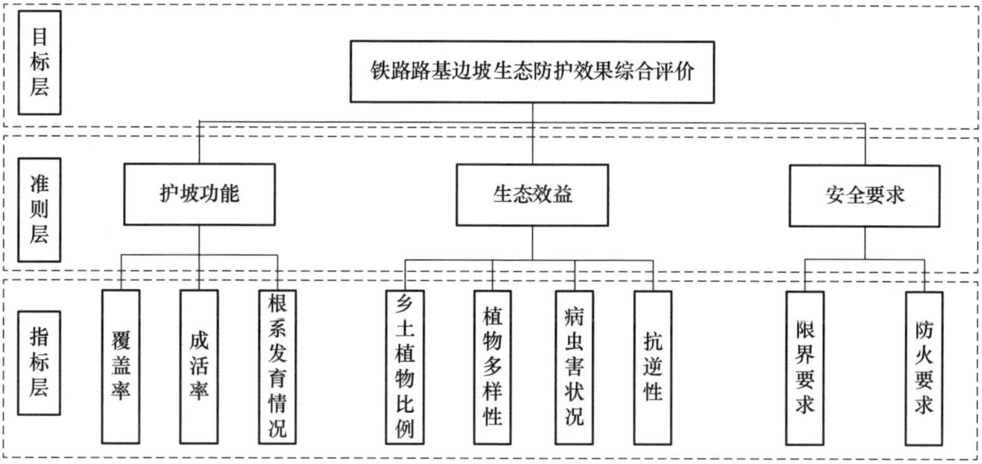

图 6.36　铁路路基边坡生态防护效果评价体系

覆盖率是指地面上全部植物茎叶的垂直投影面积与可绿化面积的百分比。《铁路绿化工程南北方标准》中对于植草区域使用覆盖率指标评价，采用尺量、计面积的方法。因气候差异，南方地区边坡植物覆盖率指标较北方一般地区高5%或10%。本指标的评价以《铁路绿化工程南北方标准》中的规定为依据。

(1) 成活率是指成活的植物数量与原种植数量的百分比。《铁路绿化工程南北方标准》中对于灌木栽植使用成活率指标评价，成活率采用点数统计计算的方法。因气候差异，南北方地区边坡植物成活率也存在5%或10%的差别。成活率指标的评价以《铁路绿化工程南北方标准》中的规定为依据。

(2) 根系发育情况是指根系的分布形态及其生长长度。植物根系对土体产生一定的加筋作用，根系发育良好将显著增加坡面土体的黏聚力，提高土体抗剪强度，使坡面有效地抵御雨水冲刷、侵蚀。因此根系的发育情况将直接影响边坡的防护效果。考虑到指标数据采集的便易性，选用现场观察根系并测量根系长度作为根系发育情况的评价方法，制定该指标的评价依据。

(3) 乡土植物比例是指乡土植物数量在绿化植物总量中所占比例。乡土植物是产地在当地或起源于当地的植物，这类植物在当地经历漫长的演化过程，能够适应当地的环境条件，其生理、遗传、形态特征与当地的自然条件相适应，具有较强的适应能力。铁路路基边坡生态防护植物选择应以优良的乡土植物为主，规范中并未对乡土植物比例进行明确规定，该指标通过现场观察统计确定。

(4) 植物多样性是指边坡植被群落的种类数目多少。物种单一使群落不稳定，不能抵御外界风险，后期防护效果也不好。铁路路基边坡生态防护应坚持灌草结合的原则，合理进行物种搭配，边坡植物中宜包含四季有绿(青)的植物。植物多样性以物种种类数量来表示，通过现场观察统计确定种类数量，若植物种类中不包含四季有绿(青)的植物，应进行适当扣分[22]。

(5) 病虫害状况是指边坡植物是否存在病虫害侵扰、枯枝、病枝的情况。《铁路绿化工程南北方标准》对其进行了如下规定：草本植物不应有病虫害，木本植物生长健壮，无病虫害，一般草地病虫侵害应小于15%。植物病虫害情况可通过现场观察评定。

(6) 抗逆性是指植物具有的抵抗某些不利环境的某些性状，如抗寒、抗旱、抗盐碱等。抗逆性好能保证植物生长良好，降低后期养护成本。该指标无定量评价依据，通过现场观测评定。

(7) 限界要求是指植物成年后的高度、冠幅在任何情况下(包括大风引起的植物枝干的摇摆)均不能侵入建筑接近限界，同时避免深根植物的根系对地下管线的影响。该指标通过现场观察并根据《铁路绿化工程南北方标准》中的安全要求进行评价。

(8) 防火要求是指边坡植物不选择油脂性植物，冬季边坡上无大量枯草。

各评价指标采用百分制表示，分为三个等级：优良(＞80 分)、达标(60～80 分)、未达标(＜60 分)，铁路路基边坡生态防护效果评价指标及评价标准如表 6.5 所示。

表 6.5　铁路路基边坡生态防护效果评价指标及评价标准

评价指标	评价标准			指标类型
	优良(＞80 分)	达标(60～80 分)	不达标(＜60 分)	
覆盖率	高于《铁路绿化工程南北方标准》中的要求	达到《铁路绿化工程南北方标准》中的要求	不满足《铁路绿化工程南北方标准》中的要求	定量
成活率	高于《铁路绿化工程南北方标准》中的要求	达到《铁路绿化工程南北方标准》中的要求	不满足《铁路绿化工程南北方标准》中的要求	定量
根系发育情况	根系发育良好，相互缠绕，根系长度＞50cm	根系发育较好，相互缠绕，根系长度 30～50cm	须根与垂直根系发育较差，根系主要分布在表层土中	定性＋定量
乡土植物比例	乡土植物比例大于 75％	乡土植物比例为 50％～75％	乡土植物比例小于 50％	定量
植物多样性	＞6 种	4～6 种	＜4 种	定量
病虫害状况	无病虫害侵扰、枯枝、病枝，植物生长健壮	受病虫害影响不明显	受病虫害影响明显	定性
抗逆性	无明显风折、霜冻、干旱、污染等原因致死现象	因大风、霜冻、干旱、污染等原因致死的植株比例＜10％	因大风、霜冻、干旱、污染等原因致死的植株比例≥10％	定性
限界要求	植物高度、冠幅等未侵入建筑限界，植物根系未影响地下管线，且未来不具备可能性	植物高度、冠幅等未侵入建筑限界，植物根系未影响地下管线，但未来存在可能性	植物高度、冠幅等侵入建筑限界或植物根系影响地下管线	定性
防火要求	植物种类中不包含油脂性植物，冬季坡面无干草	植物种类中不包含油脂性植物，冬季坡面存在干草层	植物种类中包含油脂性植物	定性

采用层次分析法进行各指标权重的确定，不同阶段各指标所占权重不同，工程验收阶段及运营阶段各指标权重，如表 6.6 和表 6.7 所示。

表 6.6 工程验收阶段铁路路基边坡绿化指标权重

目标层	准则层	权重	指标层	对准则层权重	对指标层权重
铁路路基边坡生态防护效果综合评价	基本功能 B_1	0.68	覆盖率 C_{11}	0.5	0.34
			成活率 C_{12}	0.5	0.34
			根系发育情况 C_{13}	—	—
	生态效益 B_2	0.12	乡土植物比例 C_{21}	0.2	0.024
			病虫害状况 C_{22}	0.3	0.036
			抗逆性 C_{23}	0.2	0.024
			植物多样性 C_{24}	0.3	0.036
	安全要求 B_3	0.20	限界要求 C_{31}	—	—
			防火要求 C_{32}	1	0.20

表 6.7 运营阶段铁路路基边坡绿化指标权重

目标层	准则层	权重	指标层	对准则层权重	对指标层权重
铁路路基边坡生态防护效果综合评价	基本功能 B_1	0.6	覆盖率 C_{11}	0.35	0.21
			成活率 C_{12}	0.35	0.21
			根系发育情况 C_{13}	0.3	0.18
	生态效益 B_2	0.20	乡土植物比例 C_{21}	0.1	0.02
			病虫害状况 C_{22}	0.3	0.06
			抗逆性 C_{23}	0.3	0.06
			植物多样性 C_{24}	0.3	0.06
	安全要求 B_3	0.20	限界要求 C_{31}	0.5	0.10
			防火要求 C_{32}	0.5	0.10

综合评价采用百分制表示，分为三个等级：优良（>80 分）、达标（60～80 分）、未达标（<60 分）。

2）应用案例

京雄高速铁路固安东站路基边坡采用纤维结构团粒喷播技术，边坡坡度 1∶1.5，喷播方案如图 6.37 所示。植物配置模式为灌草花结合，具体为紫穗槐、柠条、胡枝子、高羊茅、苜蓿、早熟禾、波斯菊、金鸡菊、二月兰。

京雄高速铁路固安东站边坡生态防护效果如图 6.38 所示。根据工程验收阶段的生态防护效果评价指标体系，对边坡生态防护效果进行打分评价。通过测定植物生长高度间接反映其抗逆性、抗病虫害指标，得到评价结果如表 6.8 所示。经计算该边坡生态防护效果综合评价为 86.92 分，属优良水平。

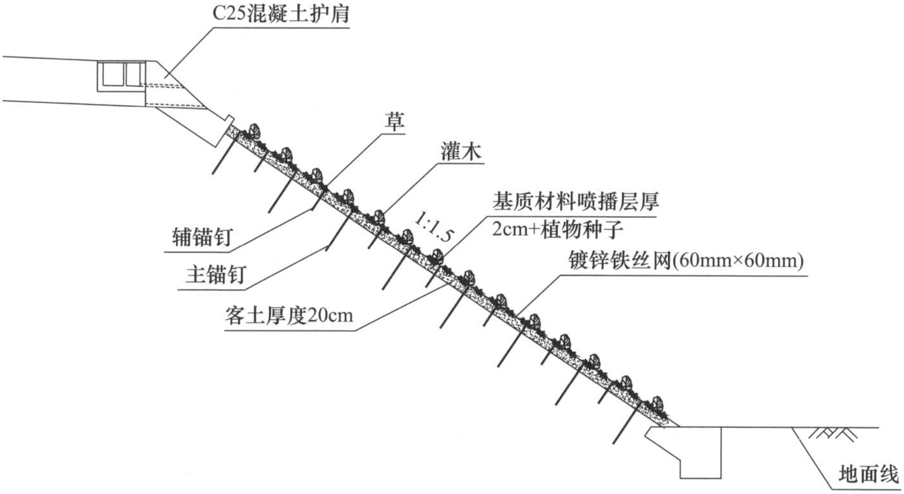

图 6.37　京雄高速铁路固安东站路基边坡纤维结构团粒喷播方案

图 6.38　京雄高速铁路固安东站边坡生态防护效果

表 6.8 铁路路基边坡生态防护效果综合评价

评价指标	对指标层权重	调查值	得分值	评价值
覆盖率 C_{11}	0.34	90%	85	28.9
成活率 C_{12}	0.34	85%	85	28.9
根系发育情况 C_{13}	—	—	—	—
乡土植物比例 C_{21}	0.024	75%	85	2.04
病虫害状况 C_{22}	0.036	较好	90	3.24
抗逆性 C_{23}	0.024	较强	90	2.70
植物多样性 C_{24}	0.036	9	92	4.14
限界要求 C_{31}	—	—	—	—
防火要求 C_{32}	0.2	无油脂性植物	85	17.00
综合指数	—	—	—	86.92

高速铁路路基边坡生态防护技术需紧密结合铁路工程的特点，在保证路基边坡稳定、防止水土流失的基础上，该技术的发展应同时考虑以下方面：针对不同区域与气候条件建立相应植被选择理论，保证植物成活率高，耐久性好，后期养护工作量小，以解决铁路后期养护受限的问题；制定科学完善的施工与养护方案，实现全过程的生态化与智能化；加强路基边坡生态防护的标准化与规范化研究，建立一套完善的路基生态防护验收标准和评价体系。

参考文献

[1] 中华人民共和国行业标准. 铁路路基支挡结构设计规范(TB 10025—2006). 北京：中国铁道出版社，2006.

[2] 中国铁路总公司企业标准. 铁路路基极限状态法设计暂行规范(Q/CR 9127—2015). 北京：中国铁道出版社，2015.

[3] 中华人民共和国行业标准. 高速铁路设计规范(TB 10621—2014). 北京：中国铁道出版社，2014.

[4] 中华人民共和国行业标准. 铁路特殊路基设计规范(TB 10035—2006). 北京：中国铁道出版社，2006.

[5] 关君蔚. 水土保持原理. 北京：中国林业出版社，1996.

[6] 奚成刚，杨成永. 铁路工程施工期路堑边坡面产流产沙规律研究. 中国环境科学，2002，22(2)：174-178.

[7] 杨成永，王美芝，许兆义. 秦沈客运专线路堤边坡土壤侵蚀预报研究. 水土保持学

报,2001,15(2):14-16.

[8] 汪益敏,韩大建,王秉纲. 广东地区花岗岩风化残积土路堑边坡的冲刷稳定性模糊评价. 华南理工大学学报(自然科学版),2005,33(1):27-31.

[9] 罗斌,胡厚田,吕小平. 南方花岗岩残积层路堑边坡坡面冲蚀研究. 铁道工程学报,1999,3(63):82-85.

[10] 罗斌,胡厚田. 清连公路堑边坡坡面冲刷影响因素分析. 路基工程,2000,18(2):11-13.

[11] 罗斌,王秉纲,王选仓. 路基边坡坡面冲刷基本理论. 公路交通科技,2002,(4):27-29.

[12] 高民欢,李辉,张新宇,等. 高等级公路边坡冲刷理论与植被防护技术. 北京:人民交通出版社,2005.

[13] 周华国,魏庆朝. 近十几年来中国铁路水害的时空统计特征. 自然灾害学报,1995,4(4):76-81.

[14] 蔡德钩,吴春冬,陈锋,等. 既有线开行重载列车路基边坡稳定性分析. 土木工程学报,2015,48(S2):252-256.

[15] 宋波,黄帅,蔡德钩,等. 地震和地下水耦合作用下砂土边坡稳定性研究. 岩土工程学报,2013,35(S2):862-868.

[16] 中华人民共和国行业标准. 铁路路基设计规范(TB 10001—2016). 北京:中国铁道出版社,2016.

[17] 中国铁路总公司企业标准. 铁路工程绿色通道建设指南(铁总建设[2013]94号). 北京:中国铁道出版社,2013.

[18] 中国铁路总公司企业标准. 铁路工程绿化设计和施工质量控制标准(南方地区)(Q/CR 9526—2019). 北京:中国铁道出版社,2019.

[19] 中国铁路总公司企业标准. 铁路工程绿化设计和施工质量控制标准(北方地区)(Q/CR 9527—2020). 北京:中国铁道出版社,2020.

[20] 张英龙. 高速铁路路基边坡纤维结构团粒喷播生态防护技术. 铁道建筑,2020,60(5):80-83.

[21] 宣立华. 岩质路堑边坡绿色防护技术在京张高速铁路的应用研究. 铁道勘察,2019,45(1):77-81.

[22] 陈芳,李书琴,赵百磊. 高速公路路基边坡生态防护效果评价. 公路交通技术,2015,(2):139-144.

第 7 章　路基防排水

水对土体的软化、侵蚀和冲刷作用是影响路基坚固稳定的重要因素。路基沉降、上拱、冻害、翻浆冒泥、滑坡等病害的发生和发展均与地面水、地下水活动密切相关。为保证高速铁路路基的稳定性，提高抗变形能力，使路基处于干燥、稳固的良好状态，应建立完善的路基防排水系统，防止水下渗进入路基本体，确保路基地面和地下排水顺畅。

7.1　常规路基防排水

7.1.1　路基面防水

高速铁路无砟轨道通过在路基面设置防水封闭层来解决路基面防水问题。路基面防水封闭层可分为路肩＋线间防水封闭和全断面防水封闭两种结构形式，如图 7.1 和图 7.2 所示。封闭层主要有混凝土类、土工合成类等材料，其中混凝土类路基面防水封闭层以纤维混凝土应用最为广泛[1~3]。无砟轨道路基防水封闭层类型如表 7.1 所示。

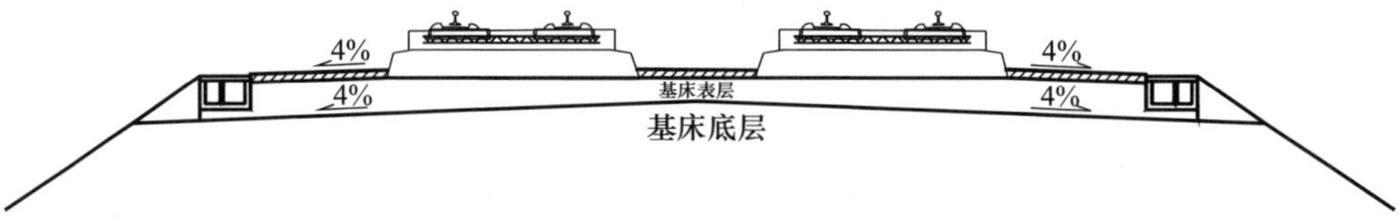

图 7.1　路肩＋线间防水封闭层

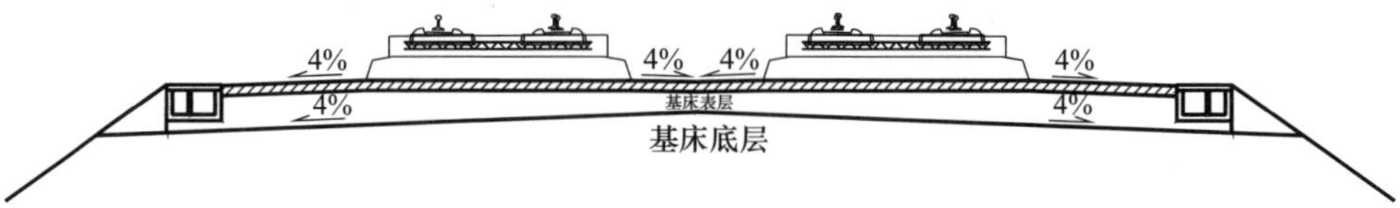

图 7.2　全断面防水封闭层(混凝土类)

表 7.1　无砟轨道路基防水封闭层类型

封闭层类型	封闭材料	封闭部位	纵向缝	横向缝
混凝土封闭层	混凝土	路肩＋线间	有	有
全断面混凝土封闭层	混凝土	全断面	无	无
土工膜砌砖防水封闭层	土工膜＋砖	路肩＋线间	有	有

7.1.2　路基排水

路基排水是将路基工作区内地面及地下水通过排水设施有效汇集、拦截、隔断、疏干，并沿一定的通道快速排出路基范围之外，从而确保路基的强度和稳定性，使其发挥正常的使用功能。路基排水包括路基地面排水和路基地下排水[4]。

1. 路基地面排水

路基地面排水系统在拦截路基范围外径流的同时，汇集路基范围内的径流并使其通畅排出，防止地表水对路基的侵蚀。路基地面排水设备通常包括排水沟、侧沟、截水沟、天沟、急流槽、吊沟、缓流井等，如图 7.3～图 7.6 所示。

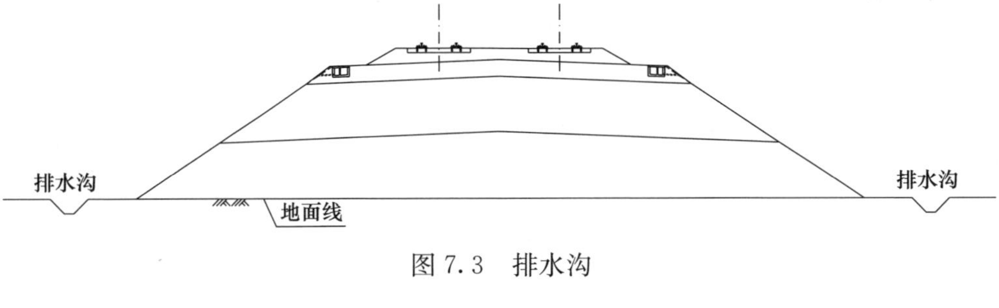

图 7.3　排水沟

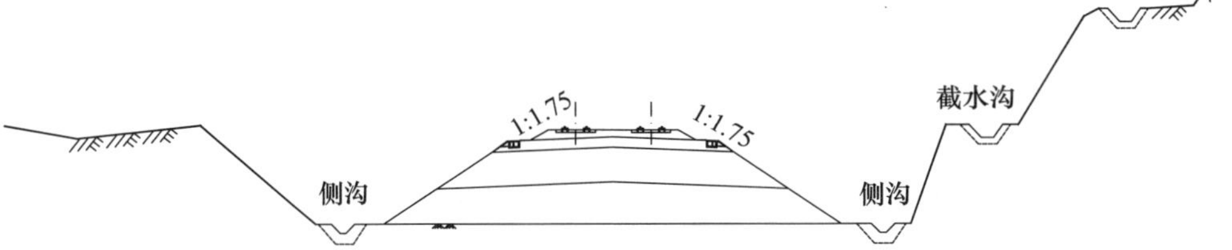

图 7.4　侧沟、截水沟、天沟

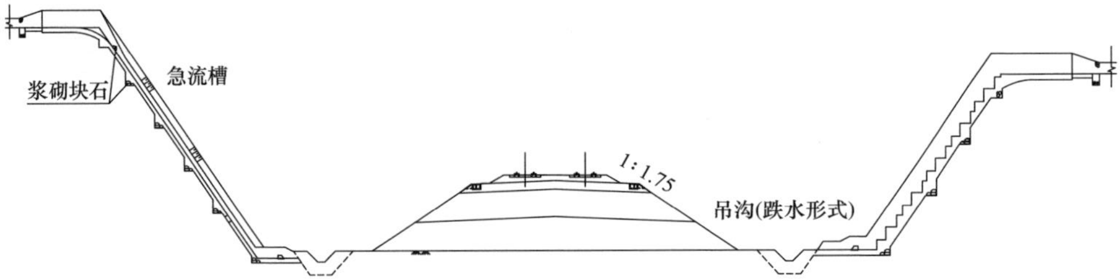

图 7.5　急流槽、吊沟

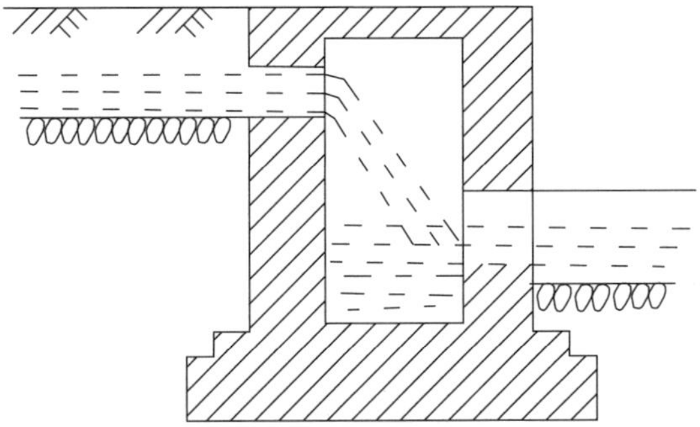

图 7.6　缓流井

排水沟设置于路堤护道外侧，根据路堤高度和横坡坡度双侧或单侧设置；路堑地段设置侧沟、天沟、截水沟、急流槽、吊沟等。排水沟、侧沟、天沟、截水沟及无砟轨道线间排水沟均采用混凝土浇筑。

无砟轨道线间排水优先采用横向直排方式，不具备条件时，可设置线间集排水设施，将路基表面水汇集于集水井内，经底部排水管将水横向引入侧沟或坡面排水槽排出。此外，以盘营高速铁路、沈丹高速铁路为代表，严寒地区高速铁路路基在沿线路纵向一定间隔的设置横向排水通道，将线间水排到线路外侧，再引入路基排水系统。横向排水通道由相邻底座间缝隙形成，通道处两线底座单元端部与对应轨道板端部对齐设置。排水通道处的底座下设置钢筋混凝土搭板。搭板沿线路纵向长约 2m，横向与底座等宽，搭板表面向线路外侧设置不小于 2% 的横向排水坡，如图 7.7 所示。

2. 路基地下排水

路基范围内的地下水活动对路基及其两侧山体的强度和稳定性有很大

的危害。因此,应根据地形地貌、水文地质条件及对周边环境的影响适当设置地下排水设施,以消除地下水对路基的影响。

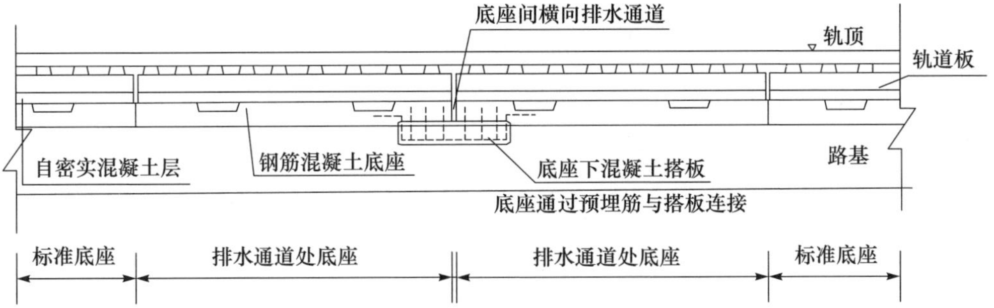

图7.7 底座间设横向排水通道纵剖面图

当路基或路基两侧地下水位较高或无固定含水层时,可采用侧沟、排水槽、渗水暗沟、边坡渗沟、支撑渗沟等排水设施;对于地下水位较低或为固定含水层路基时,可采用渗水隧洞、渗管、仰斜式钻孔等排水设施。典型路基地下排水设施如图7.8~图7.12所示。

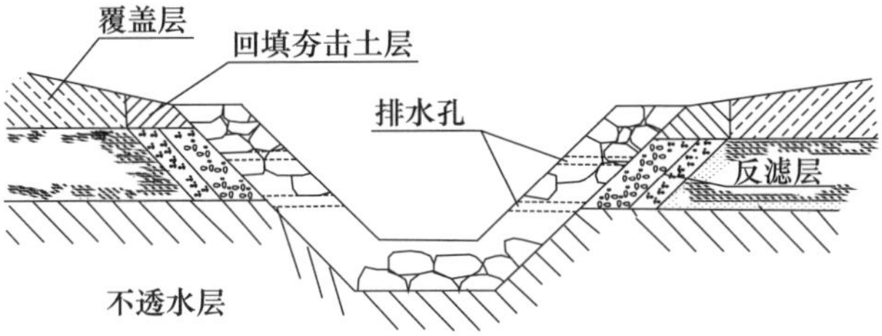

图7.8 排水槽

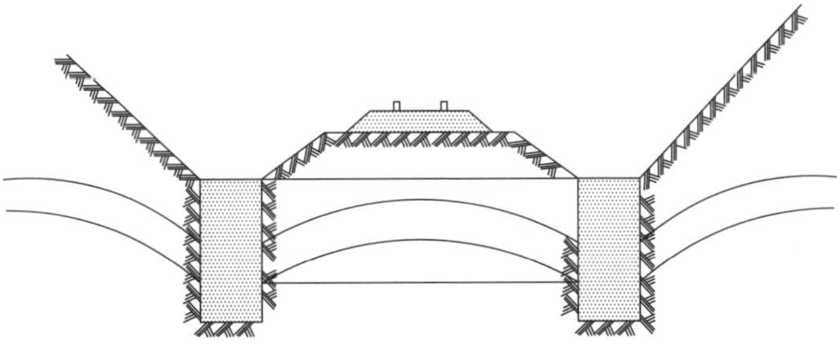

图7.9 渗水暗沟

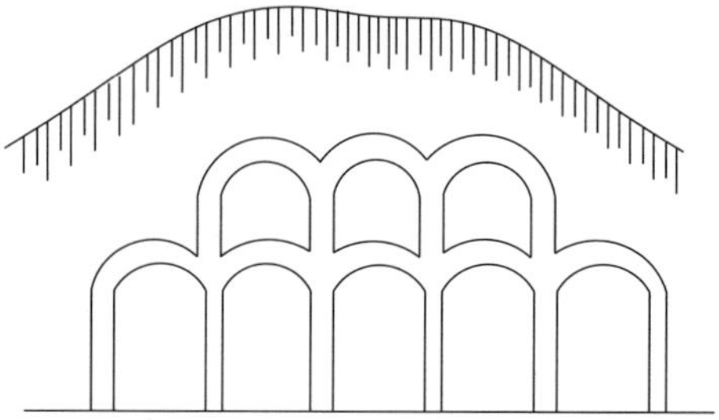

图 7.10　拱形边坡渗沟

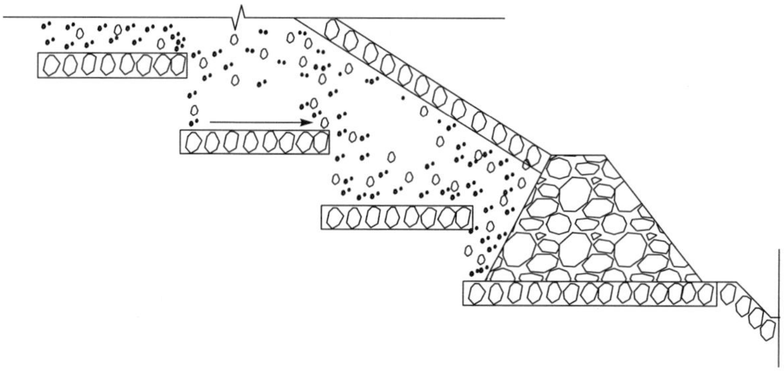

图 7.11　边坡渗沟断面

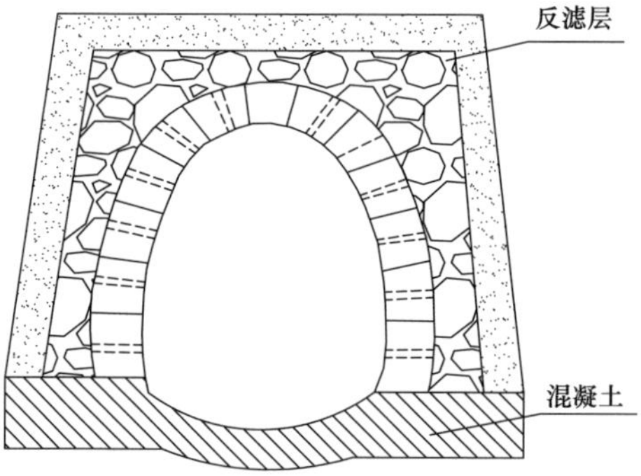

图 7.12　渗水隧洞

7.2　新型全断面沥青混凝土封闭结构

全断面沥青混凝土封闭结构是近年来路基防排水最新的技术成果，适用于寒冷、严寒、多雨地区或膨胀岩土、湿陷性黄土等特殊土地段新建高速铁路路基的防水封闭。

7.2.1　全断面沥青混凝土封闭结构形式

全断面沥青混凝土封闭结构的设置应符合下列规定[5]：

(1) 沥青混凝土封闭结构全断面设置于基床表层上部。

(2) 有砟轨道路基全断面沥青混凝土封闭结构的横断面形状应为三角形,由路基面中心向两侧设置不小于4%的横向排水坡。曲线加宽时,全断面沥青混凝土封闭结构仍应保持三角形,如图7.13所示。

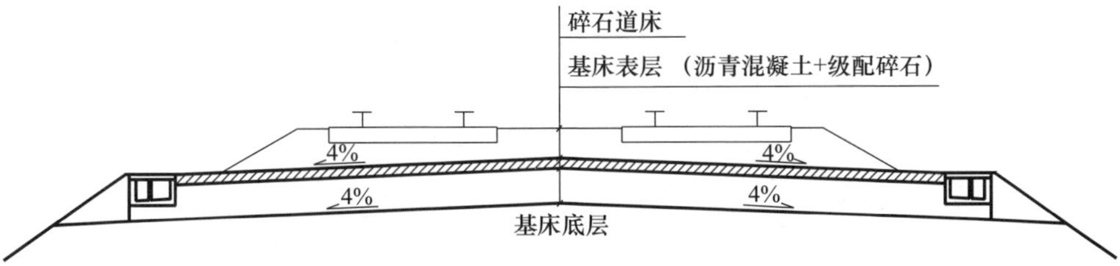

图7.13　有砟轨道路基全断面沥青混凝土封闭结构横断面示意图

(3) 无砟轨道路基全断面沥青混凝土封闭结构的横断面形状在支承层(或底座)底部范围内可水平设置,也可以设置为双三角形;在支承层(或底座)外侧的全断面沥青混凝土封闭结构两侧应设置不小于4%的横向排水坡,支承层(或底座)内侧向路基面中心宜设置不小于2%的横向排水坡,如图7.14所示。

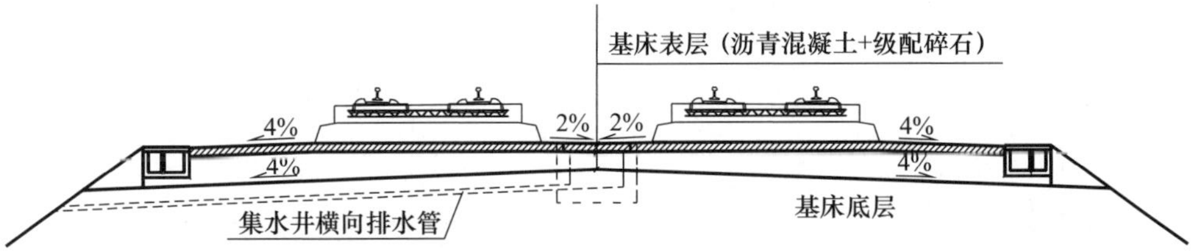

图7.14　无砟轨道路基全断面沥青混凝土封闭结构横断面示意图

全断面沥青混凝土封闭结构铺设于基床表层顶面,是基床表层的组成部分,其优势是消除了原有路基封闭体系所有纵向结构缝和横向伸缩缝,实现了路基面的整体化长效防水[6]。

7.2.2 全断面沥青混凝土封闭结构设计方法

1. 破坏模式

全断面沥青混凝土封闭结构设置于无砟轨道混凝土支承层(或底座)下方,二者层间相互作用关系复杂,无砟轨道-全断面沥青混凝土封闭结构的界面安全性对行车安全至关重要[7]。在京张高速铁路开展无砟轨道-全断面沥青混凝土封闭结构足尺推板试验,如图 7.15 所示。

图 7.15 现场足尺推板试验

图 7.16 为足尺推板试验界面剪应力与横向位移的关系曲线。可以看出,当界面剪应力小于 10.51kPa 时,整个底座并未产生变形,说明整个界面存在初始剪应力。随后剪应力随着相对位移的增大而线性增大,基本表现为线弹性属性,此时层间剪应力小于层间剪切强度,层间损伤微裂纹未产生。当界面剪应力达到 34.53kPa 时,底座与沥青混凝土结构层开始产生界面滑移,界面剪应力不再增大,而变形持续增加。说明剪应力超过界面剪切强度导致层间微裂纹的萌生,界面损伤开始产生。底座与沥青混凝土层的相对位移达到最大值 1.3mm 左右(界面断裂能达到临界值)时,界面微裂纹扩展,底座板与沥青混凝土封闭结构界面开始发生脱黏,转化为接触摩擦关系。

按公式 $\tau_f = c + \sigma\tan\varphi$ 进行分析,启动剪应力应与 c 相等,为 10.51kPa;σ 为底座重力,为 $0.3\times25=7.5$kPa;摩擦角 φ 为 72.70°。整体综合摩擦系数为 4.6,滑动摩擦系数为 3.2。充分说明了混凝土支承层(或底座)与沥青混凝土封闭结构之间的界面的稳定性。

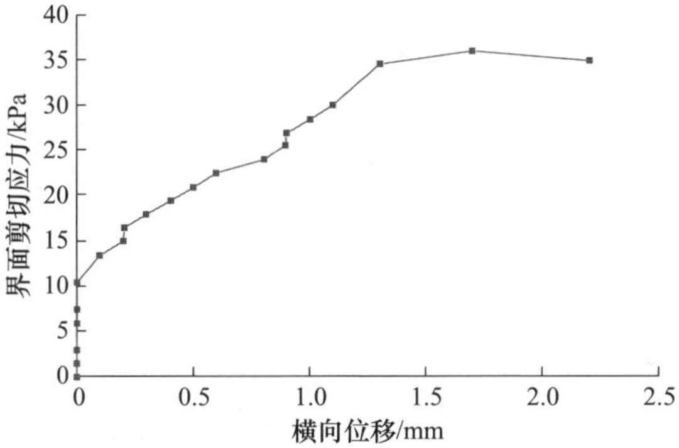

图 7.16　界面剪应力与横向位移的关系曲线

根据全断面沥青混凝土封闭结构的工作状态和功能定位，通过现场原位激振试验(见图 7.17)、仿真分析、长期监测等手段，提出了全断面沥青混凝土封闭结构的表层被动拉伸、材料低温开裂、底层弯拉损伤三种破坏模式，如图 7.18 所示。其中表层被动拉伸破坏与无砟轨道-沥青混凝土封闭结构相互作用的关系密切，为无砟轨道路基的特有破坏模式[8~10]。

图 7.17　原位激振试验

(1) 表层被动拉伸。由于混凝土支承层(或底座)和沥青混凝土材料热力学参数不同，使二者在周期性温度荷载作用下的变形不同步、不协调，混凝土支承层(或底座)伸缩缝对应位置处存在明显应力集中，导致封闭结构出现的表层拉伸破坏。

(2) 材料低温开裂。在温度整体变化幅度较大时，由于低温条件下沥青混凝土封闭结构内部产生的温度应力超过其材料的容许拉伸应力，导致封闭结构出现的开裂破坏。

(3) 底层弯拉损伤。在高速列车循环动荷载作用下，由于实际列车荷载作用次数超过沥青混凝土封闭结构的容许荷载作用次数，导致封闭结构产生自下而上的疲劳裂缝，进而出现底层弯拉损伤。

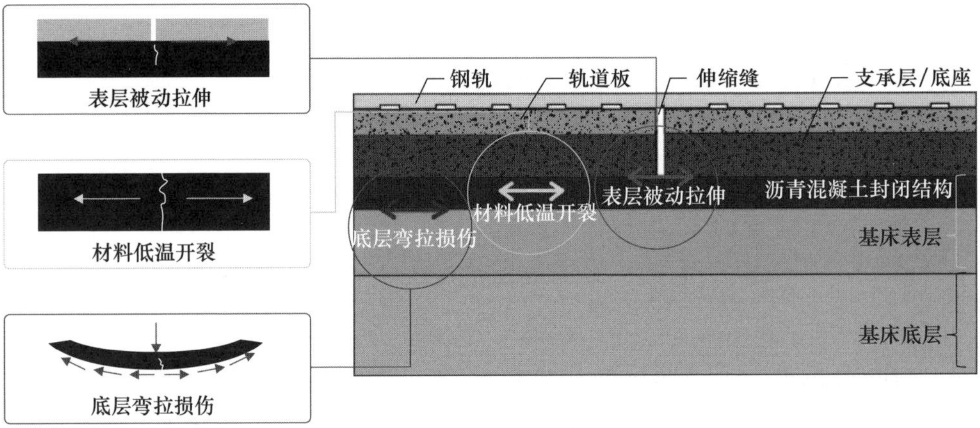

图 7.18　全断面沥青混凝土封闭结构破坏模式示意图

基于上述三种破坏模式，在进行全断面沥青混凝土封闭结构设计时，需开展材料低温开裂验算和底层弯拉损伤验算[11]，对于单元式支承层(或底座)的无砟轨道结构还需开展表层被动拉伸验算[12]。

2. 结构验算方法

1) 表层被动拉伸验算

针对单元式支承层(或底座)的无砟轨道结构，全断面沥青混凝土封闭结构表层被动拉伸验算应满足式(7.1)的规定：

$$N_b \geqslant N_{temp} \tag{7.1}$$

式中，N_b为全断面沥青混凝土封闭结构被动拉伸破坏的允许荷载作用次数；N_{temp}为设计使用年限内周期性温度荷载作用次数。

设计使用年限内周期性温度荷载作用次数 N_{temp}的计算公式为

$$N_{temp} = nY \tag{7.2}$$

式中，n 为作用频次，日温差按每天 1 次计，年温差按每年 1 次计；Y 为设计使用年限。

全断面沥青混凝土封闭结构被动拉伸破坏的允许荷载作用次数 N_b 的计算公式为

$$N_b = a_1 10^{\frac{b_1 V_b}{V_b + V_v} + c_1} E_{Ai}^{d_1} \varepsilon_{temp}^{e_1} \tag{7.3}$$

式中，V_b 为沥青混凝土的沥青用量，通过试验确定；V_v 为沥青混凝土的空隙率，通过试验确定；E_{Ai} 为不同季节沥青混凝土的动态模量，通过试验确定，当缺乏试验数据时可根据工程所在地区不同季节的典型气温确定，建议夏季按照近 10 年最热月平均气温确定，冬季按照近 10 年最冷月平均气温确定，春季和秋季按照近 10 年典型月或对应季节近 10 年的平均气温确定；ε_{temp} 为周期性温度荷载作用下全断面沥青混凝土封闭结构的拉伸应变最大值，采用数值仿真分析确定；a_1、b_1、c_1、d_1、e_1 均为经验系数，建议分别取 1.134728×10^{-3}、4.84、−3.3396、−0.854、−3.291。

若 $N_b < N_{temp}$，需在单元式支承层(或底座)伸缩缝对应位置采取铺设复合土工膜的工程措施，减小全断面沥青混凝土封闭结构表面的应力集中[13,14]。利用数值仿真分析计算铺设复合土工膜后全断面沥青混凝土封闭结构的最大拉伸应变，并代入式(7.2)和式(7.3)进行表层被动拉伸验算，可调整复合土工膜的铺设长度，直至满足要求。

2) 材料低温开裂验算

全断面沥青混凝土封闭结构材料的抗低温开裂性能应满足式(7.4)的规定，否则应改变所选用的沥青材料，直至低温开裂指数(low temperature cracking index，LTCI)满足

$$\mathrm{LTCI} \leqslant 3 \tag{7.4}$$

低温开裂指数 LTCI 的计算公式为

$$\mathrm{LTCI} = a_2 S_t + b_2 (T + c_2 h_a) \lg S_t + d_2 \tag{7.5}$$

式中，T 为全断面沥青混凝土封闭结构低温设计温度，取连续 10 年年最低气温平均值，℃；S_t 为在 $T+10$℃的试验温度条件下，表层沥青弯曲梁流变试验加载 180s 时的蠕变劲度，MPa；h_a 为全断面沥青混凝土封闭结构的设计厚度，mm；a_2、b_2、c_2、d_2 均为经验系数，建议分别取 1.36×10^{-3}、−0.075、0.07、0.15。

3) 底层弯拉损伤验算

列车荷载作用下全断面沥青混凝土封闭结构总损伤度 M_A 为

$$M_{\mathrm{A}}=\sum_{i=1}^{4} m_{\mathrm{A}i} \leqslant 1 \tag{7.6}$$

式中，$m_{\mathrm{A}i}$为全断面沥青混凝土封闭结构在不同季节的损伤度。

全断面沥青混凝土封闭结构总损伤度若大于1，应增加全断面沥青混凝土封闭结构的厚度或提高沥青混凝土材料的动态模量，直至满足要求。

全断面沥青混凝土封闭结构的总损伤度由其一年四季的损伤度累加得到，不同季节全断面沥青混凝土封闭结构的损伤度的计算公式为

$$m_{\mathrm{A}i}=\frac{N_{\mathrm{d}} w_i}{N_{\mathrm{a}i}}, \quad i=1,2,3,4 \tag{7.7}$$

$$N_{\mathrm{d}}=365QPY\frac{16A+8B}{A+B} \tag{7.8}$$

$$N_{\mathrm{a}i}=a_3 10^{\frac{b_3 V_{\mathrm{b}}}{V_{\mathrm{b}}+V_{\mathrm{v}}}+c_3} E_{\mathrm{A}i}^{d_3} \varepsilon_{\mathrm{t}i}^{e_3} \beta \tag{7.9}$$

式中，N_{d}为不同季节全断面沥青混凝土封闭结构设计使用年限内荷载作用次数；$N_{\mathrm{a}i}$为不同季节全断面沥青混凝土封闭结构疲劳破坏的允许荷载作用次数；w_i为季节权重系数，可根据不同季节占一年的时长确定，一年四季的总权重 $w=1$；Q 为行车密度，对/d；P 为每节车厢荷载作用次数，无砟轨道 $P=2$，有砟轨道 $P=4$；A、B 分别为16辆编组和8辆编组所占比例；$N_{\mathrm{a}i}$为不同季节全断面沥青混凝土封闭结构疲劳破坏的允许荷载作用次数；$\varepsilon_{\mathrm{t}i}$为不同季节全断面沥青混凝土封闭结构的层底拉伸应变，应利用数值仿真分析确定；β为轨道类型系数，无砟轨道 $\beta=1$，有砟轨道 $\beta=0.6$；a_3、b_3、c_3、d_3、e_3 均为经验系数，建议分别取 1.134728×10^{-3}、4.84、−3.3396、−0.854、−3.291。

3. 设计流程

高速铁路路基全断面沥青混凝土封闭结构的设计流程如图7.19所示。

高速铁路路基全断面沥青混凝土封闭结构设计的主要步骤包括：

(1) 根据工程设计要求，收集所在地区的常用全断面沥青混凝土封闭结构组合和材料性质要求，初拟结构组合方案，确定材料的设计参数。

(2) 开展表层被动拉伸验算、材料低温开裂验算、底层弯拉损伤验算，判断初定的结构组合方案是否满足全断面沥青混凝土封闭结构的设计要求。

(3) 对通过结构验算的结构组合方案进行技术经济性分析，确定全断面沥青混凝土封闭结构的技术方案。

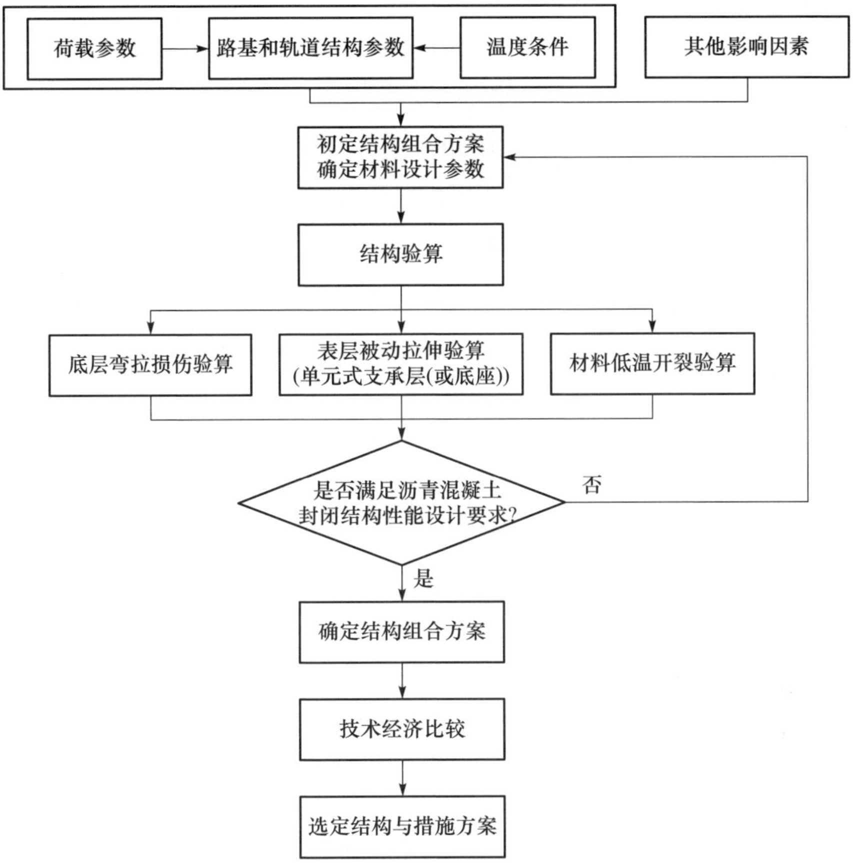

图 7.19　高速铁路路基全断面沥青混凝土封闭结构设计流程

7.2.3　沥青混凝土材料性能

根据工程所处地区的环境气候条件，选择合适的原材料，设定合理的性能要求，设计足够的结构厚度，是确保高速铁路路基全断面沥青混凝土封闭结构成功应用的基础。基于我国高速铁路规划的覆盖范围，结合工程应用特点和可操作性，高速铁路路基全断面沥青混凝土封闭结构的工程应用气候分区可按照近 30 年极端最低气温划分为温区、冷区、寒区、严寒区，如表 7.2 所示。

表 7.2　高速铁路路基全断面沥青混凝土封闭结构气候分区

气候分区	近 30 年极端最低气温/℃
温区	>−9.0
冷区	−9.0～−21.5
寒区	−21.5～−37.0
严寒区	<−37.0

根据不同气候分区，可通过调整级配及沥青用量、优化铁路专用改性沥青性能、添加沥青增强剂等方法，实现沥青混凝土材料性能的可定制化[15,16]。

用于无砟轨道和有砟轨道的沥青混凝土材料的技术要求如表 7.3 和表 7.4 所示。

表 7.3　用于无砟轨道的沥青混凝土性能

材料性能指标	温区、冷区	寒区	严寒区
渗水系数	≤60mL/min	≤60mL/min	≤60mL/min
空隙率	≤4%	≤4%	≤4%
抗压强度(20℃)	≥4MPa	≥4MPa	≥4MPa
弹性模量(20℃)	≥1000MPa	≥1000MPa	≥1000MPa
浸水残留强度比	≥85%	≥85%	≥85%
抗冻残留强度比	≥80%	≥80%	≥80%
高温变形量	≤0.20mm	≤0.24mm	≤0.28mm
低温弯拉强度(−10℃, 50mm/min)	≥8MPa	≥8MPa	≥8MPa
低温弯曲应变(−10℃, 50mm/min)	$\geqslant 2800\times10^{-6}$	$\geqslant 3000\times10^{-6}$	$\geqslant 3200\times10^{-6}$
综合摩擦系数	≥0.6	≥0.6	≥0.6
表层被动拉伸作用次数	≥300 次	≥500 次	≥700 次

表 7.4　用于有砟轨道的沥青混凝土性能

材料性能指标	温区、冷区	寒区	严寒区
渗水系数	≤60mL/min	≤60mL/min	≤60mL/min
空隙率	≤4%	≤4%	≤4%
抗压强度(20℃)	≥4MPa	≥4MPa	≥4MPa
弹性模量(20℃)	≥1000MPa	≥1000MPa	≥1000MPa
浸水残留强度比	≥85%	≥85%	≥85%
抗冻残留强度比	≥80%	≥80%	≥80%
高温变形量	≤0.24mm	≤0.28mm	≤0.32mm
低温弯拉强度(−10℃, 50mm/min)	≥8MPa	≥8MPa	≥8MPa
低温弯曲应变(−10℃, 50mm/min)	$\geqslant 2600\times10^{-6}$	$\geqslant 2800\times10^{-6}$	$\geqslant 3000\times10^{-6}$

（1）在防水抗渗性能方面，沥青混凝土的渗透系数与空隙率之间存在较强的关联性。渗透系数体现的是水渗入沥青混凝土内部的程度，主要表征了连通空隙的数量。当沥青混凝土空隙率小于 4.5%时，其渗透系数不超过 1×10^{-6}m/s。通过换算，确定沥青混凝土的空隙率不大于 4%、渗水系数不大于 60mL/min 时，可满足沥青混凝土防水抗渗的要求。

（2）在抗水损害性能方面，沥青混凝土在水或冻融循环条件下，进入空隙中的水分渗透沥青膜，吸附于沥青与集料的界面上，包裹在集料表面的沥青膜逐渐被水膜所取代，使沥青黏附性降低并逐渐丧失黏结力，沥青膜从集料表面脱落，导致沥青混凝土出现松散、剥落等病害。采用浸水残留强度比和抗冻残留强度比评价沥青混凝土的水稳定性，不同气候分区均按最严格的降雨条件考虑，确定浸水残留强度比不小于 85%、抗冻残留强度比不小于 80%的技术要求。

（3）在力学性能方面，沥青混凝土施工完成后，应满足后期轨道结构施工所需水泥混凝土罐车和运板车等车辆上道的要求，按照沥青混凝土抗压强度不低于施工车辆轴载产生压应力的原则，考虑一定安全系数，确定沥青混凝土的抗压强度不小于 4MPa。

（4）在低温抗开裂性能方面，对于公称粒径不大于 19mm 的沥青混凝土，宜在温度为−10℃、加载速率为 50mm/min 条件下进行小梁弯曲试验，检验沥青混凝土低温条件下的变形能力。结合室内试验成果和工程试验段建设经验，确定严寒区沥青混凝土低温弯曲应变应不小于 3200$\mu\varepsilon$（无砟轨道）和 3000$\mu\varepsilon$（有砟轨道），寒区沥青混凝土低温弯曲应变应不小于 3000$\mu\varepsilon$（无砟轨道）和 2800$\mu\varepsilon$（有砟轨道），冷区、温区沥青混凝土低温弯曲应变应不小于 2800$\mu\varepsilon$（无砟轨道）和 2600$\mu\varepsilon$（有砟轨道）。由于有砟轨道全断面沥青混凝土封闭结构受道砟覆盖，其工作温度较为温和，因此低温弯曲应变限值相对较低。

7.2.4　全断面沥青混凝土封闭结构施工工艺

全断面沥青混凝土封闭结构的施工主要包括洒布透层与黏层沥青、测量放线以及沥青混凝土的拌和与运输、摊铺、压实、养护等工序，如图 7.20～图 7.25 所示。

全断面沥青混凝土封闭结构各工序的施工技术要点应符合下列规定[17,18]：

（1）洒布透层与黏层沥青。为保证沥青混凝土与基床表层级配碎石的有效黏结，需进行透层沥青的洒布。透层沥青宜采用沥青洒布车一次喷洒均匀，避免遗漏。当有遗漏时，可采用人工补洒，当基床表层表面透层沥青产生汇集时，应在该部位撒布粗砂，必要时作适当碾压。透层沥青洒布后，待其充分渗透且水分蒸发，尽早进行沥青混凝土的摊铺。沥青混凝土双层施工时，应在下层表面喷洒黏层沥青，可采用沥青洒布车或手工沥青洒布机均匀喷洒，黏层沥青洒布量应通过试洒确定。

图 7.20　洒布透层与黏层沥青

图 7.21　测量放线

图 7.22　沥青混凝土的拌和与运输

图 7.23　沥青混凝土的摊铺

图 7.24　沥青混凝土的压实

图 7.25　沥青混凝土的养护

(2) 测量放线。沥青混凝土施工前，应复核级配碎石层顶面标高、几何尺寸和质量，并对全断面沥青混凝土封闭结构进行施工放样，设置用于控制沥青混凝土顶面标高的施工导线或导梁，保证全断面沥青混凝土封闭结构的厚度和顶面标高。

(3) 沥青混凝土的拌和。沥青混凝土采用间歇式拌和机进行集中厂拌。通过拌和站信息化控制平台，可实现各类原材料预热温度、沥青混凝土级配与误差率、油石比、拌和时间、拌和温度、出料温度等关键生产参数的实时监控，保证沥青混凝土的生产质量。沥青混凝土拌和质量以沥青均匀裹覆集料的程度作为评判依据，不得出现花白料、结团成块或严重的粗、细集料分离现象。

(4) 沥青混凝土的运输。从拌和机向运料车上卸料时，应多次挪动运料车位置，平衡装料，防止粗细集料离析。运料车应采用较大吨位的自卸式汽车，并采取保温、防雨、防污染措施。

(5) 沥青混凝土的摊铺。沥青混凝土应采用全自动沥青摊铺机进行摊铺，且施工前将熨平板预热至 100℃以上。摊铺时应缓慢、均匀、连续作业，摊铺速度宜控制在 1～3m/min，不得随意变换速度或中途停顿，不得出现明显的离析、波浪、裂缝、拖痕。采用多台摊铺机呈阶梯状摊铺时，摊铺机前后错开距离不应超过 20m，相邻摊铺机的搭接宽度宜为 10～20cm。

(6) 沥青混凝土的压实。沥青混凝土施工应选用经工艺性试验确定的压路机组合方式，按阶梯形路线进行作业，且压实过程应紧密跟随、稳步有序。在不产生推移和裂缝的前提下，应确保初压、复压、终压在尽可能高的温度下进行。对于大型压路机难以作业的部位，应采用小型振动压路机或夯锤碾压密实。

(7) 沥青混凝土的养护。施工完成后，所有施工机械应退出当天完工的作业区。未开放交通前，禁止任何车辆驶入，且表面不得放置重物。待沥青混凝土摊铺层完全自然冷却，沥青混凝土表面温度低于 50℃，方可开放交通。

7.2.5　全断面沥青混凝土封闭结构工程应用

2004 年以来，我国先后在遂渝高速铁路、京津城际铁路、郑徐高速铁路、京张高速铁路、郑万高速铁路、牡佳高速铁路、京沈高速铁路重载试车线等线路中进行了沥青混凝土结构的试验和应用，铺设面积达 11.5 万 m^2，用量超 9500m^3，具体应用情况如表 7.5 所示。

表 7.5 部分国内铁路沥青混凝土试验和应用情况

施工年份	线路名称	沥青混凝土厚度/mm	应用情况
2004	遂渝高速铁路	100	两侧路肩局部封闭，无砟轨道
2005	铁科院环铁线	100	两侧路肩局部封闭，无砟轨道
2007	京津城际铁路	20～40	两侧路肩局部封闭，无砟轨道
2008	哈大高速铁路	100	两侧路肩局部封闭(单线)，无砟轨道
2009	武广高速铁路	70	两侧路肩局部封闭，无砟轨道
2014	哈齐高速铁路	50	自密实沥青混凝土，线间及路肩封闭，无砟轨道
2015	郑徐高速铁路	60～100	全断面沥青混凝土封闭结构，无砟轨道
2016	武冈高速铁路	100	全断面沥青混凝土封闭结构，无砟轨道
2017	京张高速铁路	80～100	全断面沥青混凝土封闭结构，无砟、有砟轨道
2017	郑万高速铁路	80	全断面沥青混凝土封闭结构，无砟轨道
2019	牡佳高速铁路	100～120	全断面沥青混凝土封闭结构，有砟轨道
2020	京沈高速铁路重载试车线	80～150	全断面沥青混凝土封闭结构，无砟、有砟轨道

郑徐高速铁路路基全断面沥青混凝土封闭结构采用自主研发的耐久性高模量沥青混凝土，厚度为 60mm，对应混凝土底座厚度由 300mm 减至 240mm，通过对基床表层含水量、沥青混凝土层温度、沥青混凝土变形的长期监测，证明全断面沥青混凝土封闭结构具有良好的整体防水和结构承载能力。

武冈高速铁路首次将沥青混凝土用于运营线路有砟轨道路基防水封闭，为高速铁路有砟轨道路基防水封闭提供了技术支撑。

京张高速铁路路基全断面沥青混凝土封闭结构用于无砟轨道地段 996m，有砟轨道地段 420m，厚度分别为 80mm 和 100mm，实车检测发现沥青混凝土区段列车运行稳定，路基受力状态显著改善。长期监测表明，全断面沥青混凝土封闭结构具有良好的防水性能，路基未见明显变形，解决了寒冷地区路基冻胀问题。

郑万高速铁路平顶山西站、方城站及部分区间路基为膨胀土地段，采用全断面沥青混凝土封闭结构进行防水封闭，厚度为 80mm，铺设约 6.3km，形成了适用于站场路基复杂断面的施工关键技术，有效解决了膨胀土地段路基防水封闭难题。

截至目前，采用全断面沥青混凝土封闭结构的区段，沥青混凝土表面密实完整，无剥落、松散和坑槽等情况出现，未出现冻胀融沉、翻浆冒泥等病害，总体情况良好。新型全断面沥青混凝土封闭结构解决了不同区域气候、特殊岩土、长期列车荷载作用及多种轨道形式条件下路基防水封闭结构长效性难题，创新丰富了高速铁路路基防水封闭体系，提升了高速铁路路基工程品质和服役水平。

参考文献

[1] 广州铁路局工务处，柳州铁路局工务处. 铁路工务技术手册：路基. 北京：人民铁道出版社，1979.

[2] 刘彬，魏永幸. 客运专线铁路无砟轨道路基防排水体系的思考. 铁道工程学报，2008，25(6)：36-38.

[3] 方明镜，魏永幸，邱延峻. 客运专线无砟轨道路基面防水设计方案. 路基工程，2008，(5)：20-21.

[4] 郑星龄. 新形势下路基防水处理分析. 建筑技术开发，2016，43(4)：100-101.

[5] 石越峰，蔡德钩，闫宏业，等. 高速铁路路基沥青混凝土防水封闭层技术综述. 铁道建筑，2018，58(1)：33-36.

[6] 仲新华，蔡德钩，李享涛，等. 我国铁路沥青混凝土技术研究进展. 铁道建筑，2018，58(2)：1-4，31.

[7] 吕宋，肖宏，蔡德钩. 无砟轨道下沥青混凝土层与支承层层间关系研究. 中国安全科学学报，2019，29(S1)：126-133.

[8] 蔡德钩，张千里，闫宏业，等. 高寒地区高速铁路路基冻胀综合防治技术试验研究. 北京：中国铁道科学研究院，2016.

[9] 包黎明，蔡德钩，石越峰，等. 高速铁路路基沥青混凝土结构关键技术及应用. 北京：中国铁道科学研究院，2020.

[10] 符庆宏，陈先华，蔡德钩，等. 高速铁路路基全断面沥青混凝土防水封闭结构. 中国铁道科学，2020，41(2)：24-33.

[11] 闫宏业，蔡德钩，吕宋，等. 列车荷载下高速铁路路基沥青混凝土层力学特性研究. 铁道建筑，2019，59(7)：82-87.

[12] 李泰灃，蔡德钩，闫宏业，等. 严寒地区高速铁路全断面沥青混凝土防水封闭结构温度效应研究. 铁道建筑，2018，58(10)：63-68.

[13] 蔡德钧.低温条件下铁路路基沥青混凝土防水封闭层受力特性研究//2019世界交通运输大会.北京,2019.

[14] 张新冈,蔡德钧,闫宏业,等.高寒地区高速铁路全断面沥青混凝土防水封闭层抗裂措施研究.铁道建筑,2019,59(4):87-89,98.

[15] Ye Y S,Xu G,Lou L W,et al. Evolution of rheological behaviors of styrene-butadiene-styrene/crumb rubber composite modified bitumen after different long-term aging processes. Materials,2019,12(15):2345.

[16] 楼梁伟.有砟轨道沥青级配碎石基床复合改性沥青性能研究.铁道建筑,2020,60(4):127-132.

[17] 楼梁伟,蔡德钧,石越峰,等.路基沥青混凝土防水封闭结构施工质量控制技术.铁道建筑,2019,59(2):18-21.

[18] 石越峰,蔡德钧,楼梁伟,等.铁路沥青混凝土温度离析控制技术研究.铁道建筑,2019,59(1):67-70,80.

第 8 章　特殊土路基

特殊土路基是位于软土、膨胀土、湿陷性黄土、冻土等特殊土地段的路基。特殊土路基工程应充分考虑地质、气候和环境等因素的影响，遵循预防为主、防治结合的原则。特殊土路基应按土工结构物进行设计，因地制宜，采取可靠有效的加固或改良措施，提高抵御灾害的能力。

8.1　软土路基

8.1.1　软土工程特性

我国软土主要分布在环渤海湾、长江三角洲、珠江三角洲、北部湾四个区域，其工程特性主要包括触变性、高压缩性、低渗透性和不均匀性。

1. 触变性

土体受到振动等外力作用后，软土颗粒间原有的结构性被破坏，土体强度剧烈降低，甚至接近于零；当外力作用消失，土粒重新凝结，强度逐渐恢复，但其结构性和强度一般难以恢复至最初的状态，这种现象被称为触变性。软土的触变性对工程危害大，可能会带来地基失稳、滑移等灾难性后果。

2. 高压缩性

软土属于高压缩性土，压缩系数通常满足 $\alpha_{0.1\sim0.2}\geqslant0.5\text{MPa}^{-1}$。对填筑在天然的均匀厚层软土地基上的铁路路基，一般会产生路基高度 10%～20%的沉降量。

3. 低渗透性

软土透水性能低，渗透系数极小，排水固结过程缓慢。对既有软土地基工程，经过 30～50 年的运营后仍可测量到缓慢的下沉变形。

4. 不均匀性

由于沉积环境的变化，软土在水平方向上分布有所差异，在垂直方向上具有明显的分选性，作为建筑物或构筑物地基容易产生差异沉降。

8.1.2 软土处理措施

新建铁路软土地基处理方法主要有换填法、垫层法、预压及排水固结法、复合地基法等[1~3]。

(1) 换填法即挖除软土换填合格填料。

(2) 垫层法即在地基表面铺设一定厚度的垫层，包括碎石垫层和加筋垫层法。

(3) 预压及排水固结法即先在地基中设置竖向排水体，随后在场地上先行加载预压，使土体中的孔隙水排出，逐渐固结同时强度逐步提高，其排水系统包括砂井、排水带等，加压方式包括堆载预压、真空预压等。

(4) 复合地基法即天然地基中部分土体得到增强，或在天然地基中设置加筋材料，形成由基体(天然地基土体或被改良的天然地基土体)和增强体两部分组成的人工地基加固区，加固类型包括强夯置换墩、挤密砂桩、碎石桩、石灰桩、水泥土搅拌桩、高压旋喷桩、水泥粉煤灰碎石桩及预应力管桩等。根据桩体性质的不同，复合地基分为散体材料桩(如砂桩、碎石桩)、加固土桩(如搅拌桩、旋喷桩)和混凝土桩(如水泥粉煤灰碎石桩)等。

软土地基早期多采用换填法、垫层法、预压及排水固结法进行处理，但上述方法存在工期长、工后沉降大等问题。对于高速铁路路基，目前普遍采用复合地基法进行软土地基的处理。当实际工程中单一措施无法满足路基沉降和稳定性的要求时，一般采用两种或两种以上加固措施进行综合处理。

8.1.3 流塑状软土复合地基稳定性检算方法

采用CFG桩或搅拌桩处理深厚流塑状软土时，会对周边软土有扰动破坏作用，进行路基填筑时，可能会出现桩体的剪切、倾斜、弯曲破坏现象，如图8.1所示。这种破坏类似于多米诺骨牌效应，会使路基快速产生外挤、下沉和开裂。在稳定性检算假定的圆弧滑动面中，实际会出现桩体的拉伸与弯曲破坏同时发生的情况，而对于抗剪强度较高的刚性桩来说并不一定发生剪切破坏，如图 8.2 所示。

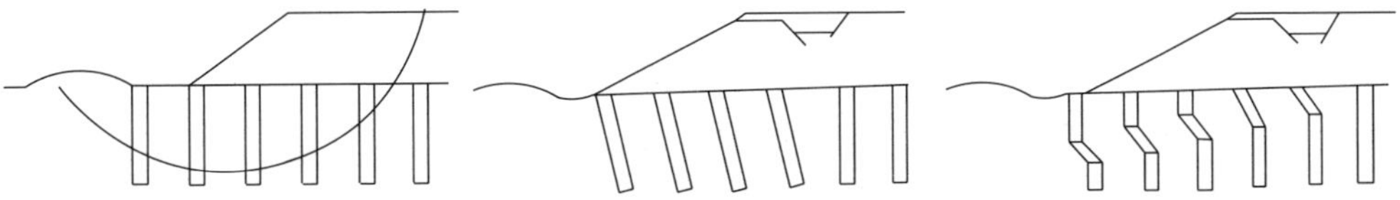

(a) 剪切破坏模式　(b) 倾斜破坏模式　(c) 弯曲破坏模式

图 8.1　桩体的剪切、倾斜、弯曲破坏模式示意图

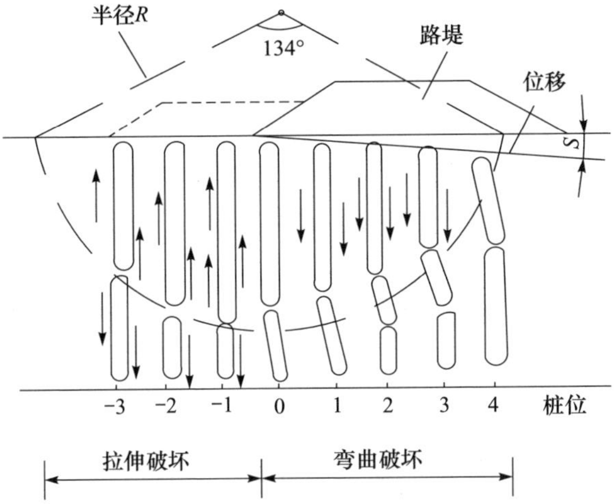

图 8.2　桩体的拉伸与弯曲破坏同时发生

根据复合地基中桩与桩间土的破坏形式的不同，主要分为以下两种情况：①桩体首先发生破坏进而引起复合地基的全面破坏；②桩间土首先发生破坏进而引起复合地基的全面破坏。一般来讲，在刚性基础下的桩体复合地基，多数是桩体先发生破坏，进而引起复合地基全面破坏。而在柔性基础下，多数是土体先发生破坏，继而引起复合地基的全面破坏。

鉴于复合地基的上述破坏模式，国内外目前采用传统的复合地基极限平衡法，并假定圆弧滑动面稳定方法，对刚性桩加固复合地基进行整体稳定分析时，会过高地估计复合地基的稳定性，是偏于不安全的，也是不合理的。

针对流塑状软土地基，可采用视抗剪强度法进行稳定性验算，其核心在于采用视抗剪强度反映加固体和土体提供的有效抗剪强度，而不是单纯采用加固体和土体形成的复合土层的抗剪强度[4]。视抗剪强度指在路基失稳、滑动面形成过程中，路基下不同位置处桩体所提供的真实抗剪强度，其值等于有限元模拟计算土体剪切试验过程中的推力减去桩体周围土体所提供的抗剪强度，能够体现桩体在软土地基中真正的破坏模式和桩体真实的抗剪贡献，其计算结果与桩体本身的刚度、桩土模量差异、土的抗剪强度以及桩与假设剪切面的夹角存在直接的关系。在采用条分法进行分析过程中，桩体的视抗剪强度可以查表取得，以 CFG 桩为例，如表 8.1 所示。对于表中没有的数据，可以采用插值的方法进行计算。

表 8.1 CFG 桩的视抗剪强度

α/(°)	视抗剪强度/MPa			
	n=4000∶1	n=4000∶2	n=4000∶3	n=4000∶5
60	0.61	0.83	1.38	1.73
65	0.64	0.86	1.42	1.79
70	0.65	0.89	1.46	1.86
75	0.66	0.93	1.5	1.92
80	0.66	0.93	1.5	1.92
85	0.68	0.96	1.62	2.3
90	0.67	0.95	1.55	2.02
95	0.64	0.95	1.63	2.02
100	0.58	0.93	1.65	1.98
105	0.56	0.85	1.47	1.97
110	0.54	0.82	1.39	1.92
115	0.53	0.8	1.35	1.9
120	0.51	0.78	1.41	1.86

注：α 为桩体与剪切面的夹角；n 为 CFG 桩弹性模量与土体弹性模量的比值。

在视抗剪强度法中，通过有限元差分法，分析单桩在土体的抗剪贡献机理和破坏模式：弯曲破坏、桩体倾斜、桩间土体绕流等。将得到的相关计算成果应用到极限平衡法中，继而建立了基于流塑状软土-桩相互作用机理的稳定性检算方法。该方法可以更为科学地进行路基的稳定性验算，避免了传统复合抗剪强度极限平衡法无法反映不同位置单桩破坏机理，从而显著高估路基稳定性的问题。

8.1.4 视抗剪强度法稳定性检算工程实践

某地基处理采用 CFG 桩，桩直径为 0.5m，桩长为 28m，桩间距为

2.0m，桩顶设置土工格栅。设计路面宽度为 23m，路基高度为 5m，边坡比(坡度)为 1∶1.5。路基分 5 层填筑，每层 1.0m。在路基顶部考虑 15kPa 超载，路基断面如图 8.3 所示。

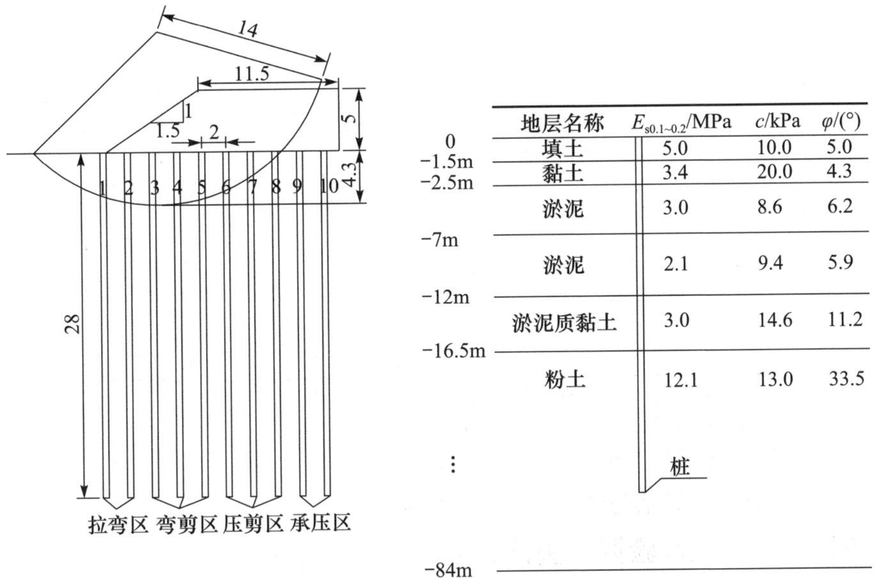

图 8.3　路基断面及地层剖面图(单位：m)

采用视抗剪强度法进行稳定性检算，并与传统的复合地基稳定性检算方法、英国 BS8006 方法、等效抗剪强度法、摩擦接触法、等效荷载法、考虑滑动面以上桩侧摩阻力法及等效砂桩法共 7 种方法的计算结果进行对比[5,6]。计算过程如下：

(1) 计算视抗剪强度滑动面的确定。

采用桩复合抗剪强度，即不考虑桩体其他破坏形式进行稳定分析确定的第一次滑弧面，该滑弧面与采用视抗剪强度再次进行稳定分析得到的第二次滑弧面会有一定的差异，可以按视抗剪强度稳定分析得到第二次滑弧面，再次确定桩的视抗剪强度并进行稳定性分析，可得到第三次滑弧面。多次重复后直到前后两次的稳定安全系数较为接近。

(2) 确定视抗剪强度。

分别计算图 8.3 中 1＃～10＃桩与桩土模量比值及剪切面的夹角，从而查表确定桩的视抗剪强度，结果如表 8.2 所示。

表 8.2 桩视抗剪强度参数表

桩号	桩土模量比值 n	桩与剪切面夹角 α/(°)	桩的视抗剪强度/kPa
1#	4000∶3	118	1.42
2#	4000∶3	99	1.66
3#	4000∶3	91	1.55
4#	4000∶3	85	1.61
5#	4000∶3	77	1.5
6#	4000∶3	68	1.44
7#	4000∶3.4	60	1.48
8#	4000∶5	49	1.25
9#	—	—	—
10#	—	—	—

注:1) 土体的弹性模量取 4 倍土体的压缩模量。
2) CFG 桩的弹性模量取 16GPa,泊松比取 0.2。
3) 9#和 10#桩体位于滑动面以下,以竖向承压为主,不发生弯曲破坏。

(3) 采用毕肖普条分法计算稳定系数 F_s。

不同路基稳定性验算方法计算结果对比如表 8.3 所示。

表 8.3 不同路基稳定性验算方法计算结果对比

分析方法	桩体抗滑贡献特征	稳定系数 F_s
视抗剪强度法	考虑桩的各种破坏模式确定桩的视抗剪强度	1.65
传统的复合地基稳定性检算方法	复合地基综合抗剪强度	2.84
英国 BS8006 方法	滑动面以下桩体的竖向承载力作为阻滑力	1.96
等效抗剪强度法	桩体抗弯强度控制其抗滑贡献,将其等效为桩的抗剪强度提供的抗剪贡献	1.53
摩擦接触法	上下桩段在滑动面处因桩身轴力产生的摩擦力作用在滑动面上	2.10
等效荷载法	不考虑刚性桩对地基的加固效应,仅考虑刚性桩复合地基的荷载分担效应,将复合地基的稳定性转化为在等效荷载(即土分担荷载)作用下天然地基的稳定性问题	1.537
考虑滑动面以上桩侧摩阻力法	假定滑动面为无桩加固地基的滑动面,考虑滑动面以上桩身侧摩阻力对复合地基稳定抗滑贡献	1.54
等效砂桩法	假定路基发生整体稳定破坏的瞬间,所有桩均发生破坏,将刚性桩等效为砂桩	1.495

由表8.3可以得到以下结论：

(1) 采用视抗剪强度法与考虑桩弯曲破坏的等效抗剪强度法、等效荷载法、考虑滑动面以上桩侧摩阻力法及等效砂桩法计算结果接近，不考虑桩的实际破坏模式，按桩体抗剪强度计算滑动面上桩土复合抗剪强度的极限平衡法以及摩擦接触法得到的稳定系数明显偏高。

(2) 采用传统极限平衡法时考虑假定圆弧滑动面上桩体和土体的复合抗剪强度进行稳定分析，实质上是忽略了具有抗弯刚度的桩首先发生弯曲破坏或其他破坏形式的可能，无法反映复合地基的真实破坏机理，将显著高估路基稳定性，给工程带来安全隐患。

(3) 视抗剪强度法较好地考虑了路基下不同位置的桩体破坏模式和抗滑贡献，稳定计算结果趋于合理。该方法仍然采用了极限平衡法的分析思路，并引入桩体视抗剪强度的概念，使得路基的稳定性计算方法简单而且计算结果合理。

8.2　膨胀土路基

8.2.1　膨胀土工程特性

我国膨胀土主要分布在各流域形成的平原、盆地、河谷阶地、河间地块和丘陵等地。其中，尤以珠江流域的右江、东江、桂江、郁江、南盘江水系，长江水系，淮河流域，黄河流域以及海河流域的各干、支流水系等地区分布最为集中。膨胀土的工程特性主要包括多裂隙性、超固结性、胀缩性、强度特性。

1. 多裂隙性

膨胀土裂隙主要包括原生型裂隙和次生型裂隙，裂隙发育程度取决于土质、气候及环境等因素。由于裂隙结构面两侧土体咬合力减小，黏聚力可接近于零，因此膨胀土的力学特性与裂隙发育程度密切相关。

2. 超固结性

超固结性是土体在地质历史过程中曾经承受过比目前上覆压力更大的荷载作用，内部残留着初始水平应力，已完全或部分固结的特性。超固结膨胀土在成土过程中形成的先期固结压力改变了土体内部的应力状态，对土的应力-应变-强度特性影响较大。在相同外加荷载作用下，由于超固结土具有较高的初始结构强度，压缩性小，地基的总沉降量小于正常固结土或欠固结土。

3. 胀缩性

膨胀土主要由强亲水性黏土矿物组成。在土与水相互作用中，随着含水率的增加，其体积明显增大；若土中含水率减少，土体体积也随之缩小，并常伴随产生裂隙和收缩应力。膨胀土具有膨胀-收缩-再膨胀的循环往复胀缩性，该特性是膨胀土区别于一般土的最大特点之一。

4. 强度特性

膨胀土的强度与含水状态密切相关。其在天然状态下的峰值强度极高，但会随含水率的增加和膨胀变形量的增大而衰减，直到胀限时膨胀终止，强度亦稳定到某一常数值，表现出黏聚力趋于零，摩擦角趋于某一最低值的特点。

8.2.2 膨胀土处理措施

路基宜绕避大范围中、强膨胀土地段，难以绕避时，路基应严格控制边坡高度，避免高路堤及深路堑。膨胀土地区的高速铁路路基，除应控制工后沉降外，还应考虑地基胀缩变形的影响。膨胀土地基变形不满足设计要求时，应根据轨道类型、铁路等级、膨胀土特性、边坡高度、地形地貌及气象、水文地质条件，按照排水、防渗保湿、消能的原则进行设计，可采取换填、防排水、复合地基、桩网结构、桩板结构等处理措施。

基床填料选控方面，为降低膨胀土胀缩变形对线路稳定性的影响，路堤基床表层不应采用膨胀土或其改良土填筑，路堑基床表层应全部换填符合相应铁路等级标准要求的填料；无砟轨道路基基床底层不应采用膨胀土或其改良土填筑，高速铁路有砟轨道路基基床底层可采用弱膨胀土改良土填筑，其他铁路有砟轨道路基基床底层可采用弱、中膨胀土改良土填筑；基床以下部分若采用膨胀土做为填料时，应采取土质改良措施[7]。

地基换填深度方面，应考虑膨胀土原位膨胀力，结合膨胀力平衡法、路基动应力法、大气影响深度法综合确定。

8.2.3　原位膨胀力试验工程实践

合宁铁路为新建Ⅰ级客货共线、速度 200km/h 的铁路，路基占线路总长 84.5%，全线普遍存在 Q_3 黏土(俗称下蜀黏土)，位于中等和弱膨胀土地区的线路总长约为 136km，其中属中等膨胀土的约为 36km。中等或弱膨胀土用作填料时为 D 组填料，不能直接使用，必须进行改良。因此，有必要选择代表性地段作为试验工点，进行原位膨胀力试验，探讨膨胀土地基合理的处理深度，以保证开工后大面积施工的可靠性，确保一次性铺设跨区间无缝线路的质量和长期运营中列车 200km/h 速度目标的实现。

针对路堑开展的两组原位膨胀力试验在 DK1143＋610～630 进行，针对路堤开展的两组原位膨胀力试验在 DK1144＋225～278 进行，另在全椒县赵岗取土场进行两组中膨胀土的原位膨胀力试验。试验中分别采用原位膨胀力平衡法、路基动应力法以及大气影响深度法综合分析，确定膨胀土地基合理的处理深度。

1. 原位膨胀力平衡法

合宁铁路路基主要设计标准为：膨胀土路堤基床表层厚 0.6m(掺 5%水泥改良土或掺 6%石灰改良土)，底层厚 1.9m(掺 4%水泥改良土或掺 4%石灰改良土)；膨胀土路堑基床表层填级配碎石 0.5m，中粗砂 0.1m，基床底层表面换填 0.2m 厚厂拌三碴隔水层封闭基床。膨胀土双线路堤和双线路堑的标准横断面分别如图 8.4 和图 8.5 所示。

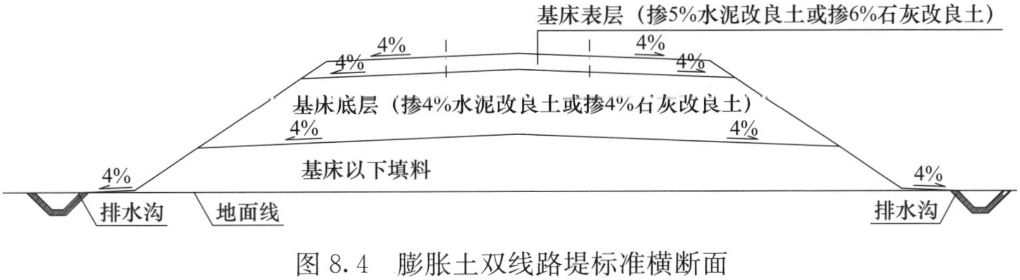

图 8.4　膨胀土双线路堤标准横断面

考虑膨胀力平衡原理，上覆荷载应大于原膨胀土地基的原位膨胀力值。当上覆荷载小于原位膨胀力时，要对膨胀土地基进行处理。根据合宁铁路

的路基结构及测试的原位膨胀力结果，应用膨胀力平衡原理计算膨胀土地基处理深度 h 时的计算公式为

$$\gamma_1 h_1 + \gamma_2 h_2 + \gamma_3 h_3 + \gamma h \geqslant P_s \tag{8.1}$$

式中，γ_1 为级配碎石重度，kN/m^3；h_1 为级配碎石厚度，取 50cm；γ_2 为中粗砂重度，kN/m^3；h_2 为中粗砂厚度，取 10cm；γ_3 为厂拌三碴重度，kN/m^3；h_3 为厂拌三碴厚度，取 20cm；γ 为换填土重度，kN/m^3；h 为处理深度，cm；P_s 为原位膨胀力，Pa。

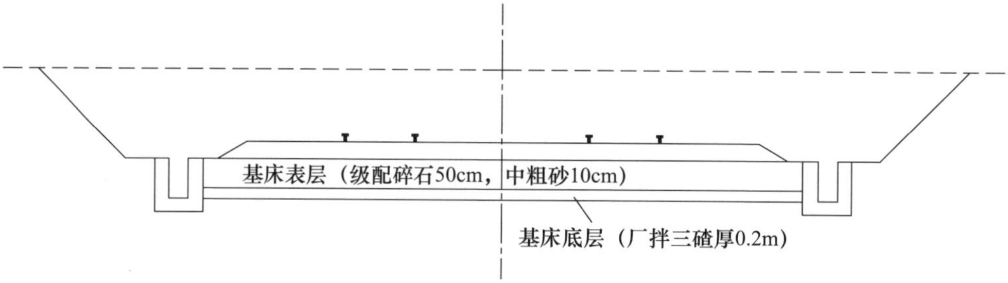

图 8.5 膨胀土双线路堑标准横断面

路堑段弱膨胀土处理深度为

$$\begin{aligned} h &\geqslant \frac{P_s - (\gamma_1 h_1 + \gamma_2 h_2 + \gamma_3 h_3)}{\gamma} \\ &= \frac{43000 - (2.4 \times 50 + 1.8 \times 10 + 2.41 \times 20) \times 9.8 \times 10}{2.054 \times 10 \times 9.8} \\ &= 123(\text{cm}) \end{aligned} \tag{8.2}$$

路堤段弱膨胀土处理深度为

$$h \geqslant \frac{P_s - \gamma_1 h_1}{\gamma} = \frac{49100 - 2.4 \times 60 \times 9.8 \times 10}{2.051 \times 10 \times 9.8} = 174(\text{cm}) \tag{8.3}$$

路堑中膨胀土处理深度为

$$\begin{aligned} h &\geqslant \frac{P_s - (\gamma_1 h_1 + \gamma_2 h_2 + \gamma_3 h_3)}{\gamma} \\ &= \frac{58600 - (2.4 \times 50 + 1.8 \times 10 + 2.41 \times 20) \times 9.8 \times 10}{2.087 \times 10 \times 9.8} = 197(\text{cm}) \end{aligned} \tag{8.4}$$

路堤中膨胀土处理深度为

$$h \geqslant \frac{P_s - \gamma_1 h_1}{\gamma} = \frac{58600 - 2.4 \times 60 \times 9.8 \times 10}{2.087 \times 10 \times 9.8} = 217(\text{cm}) \tag{8.5}$$

2. 动应力法

考虑列车动荷载对基床结构的动力作用，对于速度 200km/h 的客货共线路基结构，在路基面以下 2m 范围内动荷载影响较大。合宁铁路路堑段的路基结构为 60cm 的级配碎石和 20cm 的三碴隔水层，膨胀土地基仍然处于基床底层部分，长期动载作用下其动刚度较小。

3. 大气影响深度法

在大气干湿循环影响范围内膨胀土对工程活动会产生影响，范围以外的膨胀土由于水分变化小，对工程影响不大。对于合宁铁路的膨胀土地基，其大气干湿循环的影响深度为 3.0m，其中急剧影响的深度为 1.35m。

4. 膨胀土地基处理深度的原则

对合宁铁路膨胀土路堑和低路堤段，首先应进行室内外的膨胀力试验。根据膨胀力试验结果，采用膨胀力平衡法计算膨胀土地基所需的处理深度 h。其膨胀土地基处理深度的原则为：

(1) 当计算 $h \leqslant 2.0$m 时，处理深度为路基面以下 2m。

(2) 当计算 2.0m$<h\leqslant$大气干湿循环的影响深度时，处理深度为 h。

(3) 当计算 $h>$大气干湿循环的影响深度时，处理深度为路基面以下的大气干湿循环的影响深度。

因此，针对合宁铁路，基于膨胀土地基处理深度确定原则，最少应处理到路基面以下 2m 的深度。

8.3　湿陷性黄土路基

8.3.1　黄土工程特性

我国黄土地区分布较广，且在北方各省区更为常见，在东起黑龙江、西至新疆均有黄土分布。据统计，全国黄土面积约 63 万 km^2，占我国陆地面积的 6.6%，其中湿陷性黄土约占 60%，主要分布在松辽平原、黄河中下游平原、青海高原、河西走廊、准格尔盆地和塔里木盆地等地区。黄土的工程特性主要包括结构和构造、多孔性、压缩性、湿陷性、抗水性。

1. 结构和构造

黄土颗粒以粉粒(颗粒粒径为 0.075～0.005mm)为主，约占 50%～75%，碳酸钙含量多为 10%～30%，部分含钙质结核，并含有少量中溶盐和易溶盐。黄土有垂直节理和倾斜节理，以垂直节理为主。在天然状态下其边坡能保持直立。

2. 多孔性

黄土具有肉眼可见的大孔隙、裂缝、孔洞，呈垂直和倾斜的管状分布，以垂直为主。黄土的天然孔隙比一般为 0.69～1.13，随深度逐渐减小。风积黄土的天然孔隙比最大，坡积黄土次之，冲积、洪积黄土最小。

3. 压缩性

黄土的压缩性随干重度的增大、孔隙比的减小而减小。一般早更新世(Q_1)黄土为低压缩性土，中更新世(Q_2)黄土、晚更新世(Q_3)黄土为低或中压缩性土，全新世(Q_4)黄土为中或高压缩性土。坡积、风积黄土一般为高压缩性土。

4. 湿陷性

黄土表层多具湿陷性，易产生潜蚀形成陷穴，其湿陷性随深度、含水率、干重度的增大或孔隙比的减小而减小。当深度大于 10m、干重度大于 15.0kN/m^3、孔隙比小于 0.8 时，湿陷性趋于消失。老黄土无湿陷性，而新黄土普遍具有湿陷性或强湿陷性。

5. 抗水性

天然状态下，黄土含水率低。一般新黄土的抗水性差，遇水后易被冲蚀、潜蚀、崩解。Q_1 黄土的抗水性尚可，Q_2 黄土的抗水性次之。

8.3.2 湿陷性黄土处理措施

黄土地区的路基排水应根据拦截、引排、防冲、防渗的原则，合理布置排水设施，引水远离路基，防止地面浸泡或直冲路基，过水断面应满足疏排水要求，防止水流冲毁水沟或由于下渗形成新的陷穴。黄土路堑边坡应采取加固坡脚、加强坡面防护和排水的综合防护措施。路堑边坡宜采用空心砖植物、骨架植物、浆砌片石或混凝土块护坡、护墙、坡脚墙或综合措施加强防冲、防渗及坡脚加固处理。

黄土地基湿陷性的处理，应根据地基特征、处理深度、施工设备、材料来源和对周围环境的影响因素进行分析。当需要采取注浆或桩基础等特殊处理措施时，应通过试验确定其可行性、设计参数和施工工艺。湿陷性黄土地基处理原则是完全消除地基处理深度范围内黄土的湿陷性，6m 深度以内采用强夯法处理，6～20m 深度范围内采用水泥土挤密桩、柱锤冲扩桩等挤密法处理，大于 20m 深度采用 CFG 桩、钻孔桩或桩板结构等措施处理。

湿陷性黄土地基经加固处理后，受水的浸润影响较小。综合考虑地基处理深度及浸润角度影响，路基坡脚以外 20m 范围内不宜修建鱼塘、水池等永久性积水设施，路基坡脚附近因降雨或其他原因形成的积水应及时排出，积水时间不宜大于 20 天。

8.3.3　湿陷性黄土路基试验段工程实践

郑西高速铁路是我国在湿陷性黄土地区建设的第一条高速铁路，沿线湿陷性黄土区段约占全线总长度的 65%（其中自重湿陷性黄土区段约占线路全长的 27%），湿陷等级从轻微（Ⅰ级）到很严重（Ⅳ级）在整个线路均有分布，基本涵盖了我国湿陷性黄土的全部类型。

依托郑西高速铁路湿陷性黄土路基试验段，开展了地基处理施工工艺、地基处理质量检测、路基填筑、沉降观测与浸水试验等方面的研究工作[8]。

1. 地基处理施工工艺

（1）针对孔内深层强夯（downhole dynamic consolidation，DDC）柱锤冲扩桩进行四种工艺性试验，施工采用机械洛阳铲成孔、分层填料厚度 90cm、每层夯击 6 次、落距 6m、锤重 2t，施工完成后桩体压实系数、桩间土挤密系数、桩间土湿陷系数、复合地基承载力满足设计要求。

（2）水泥土挤密桩施工采用挤密成孔，分层填料厚度 80cm，每层夯击 2 次，落距 6m，锤重 1.8t。施工完成后，桩体压实系数、桩间土挤密系数、桩间土湿陷系数、复合地基承载力满足设计要求。

(3) 强夯采用 3000kN·m、3500kN·m 和 4000kN·m 三种夯击能进行施工，均能够消除 6m 深度范围内黄土的湿陷性，地基承载力满足设计要求。

2. 地基处理质量检测

地基处理完成后采用了静力触探、地质雷达、面波、挖探及荷载板试验等方法，对加固范围内桩间土、桩身、地基承载力进行了检测。

(1) 通过雷达检测能够判断桩身长度与强夯的影响深度。

(2) 面波测试可以反映地基处理后的加固效果。DDC 桩加固区、挤密桩加固区和强夯加固区地基处理后在其处理深度范围内波速增加平均值分别为 126.4m/s、49.9m/s 和 13.9m/s。从面波波速增加来看三种地基处理中 DDC 处理效果最好。

(3) 静力触探同样可以反映地基处理后的加固效果。DDC 和水泥土挤密桩的桩间土及强夯场地经静力触探检测，端阻 q_c 和侧摩阻 f_s 比加固前有大幅提高。地基处理后通过静力触探和湿陷性试验对比，端阻 $q_c > 4.5$MPa 时，湿陷性全部消除，建议采用静力触探检测桩间土的湿陷性。

(4) DDC、水泥土挤密桩单桩复合地基承载力分别为 310kPa、226kPa，夯击能为 3000kN·m、3500kN·m、4000kN·m 的地基承载力分别为 239kPa、289kPa、314kPa。

(5) 试验段采用人工挖探方法对桩身、桩间土进行检测。

3. 路基填筑

(1) 水泥改良土的最大击实干密度随时间而变化，应强化对水泥土填筑施工管理，水泥土填筑从材料拌和至填筑完成必须控制在 4h 以内，路基填筑压实度采用延时 3～4h 的最大击实干密度控制较为合理。现场水泥改良土压实度虽然达不到设计要求(采用水泥土 1h 内击实干密度)，但 K_{30}、E_{v2}、E_{vd} 均满足设计要求，且随着水泥水化反应逐渐增大。建议水泥改良土现场压实采用 4h 的最大干密度进行控制。

(2) 改良土路基填筑采用的碾压工艺为：18t 压路机静压 1 遍，22t 压路机强振压 3 遍，22t 压路机微振压 3 遍，18t 压路机静压 2 遍。压实后对压实度、K_{30}、E_{v2}、E_{vd} 进行检测。

4. 沉降观测

浸水试验开展前(包括施工期间、施工完成后至开始浸水),对路基和地基的沉降进行观测分析,主要结果如下:

(1) 浸水前各区段路基本体的压缩沉降量统计见表 8.4。施工期间路基压缩沉降量为 4.0~12.0mm,平均值为 7.2mm;施工完成后路基压缩沉降量为 0~4.5mm,平均值为 3.0mm;这说明路基本体的压缩沉降量很小。沿纵向比较可看出,路基本体的压缩沉降量虽然在不同区段存在一些差异,但总的来说,路基的压缩变形还是比较均匀的(平均 10.2mm,标准差仅为 2.1),由此说明路基沿纵向的压实度是基本一致的。

表 8.4　不同区段路基压缩沉降量统计

位置	施工期间沉降/mm	施工完成后沉降/mm	合计沉降/mm
断面 1	7.5	0	7.5
断面 2	4.0	3.6	7.6
断面 3	5.0	4.5	9.5
断面 4	9.0	3.5	12.5
断面 5	6.5	3.0	9.5
断面 6	8.5	2.5	11.0
断面 7	6.0	5.0	11.0
断面 8	12.0	2.0	14.0
断面 9	6.0	3.0	9.0
标准差	2.4	1.5	2.1
平均值	7.2	3.0	10.2

(2) 浸水前施工期间地基平均沉降量,DDC 加固区地基(处理深度 22m)为 15.0mm,挤密桩加固区地基(处理深度 15m)为 110.4mm,强夯加固区地基(处理深度 6~7m)为 265.3mm,过渡段地基(未处理)为 177.0mm;施工完成后至开始浸水地基平均沉降量,DDC 加固区地基为 10.3mm,挤密桩加固区地基为 72.0mm,强夯加固区地基为 127.9mm,过渡段地基为 91.4mm。由此可知,浸水前无论是施工期间,还是施工完成后,强夯加固区地基的沉降量最大,挤密桩加固区地基的沉降量次之,DDC 加固区地基的沉降量最小,过渡段地基的沉降量介于挤密桩加固区地基和

强夯加固区地基的沉降量之间。

(3) 浸水前(包括施工期间、施工完成后至开始浸水)路基的沉降主要体现为地基的沉降,而地基的沉降主要表现在地基处理深度处的沉降上,具体数值见表 8.5。

表 8.5 不同区段地基处理深度处的沉降量及其所占地基总沉降量统计

统计时段	DDC 加固区		挤密桩加固区		强夯加固区	
	地基处理深度处沉降量/mm	所占总沉降量比例/%	地基处理深度处沉降量/mm	所占总沉降量比例/%	地基处理深度处沉降量/mm	所占总沉降量比例/%
施工期间	8.7～10.9	64～66	85.5～110.7	86～93	168.5～232.0	75～80
施工完成后至 2007-09-12	9.2～10.3	95	63.3～80.7	93～95	117.0～134.3	79～86

(4) 浸水前,DDC 加固区路基各部分沉降均已趋于稳定;挤密桩加固区路基基床底层、路堤堤身及地基处理深度范围的压缩沉降量已趋于稳定,路基总沉降量、地基处理深度处的沉降量已基本趋于稳定。强夯加固区路基浸水前,基床底层、路堤堤身的压缩沉降量已趋于稳定,地基处理深度范围的压缩沉降量已基本趋于稳定,而路基总沉降量、地基处理深度处的沉降量在逐渐减小,仍未稳定。

(5) 浸水前各区段路基的沉降实测值、最终沉降以及剩余沉降的预测值如表 8.6 所示。

表 8.6 各区段路基沉降量实测值及预测值汇总

对应沉降		DDC 加固区沉降量/mm		水泥土挤密桩加固区沉降量/mm		强夯加固区沉降量/mm		
		断面 1	断面 2	断面 4	断面 5	断面 7	断面 8	断面 9
浸水前路基沉降实测值①		19.6	22.0	126.0	166.5	300.1	294.8	253.1
最终沉降预测值 S_f	双曲线法	20.2	22.8	133.3	178.0	317.0	309.7	267.7
	三点法	19.6	22.0	130.1	171.1	314.2	311.8	268.8
	Asaoka 法	19.6	21.9	128.4	168.8	309.3	306.5	266.1
	平均值②	19.8	22.2	130.6	172.6	313.5	309.3	267.5
剩余沉降预测值 ΔS=②-①		0.2	0.2	4.6	6.1	13.4	14.5	14.4
各区段 ΔS 的均值		0.2		5.4		14.1		

浸水前路基恒载预压时间已达到 8 个多月。由预测结果可知，DDC 加固区路基剩余沉降量为 0.2mm，挤密桩加固区路基剩余沉降量为 5.4mm，完全满足不大于 15mm 的要求。强夯加固区路基剩余沉降量为 14.1mm，虽与 15mm 接近，但也满足了不大于 15mm 的要求。

5. 浸水试验

2007 年 9 月 13 日开始对试验地基进行不间断浸水，至 2007 年 12 月 9 日停止浸水，连续浸水 87d，DDC、挤密桩、强夯加固区均发生了一定的增湿变形。完成浸水后，至 2008 年 12 月 12 日期间，继续监测各区段路基的沉降变形情况。试验得到的主要结论如下：

(1) 浸水试验 87d，三个浸水池分别浸水量为：DDC 加固区 1571.6m^3、挤密桩加固区 1652.4m^3、强夯加固区 1545.7m^3。三种地基处理方式地基不同深度的含水量变化逐渐趋于稳定，各断面含水量平均增加量为：DDC 加固区 4.2%、挤密桩加固区 7.6%、强夯加固区 3.1%。

(2) 浸水 25d 后，含水量传感器和测管测试结果表明，浸水水平影响范围小于 4m，竖向影响深度超过 7.5m。沉降观测结果表明，浸水 87d 对 DDC 加固区影响很小，对挤密桩加固区和强夯加固区影响大，地基处理范围 15m 以下有水渗入，造成了一定的沉降变形。

(3) 浸水试验过程在未加固处理地基 6m 深度范围内进行了一系列的小标贯、取样含水量测试。小标贯测试统计结果湿陷性黄土的浸润角为 38°，通过含水量取样试验计算的浸润角为 42°，两者接近。结合本试验场地地基处理深度及浸润角度的影响，建议路基坡脚以外 20m 范围内不宜建鱼塘等永久性积水设施，以免对路基造成一定的影响。

(4) 浸水期间各断面沉降观测表明，浸水进行到 30d 后沉降发生突变，表明路基坡脚积水不宜超过 30d；另外考虑到浸水时间达到 19d 后浸水影响角度达到最大值，因此路基坡脚附近积水时间不宜超过 20d，遇到大范围降雨天气后，相关部门应在 20d 内及时将积水排除，以免对湿陷性黄土路基沉降造成影响，影响行车安全。

(5) 浸水期间，DDC 加固区路基的总沉降量为 1.7～5.6mm，挤密桩加固区为 22.9～51.3mm，强夯加固区为 39.1～75.8mm。浸水完成至 2008 年 12 月 12 日期间，DDC 加固区路基的总沉降量为 1.6～3.0mm，挤密桩加固区为 36.1～60.8mm，强夯加固区为 49.0～71.3mm，至 2008 年 1 月 DDC 加固区路基的沉降已基本稳定，而挤密桩、强夯加固区路基的沉降也已趋缓。

(6) 长时间持续浸水后，DDC 加固区路基的总沉降量仅有 3.8～8.4mm，因此，实际工程应用中在经 DDC 加固处理的路段只要防水措施设置得当，在暴雨、路基外局部积水等条件下，不会出现大的沉降而影响行车安全。挤密桩、强夯加固区路基的总沉降量分别达到了 62.3～106.6mm、88.1～142.7mm，相对于郑西高速铁路路基工后沉降不大于 15mm 的标准而言数值显然偏大，而且从浸水后沉降发生的过程来看，在浸水初期这两个加固区的路基便出现了较大的沉降，所以实际工程应用当中，在挤密桩和湿陷性黄土未处理完的强夯路段一定要加强防排水措施的设置，避免局部积水，以免影响行车安全。

(7) 浸水后，对于地基处理深度范围内的压缩沉降量，DDC 加固区基本上为零，挤密桩加固区最大仅 2.9mm，强夯加固区也仅有 2.0～14.5mm。对于地基处理深度处的沉降量，DDC 加固区为 3.8～8.4mm，挤密桩加固区为 61.3～101.6mm，强夯加固区为 74.6～138.2mm，该沉降量所占浸水后地基总沉降量的比例：DDC 加固区为 96%以上，挤密桩加固区为 97%以上，强夯加固区为 86%以上。由此可以看出，浸水后地基的增湿变形仍主要发生在地基处理深度以下。这同时说明，该试验场地采用 DDC、挤密桩处理后，地基处理深度范围内的黄土湿陷性已基本消除。

上述研究取得的地基处理和路基填筑方面的阶段性成果已在郑西高速铁路建设过程中得到应用。

8.4 冻土路基

8.4.1 冻土工程特性

冻土是指处于冻结状态且含有冰的土体。按冻结状态持续时间(T)将冻土分为多年冻土($T \geq 2$ 年)和季节性冻土($T < 1$ 年)。多年冻土区域面积约占我国国土面积的 22.3%，主要分布在东北大兴安岭、小兴安岭和青藏高原等地区。季节性冻土区域面积约占我国国土面积的 53.5%，分布在华

北、西北和东北等地区。截至 2019 年底，我国高速铁路建设仅涉及了季节性冻土区。

季节性冻土的主要工程特性表现为反复冻胀与融沉。由于以往对冻土区铁路路基填料的防冻胀性认识不足，致使这些地区的铁路路基冻胀病害每年都有发生[9]。当温度降低到填料的冻结温度以下时，土的水分向正冻带迁移，并以冰的形式充填土的颗粒间隙，当填料中水的体积膨胀到足以引起颗粒间的相对位移时就会引起土的冻胀。当填料中含水率较高或补水条件充分时，冻胀会更加严重。当温度升至填料的冻结温度以上时，填料中的水分融化，在土体自重与外部荷载作用下填料体积收缩，产生路基融沉。季节性冻土的这一工程特性造成了铁路路基年复一年的冻融现象，其冻胀发展曲线如图 8.6 所示。可以看出，典型铁路路基冻胀发展过程可分为四个阶段，分别为初始冻胀、快速冻胀、稳定冻胀和融沉[10]。

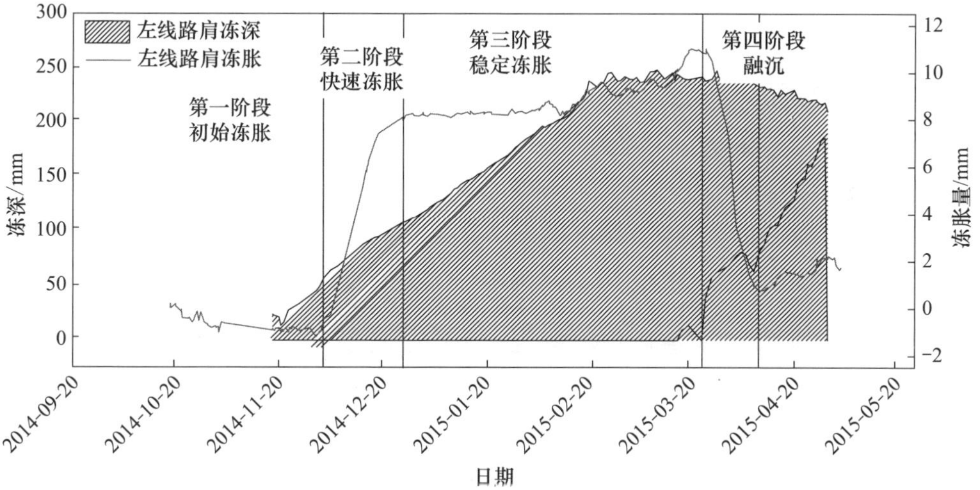

图 8.6　典型铁路路基冻胀发展曲线

8.4.2　冻土处理措施

解决季节性冻土区高速铁路路基冻胀问题，要围绕土质、水与温度等路基冻胀关键影响因素，从基床结构设计、填料选控、封闭排水等方面采取措施进行综合防控。

1. 基床结构设计

科学合理的基床结构是季节性冻土区高速铁路抗冻胀的关键。我国在季节性冻土区高速铁路建设中，结合热传导学，提出了量化的高速铁路路基防冻胀设计方法，如图 8.7 所示[11]。在基床结构设计中，冻深是高速铁路基床结构的关键参数，一般要求在冻深范围内填筑非冻胀填料，以防止冻胀发生。我国铁路系统提出了基于改进 Berggren 法、考虑基床填料热物参数与边界条件的冻深计算方法，实现了冻深计算由以往经验统计到精细计算的转变，确保了季节性冻土区高速铁路路基基床结构设计的科学合理性。图 8.8 即为高速铁路路基典型的抗冻胀基床结构。在此基础上，进一步提出了混凝土基床、保温基床、渗透性基床等新型防冻胀结构，如图 8.9～图 8.11 所示。上述结构设计解决了大冻深、地下水位高、地表积水等特殊条件下高速铁路路基的防冻胀问题。

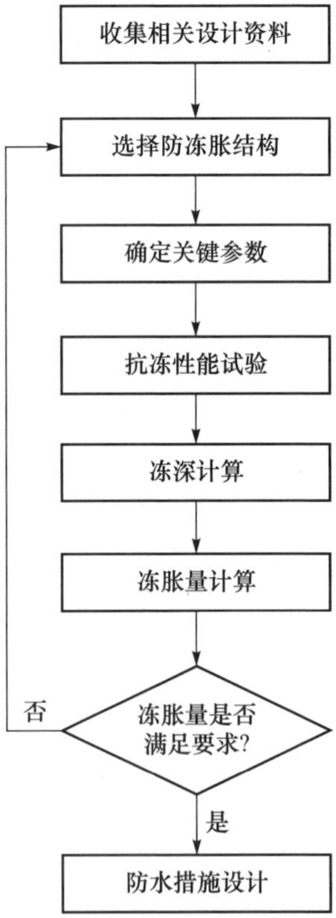

图 8.7 量化的高速铁路路基防冻胀设计方法[11]

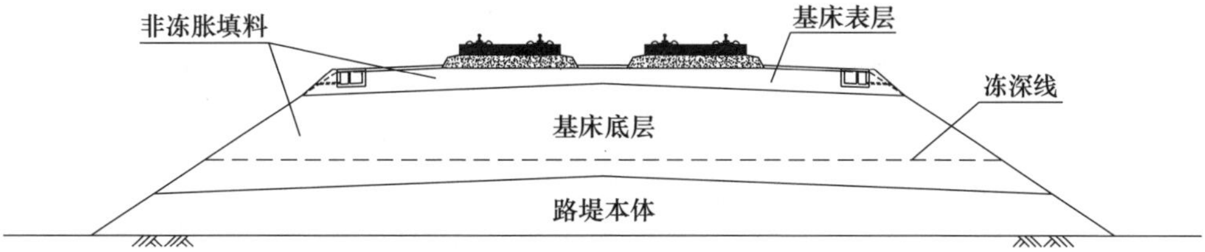

图 8.8　高速铁路路基典型抗冻胀基床结构

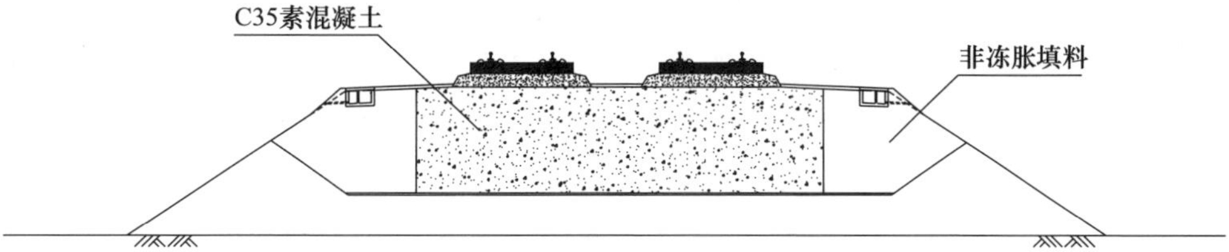

图 8.9　混凝土基床

图 8.10　保温基床

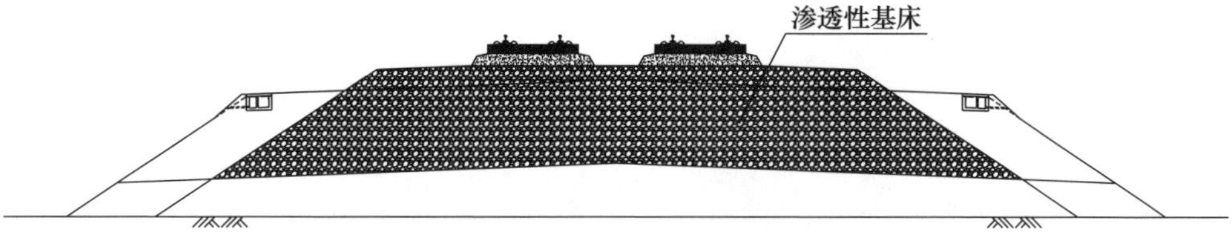

图 8.11　渗透性基床

2. 基床填料选腔

季节性冻土区高速铁路路基基床结构冻深范围内的填料决定了冻胀量的大小,必须选用非冻胀填料。严格意义上讲,自然界中并不存在非冻胀填料,但通过严格控制高速铁路路基粗粒土填料中的细颗粒含量,可控制填料的冻胀率,进而使基床总冻胀量控制在允许范围以内。我国铁路系统开展了大量的室内外试验,掌握了细颗粒含量对填料冻胀的影响特性(见图 3.5),提出了相应的控制要求,规定严寒、寒冷地区无砟轨道高速铁路路基冻结深度影响范围内 A、B 组填料的细颗粒含量须小于 5%，并要求填筑压实后的渗透系数须大于 5×10^{-5}m/s。另外，针对基床表层冻胀占比较高情况，我国铁路系统提出了在基床表层级配碎石掺入 3%～5%水泥的措施，提高了基床表层的抗冻胀能力，显著降低了基床的总冻胀量。

另外，为避免施工的粗放性造成的填料细颗粒含量局部超标问题，还应对高速铁路路基填料的生产、制备、碾压等过程进行严格管理，从料场、拌和、现场检测等环节进行精细化控制。在料场，增加风洗或水洗环节，严格控制细粒含量；在拌和站，对冻深范围的填料按集料比例进行精确拌和；在现场碾压过程中采用湿筛法进行动态检测[11]。通过全过程的填料细颗粒含量控制，可显著降低高速铁路路基的冻胀。

3. *路基封闭排水措施*

合理的防排水措施是防止水分入侵的关键。高速铁路无砟轨道路基面主要通过在路肩和线间设置局部封闭层的方式防止大气降水的入渗，一般采用纤维混凝土或钢筋网片混凝土进行封闭，纵横向的结构缝则采用嵌缝材料进行封堵，如图 8.12 所示。另外，为进一步提高防水效果，可在高速铁路路基面设置全断面沥青混凝土封闭结构，从而实现一体化防水，如图 7.13 和图 7.14 所示。对于地下水的入侵，一般采用复合土工膜、渗水盲沟等措施实现截排，如图 8.13 所示。

8.4.3 冻土路基工程实践

哈大高速铁路与哈齐高速铁路是在我国季节性冻土区建设的高速铁路典型案例。

哈大高速铁路是我国第一条季节性冻土区高速铁路，途经辽宁省、吉林省和黑龙江省，全长 921km，线路北部极端最低温度达−39℃，冻深达 2.7m。基床表层填筑 0.55m 厚的级配碎石，以下为 2.1m 厚的 A、B 组土。基床表层底面铺设 0.05m 厚的中粗砂，于中粗砂底部铺设两布一膜不透水土工布。冻深影响范围内填筑低冻胀率的 A、B 组土，其中基床表层级配碎石的细颗粒含量要求小于 5%，基床底层填料的细颗粒含量要求小于 15%。路基面采用纤维混凝土进行封闭，结构缝采用沥青膏进行嵌缝处理。通过上述抗冻胀设计，基本控制了哈大高速铁路路基的冻胀，保障了高速列车的安全运营。

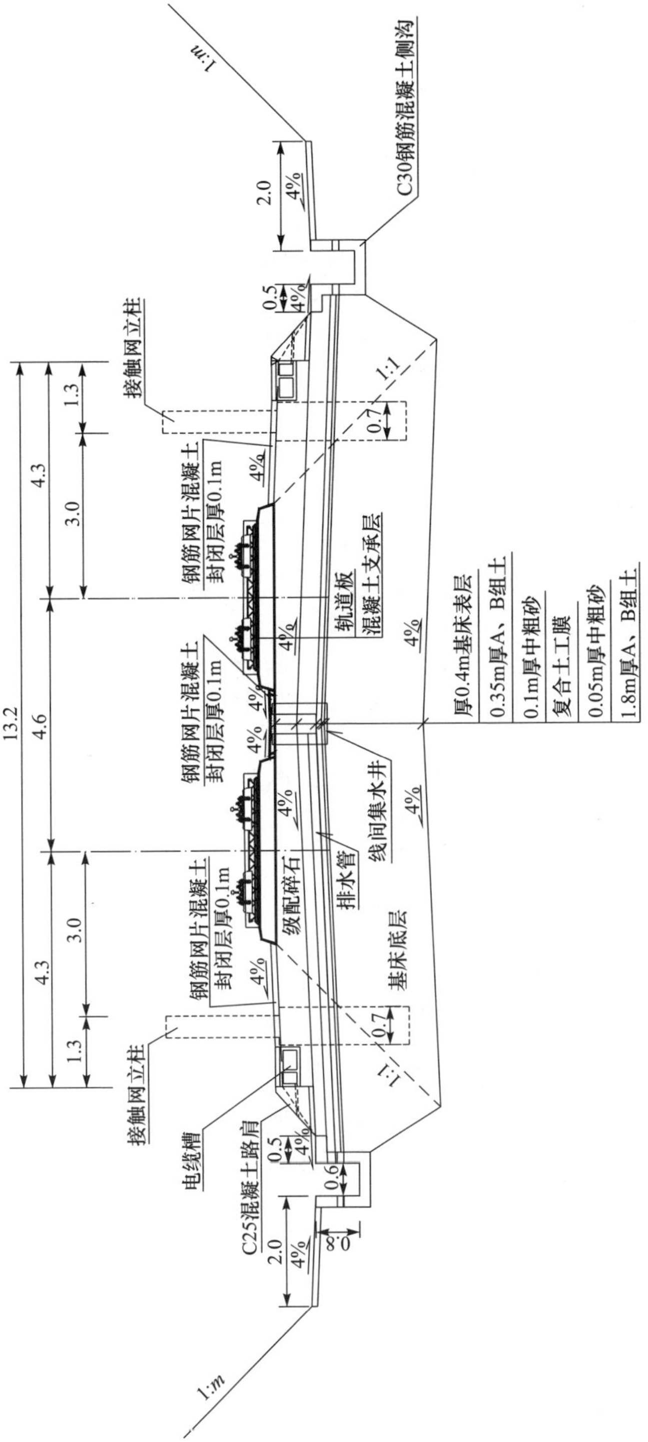

图 8.12　路基面纤维混凝土封闭结构(单位:m)

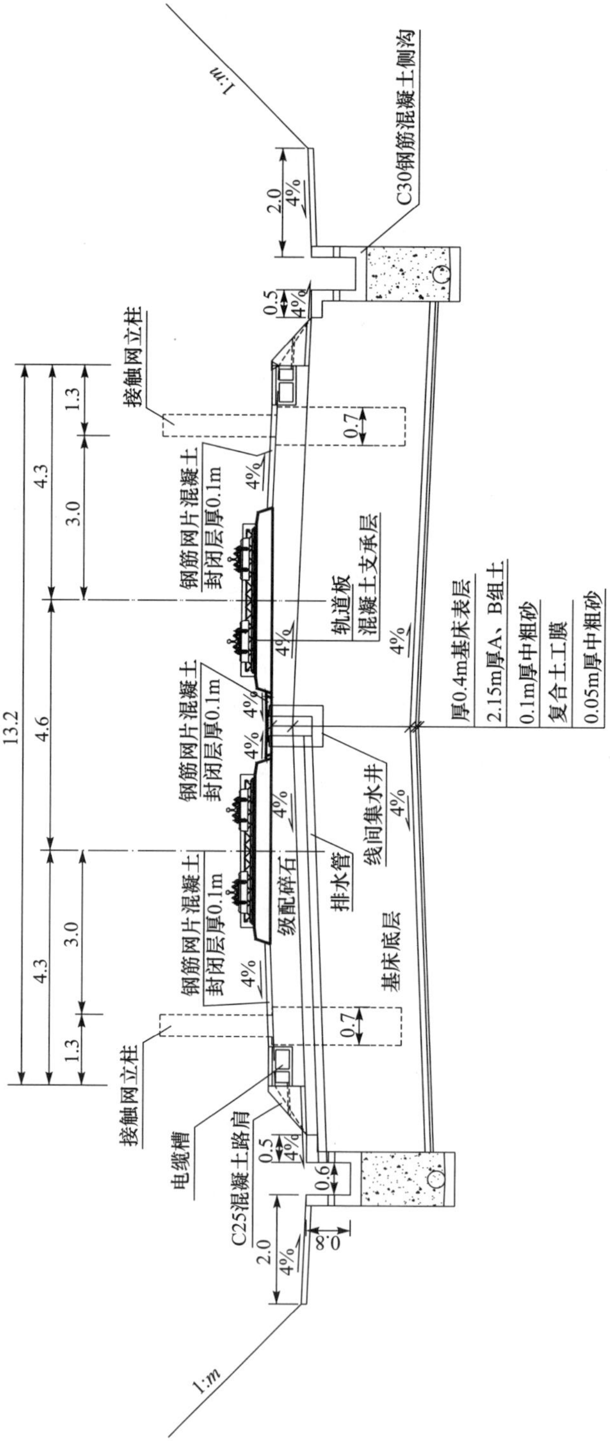

图 8.13　路基两侧渗水盲沟(单位:m)

哈齐高速铁路是我国最北部季节性冻土区高速铁路，连接黑龙江省的哈尔滨与齐齐哈尔，全长 282km，沿线极端最低温度达－45℃，最大冻深超过 3.0m。在吸取哈大高速铁路建设与运营经验的基础上，哈齐高速铁路路基在基床结构、填料控制、封闭措施上均有所优化与完善。基床结构冻深范围内填料细颗粒含量均严格控制在 5%范围，全线基床表层级配碎石均掺入 3%～5%水泥，进一步提高其抗冻胀性。路基面依然采用纤维混凝土进行封闭，但结构缝采用聚氨酯进行嵌缝处理，提升了结构缝的封闭耐久性。此外，哈齐高速铁路针对沿线地下水高的沼泽地段采用混凝土基床结构，对于地表积水的低矮路堤地段采用下渗盲井措施，解决了沿线特殊条件下路基的冻胀问题。通过上述防冻胀措施，哈齐高速铁路有效控制了路基的冻胀。

除了哈大高速铁路与哈齐高速铁路，我国在季节性冻土区还修建了兰新高速铁路、京沈高速铁路、沈丹高速铁路、吉图珲高速铁路、哈牡高速铁路、哈佳高速铁路等十余条高速铁路线路，运营里程超过 8000km，实现了毫米级变形标准下季节性冻土区高速铁路的安全、平稳运营。

8.5　盐渍土路基

8.5.1　盐渍土工程特性

盐渍土中的盐分积累是地壳表层发生地球化学过程的结果，其盐分主要来源于矿物风化、降雨、盐岩、灌溉水、地下水以及人类活动，在强烈的蒸发作用下，通过土体毛管水的垂直和水平移动逐渐向地表积聚形成盐渍土。常见的易溶盐主要有氯盐、硫酸盐及碳酸盐。根据含盐成分的盐渍土分类如表 8.7 所示。

表 8.7　根据含盐成分的盐渍土分类

盐渍土类型	$D_1-\frac{b(Cl^-)}{2b(SO_4^{2-})}$	$D_2=\frac{2b(CO_3^{2-})+b(HCO_3^-)}{b(Cl^-)+2b(SO_4^{2-})}$
氯盐渍土	$D_1>2$	—
亚氯盐渍土	$2\geqslant D_1>1$	—
亚硫酸盐渍土	$1\geqslant D_1>0.3$	—
硫酸盐渍土	$D_1<0.3$	—
碱性盐渍土	—	$D_1>0.3$

注：$b(Cl^-)$、$b(HCO_3^-)$、$2b(SO_4^{2-})$、$2b(CO_3^{2-})$为 1kg 土中所含括号内物质的质量摩尔浓度，mmol/kg。

盐渍土指易溶盐含量大于 0.3%的土。地表以下 1m 深度内易溶盐的平均含量大于 0.3%时，应判定为盐渍土地区或场地。盐渍土中的可溶盐经水浸泡溶解后，使土体结构松散，产生溶陷，具有松胀性、吸湿性，土体易产生盐胀，同时具有较强的腐蚀性。

铁路工程中，盐渍土场地路基最小高度应满足不发生次生盐渍化的要求，并设置护道加宽和护坡加固处理。当路基高度小于计算的最小高度时，路基底部应设置毛细水隔断层。

8.5.2 硫酸盐侵蚀膨胀现象

硫酸盐侵蚀膨胀是一种特殊类型的土体膨胀现象，其主要由硫酸盐与水泥发生化学反应生成钙矾石和硅灰石膏膨胀性晶体引起。现行《铁路特殊路基设计规范》(TB 10035—2018)[2]规定速度 200km/h 的铁路不宜采用盐渍土做填料，高速铁路则禁止使用盐渍土填料。对于含有一定硫酸盐但达不到盐渍土标准的水泥改良填料而言，其在硫酸盐的长期侵蚀作用下将发生持续性膨胀变形，在国内外高速公路、高速铁路工程中都发现了硫酸盐侵蚀水泥改良土膨胀的问题。

通常情况下，岩石和土壤的化学性质是相对惰性的，在自然水环境、温度条件变化的条件下，除了相关的物理性质变化之外，化学性质不会改变。但是水泥化学改良剂极大地提高了岩土材料的化学反应活性，为硫酸盐与土颗粒中的钙、铝矿物发生化学反应提供了基础条件。硫酸盐侵蚀混凝土的现象较为常见，主要表现为由表至里的侵蚀破坏，导致混凝土表面裂纹，表层脱落，强度丧失。

水泥改良填料与混凝土集料成分、孔隙状态、抗渗能力均有差异，硫酸盐随水分易在改良土孔隙中迁移扩散，侵蚀水泥改良填料发生化学反应，整体表现为体积的剧烈膨胀。

水泥、石灰改良土被硫酸盐侵蚀生成钙矾石发生膨胀的现象对铁路路基结构有着不利的影响。如图 8.14 所示，西班牙某高速铁路路堤与桥台过渡段由于膨胀变形产生了上拱现象[12]。Alonso 等[12]的相关研究表明，西班牙某高速铁路硫酸盐侵蚀膨胀导致最大累积上拱量在长达 2 年的时间内发展至最大约 120mm，如图 8.15 所示。

图 8.14　西班牙某高速铁路路堤与桥台过渡段的上拱现象[12]

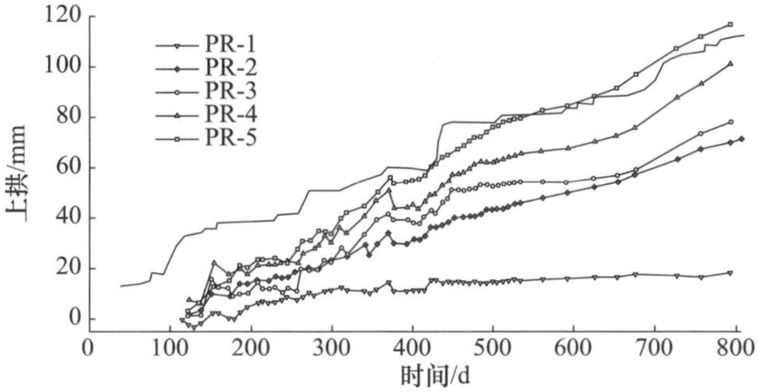

图 8.15　西班牙某高速铁路硫酸盐侵蚀膨胀导致上拱变形曲线[12]

PR-1～PR-5. 路基面不同位置的位移传感器编号

我国某高速铁路路基段同样出现了硫酸盐侵蚀膨胀发生路基上拱的问题，在三年内最大累积上拱量超过 50mm，填料的膨胀同时造成了封闭层离缝、坡脚鼓胀、涵洞侧向开裂等病害[13]。根据调研结果，上拱段路基填料总体未达到盐渍土标准（易溶盐总量大于 0.3%）；地基面以下 1m 深度内个别样品易溶盐含量高，部分样品易溶盐含量及 SO_4^{2-} 离子含量偏高（2000～3200ppm①）。取样发现水泥改良填料呈白色糊状物，完全丧失结构强度。经 X 射线衍射仪技术（X-ray diffraction，XRD）对矿物成分分析发现，改良土中钙矾石占 8%～10%，硅灰石膏占 13%～22%，掺水泥填料中钙矾石类针状晶体普遍发育，其矿物成分分析衍射图如图 8.16 所示。

硫酸盐环境下水泥改良填料路基过渡段上拱是一个较为特殊的现象，

① 1ppm＝10^{-6}，下同。

需要在适合的碱性、水温环境下，多种矿物相互作用发生结晶类化学反应才会导致此类膨胀变形发展。这类现象一旦发生，矿物将在适宜环境下持续发生化学反应，产生的膨胀将引起路基长达数年的上拱变形，对高速铁路路基平顺性造成的危害较为严重。

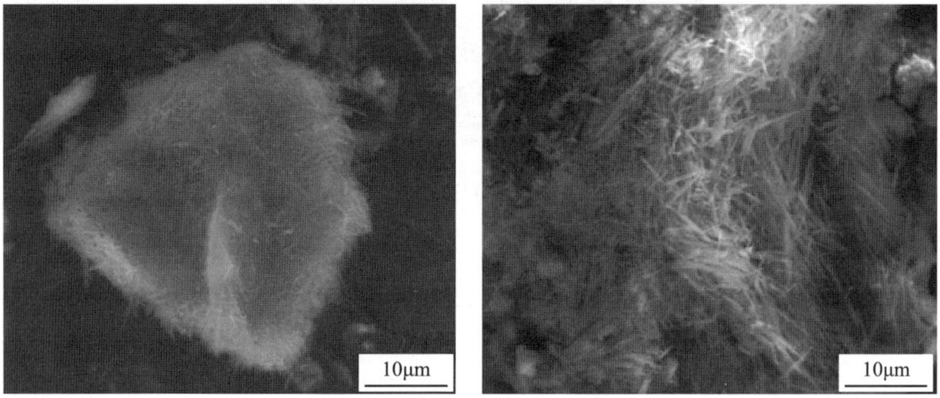

图 8.16　掺水泥填料矿物成分分析衍射图

8.5.3　硫酸盐侵蚀膨胀机理

钙矾石、硅灰石膏等晶体形成属于化学反应，其形成过程会发生剧烈的体积膨胀。当钙矾石形成时，一个钙矾石晶体分子要结合和吸附 32 个 H_2O 分子，使钙矾石的固相体积增大 225%。类似于钙矾石晶体形成，硅灰石膏形成时固相体积增大 105%。

在水泥改良土中，普通硅酸盐水泥材料中的铝酸三钙 C_3A 能够为晶体生长提供 Ca^{2+} 和 Al^{3+} 离子；同时水泥水化过程形成的 $Ca(OH)_2$ 形成了高 pH 值的碱性环境，溶解石膏等硫酸盐矿物提供 Ca^{2+} 和 SO_4^{2-} 离子，并且使得改良土中的黏土矿物释放 Al^{3+} 离子，形成钙矾石的基本结构 $\{Ca_3[Al(OH)_6]\cdot 12H_2O\}^{3+}$，与环境中的硫酸盐和水分子结合，形成钙矾石晶体沉淀。反应式为

$$6Ca^{2+} + 2Al(OH)_6^{3-} + 3SO_4^{2-} + 26H_2O \rightarrow 3CaO\cdot Al_2O_3\cdot 3CaSO_4\cdot 32H_2O \quad (8.6)$$

硅灰石膏晶体的形成意味着钙矾石基本结构单元 $\{Ca_3[Al(OH)_6]\cdot 12H_2O\}^{3+}$ 中的 Al^{3+} 离子被 Si^{4+} 离子替换，形成硅灰石膏的基本单元结构

$\{Ca_3[Si(OH)_6]\cdot 12H_2O\}^{4+}$，其为钙矾石的次级产物，在 25℃以下发生反应生成钙矾石，在 15℃以下反应生成硅灰石膏。反应式为

$$Ca_3Si_2O_7\cdot 3H_2O + 2(CaSO_4\cdot 2H_2O) + 2CaCO_3 + 24H_2O \longrightarrow Ca(OH)_2 + Ca_6[Si(OH)_6]_2(CO_3)_2(SO_4)_2\cdot 24H_2O \quad (8.7)$$

硫酸盐侵蚀膨胀的发生需要复杂的化学反应条件，主要包括钙、铝、硫酸盐等矿物、水分、高 pH 值的碱性环境以及适宜的温度环境条件。其中最为关键的是硫酸盐的含量以及颗粒粒度细度。

8.5.4　盐渍土处理措施

除原有的盐渍土检测标准以及措施外，针对高速铁路路基存在的硫酸盐侵蚀水泥改良土膨胀问题，还应优化硫酸盐的检测标准、强化设计措施并加强填料质量控制。

土体中的总硫含量包括以硫酸盐或硫化物形式存在的硫、可能存在于泥岩中的有机硫、超固结黏土和冲积层以及以惰性矿物如重晶石形式存在的硫。非惰性的硫元素在长时间氧化过程中也会向土体中释放 SO_4^{2-} 离子，最为典型的就是黄铁矿(FeS)等硫化物。针对水泥改良土以及环境中的硫酸盐成分，需额外检测石膏含量和硫化物含量，以总 SO_4^{2-} 含量作为水泥改良土侵蚀膨胀的检测标准。综合相关研究成果以及标准，针对硫酸盐侵蚀膨胀问题，水泥改良土中总 SO_4^{2-} 含量的最低限值为 2000ppm。

针对高速铁路路基过渡段(褥垫层)填料中的硫酸盐部分来自浅层地基的情况，应避免在地势较低、地下水位较高、排水条件较差、地下水以及土层中硫酸盐含量较高的位置修建路基。路基基底应考虑毛细水隔断层措施，在地基表面铺设不透水土工膜等隔断措施，以切断毛细水上升和补给通路，防止地下水及地基中的盐分被带入路基本体而产生次生盐渍化病害。

在硫酸盐地区需加强水泥改良填料原土料的质量控制。在高速铁路施工初期应加强对取土场、取石场的填料和母岩中的硫酸盐的含量以及水泥中的硫酸盐含量进行取样检查；对拌和站生产的级配碎石填料中的硫酸盐含量应加强检验；在施工过程中应按一定频次及时抽查水泥改良土填料的含盐量。

8.6 泡沫轻质土路基

泡沫轻质土路基是指通过现场制备的泡沫轻质土替代全部或部分填料形成的路基结构。其具有轻质、高强的特点，是解决高速铁路路基帮宽沉降变形控制问题的有效手段，也为过渡段、软土路基、陡坡路段等地段的沉降控制提供了新的解决方案。

8.6.1 泡沫轻质土工程特性

泡沫轻质土是指用物理方法将发泡液制备成泡沫，与胶凝材料按照一定的比例混合搅拌，并经物理化学作用硬化形成的一种轻质材料[14]。

1. 强度形成机理

当养护条件和组成材料相同时，泡沫轻质土的强度主要由孔隙度、水化程度和水胶比决定。如图 8.17 所示，泡沫轻质土是一种典型的多孔混凝土体系，孔隙度是决定其强度的关键因素。泡沫轻质土的孔隙度是由其内部的孔隙体积决定的，孔隙体积主要由毛细管孔隙、胶凝孔和携入的空气共同组成。

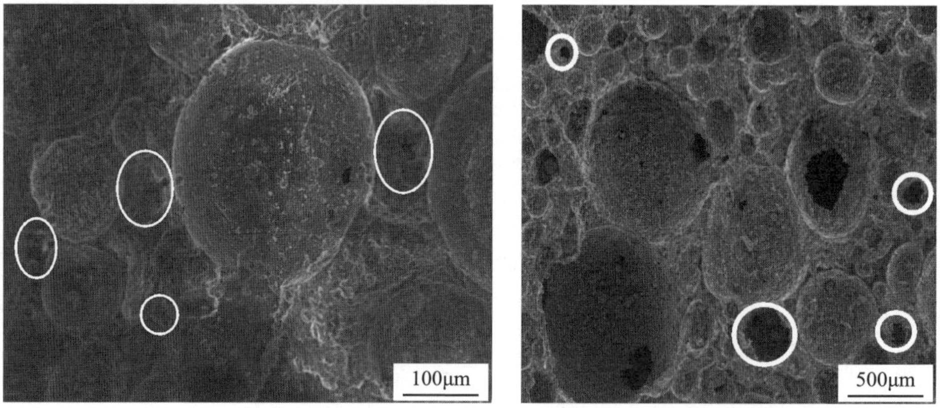

(a) 高密度　　(b) 低密度

图 8.17 泡沫轻质土孔结构对比

○ 孔壁上的孔结构

现有的泡沫轻质土强度预测模型大多基于 Powers 模型和 Balshins 模型，以孔间距和孔隙度为变量，采用单一强度-孔隙度模型对泡沫轻质土强度进行预测。该类模型多用来预测原材料水化完成后的泡沫轻质土强度，未考虑泡沫轻质土强度随养护时间的增长。

基于泡沫轻质材料组成及结构特点，结合水泥颗粒水化模型及经典 Powers 模型，构建包含胶凝材料水化度、水胶比、孔隙率、时间等多因素的泡沫轻质土强度预测模型，即

$$\sigma = A(\ln t)^B \left[\frac{S_a(m_c + m_m) + m_s}{\rho_s}\right]^C \tag{8.8}$$

式中，A 为与组成材料有关的参数；B 为反映组合物水化程度的参数；C 为反映孔结构的参数，与孔结构质量有关，如孔径、空间因子等；t 为养护时间，d，$1 < t \leqslant 365$；S_a 为经验参数，对于同一厂家的水泥，该常数为定值，当没有条件进行测量时可假定该常数为 1.2；m_c 为单位体积水泥用量，kg；m_m 为单位体积掺合料用量；m_s 为细集料掺量，kg；ρ_s 为泡沫轻质土组成材料的固体密度，kg/m^3。

式(8.8)可准确预测泡沫轻质土强度的发展过程，为泡沫轻质土材料选择及配合比设计提供了理论依据。

2. 动静力学特性

基于动三轴试验结果，泡沫轻质土在不同饱水程度下的动强度均随密度的增大而增大，如图 8.18 所示[15]。对于密度为 500～700kg/m^3 的泡沫轻质土，其干燥状态和饱和状态下的动强度分别为 0.10～0.35MPa 和 0.06～0.35MPa，动强度为静强度的 0.28～0.33；泡沫轻质土的密度小于 600kg/m^3 时，水对其动强度影响程度较大。

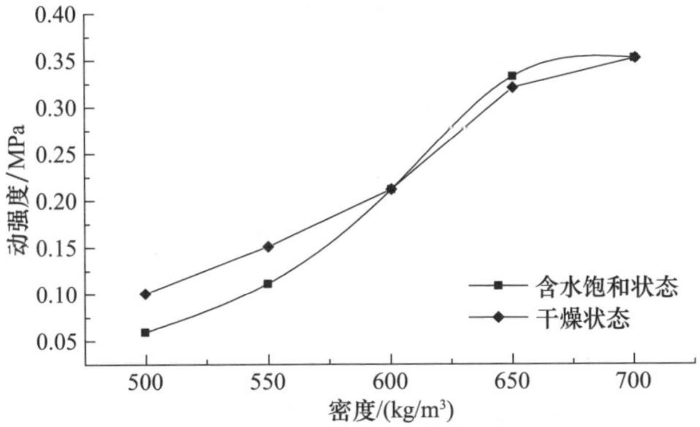

图 8.18　泡沫轻质土动强度与密度的关系[15]

图 8.19 为泡沫轻质土路基室内大比例模型试验示意图。试验结果表明，加载次数超过 70 万次后，泡沫轻质土各位置的动位移和动应力趋于稳定，如图 8.20 所示。图中，D1～D5 的曲线数据分别表示模型试验中不同位置放置位移计所测得的动位移，1＃～7＃的曲线数据分别表示模型试验中沿深度方向分布的土压力盒测得的动应力。级配碎石层厚度为 0.4m、0.5m 和 0.7m 时，泡沫轻质土层底部动应力衰减系数分别为 40.4％、33.9％、26.5％，与常规填料路基衰减程度相近；级配碎石层表层厚度为 0.4m、0.5m 和 0.7m 时，对应的动刚度值分别为 330MPa、336MPa 和 350MPa；在 200 万次动荷载作用下，泡沫轻质土层累积变形极小，仅占路基总变形的 4.2％。因此，泡沫轻质土路基基床底层具有良好的应力特性与长期动力稳定性[16,17]。

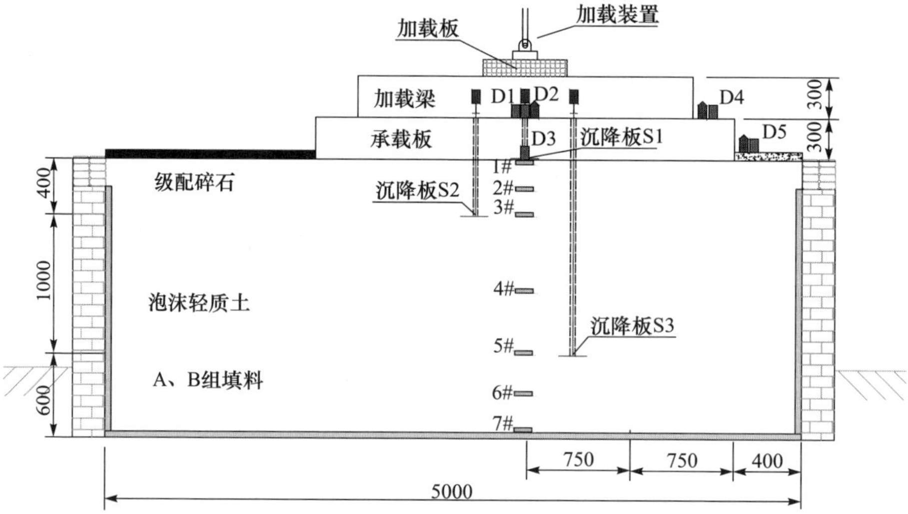

图 8.19　泡沫轻质土路基室内大比例模型试验示意图

土压力盒(P)；加速度计(A)；位移计1(S)；位移计2(D)

3. 耐久性能

1) 浸水条件

泡沫轻质土吸湿性大，并且水分容易在内部传输。当水分进入泡沫轻质土内部时，水分会对胞壁造成软化，从而影响泡沫轻质土的各项性能。图 8.21 反映了泡沫轻质土抗压强度随含水率的劣化规律。当泡沫轻质土密度较高时，虽然抗压强度随着水分的增加而增加，但抗压强度降低的幅度小，在

100%含水状态下，密度为 800kg/m³ 的泡沫轻质土的抗压强度仅降低17.9%，未达到20%的上限值。而对于密度为 500kg/m³ 的泡沫轻质土，在100%含水状态下其抗压强度降幅可达40.9%，远超所规定的上限值。这表明密度等级低的泡沫轻质土在水分作用下更易破坏，实际应用时应注意防水措施的配合使用[15]。

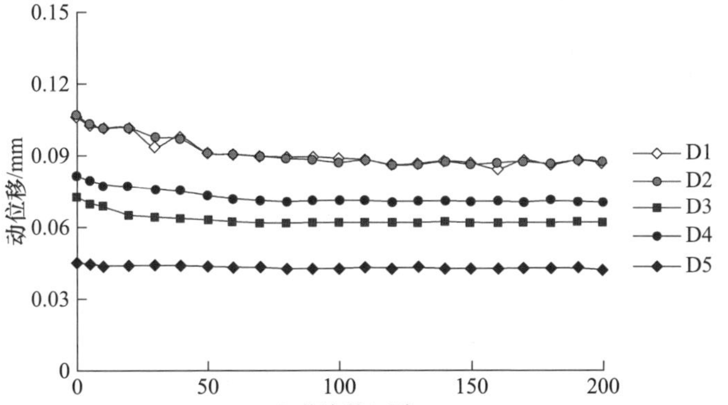

(a) 动位移与加载次数关系曲线

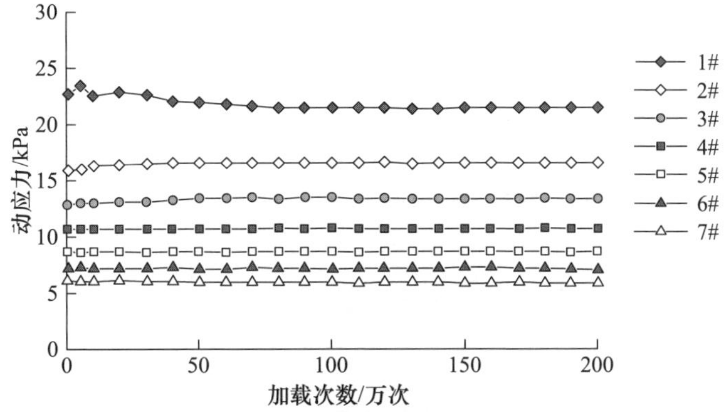

(b) 动应力与加载次数关系曲线

图 8.20　泡沫轻质土路基各位置动位移、动应力与加载次数关系曲线

2）抗冻融条件

不同湿密度泡沫轻质土冻融前后抗压强度的变化规律如图 8.22 所示。25 次冻融循环后湿密度为 700kg/m³ 和 800kg/m³ 的泡沫轻质土抗压强度损失率最大为15%，20 次冻融循环后湿密度为 900kg/m³ 和 1000kg/m³ 的泡沫轻质土抗压强度损失率最大为4%，湿密度为 400～600kg/m³ 的泡沫

轻质土在冻融循环 15 次之前质量损失较大，无法进行抗压试验。

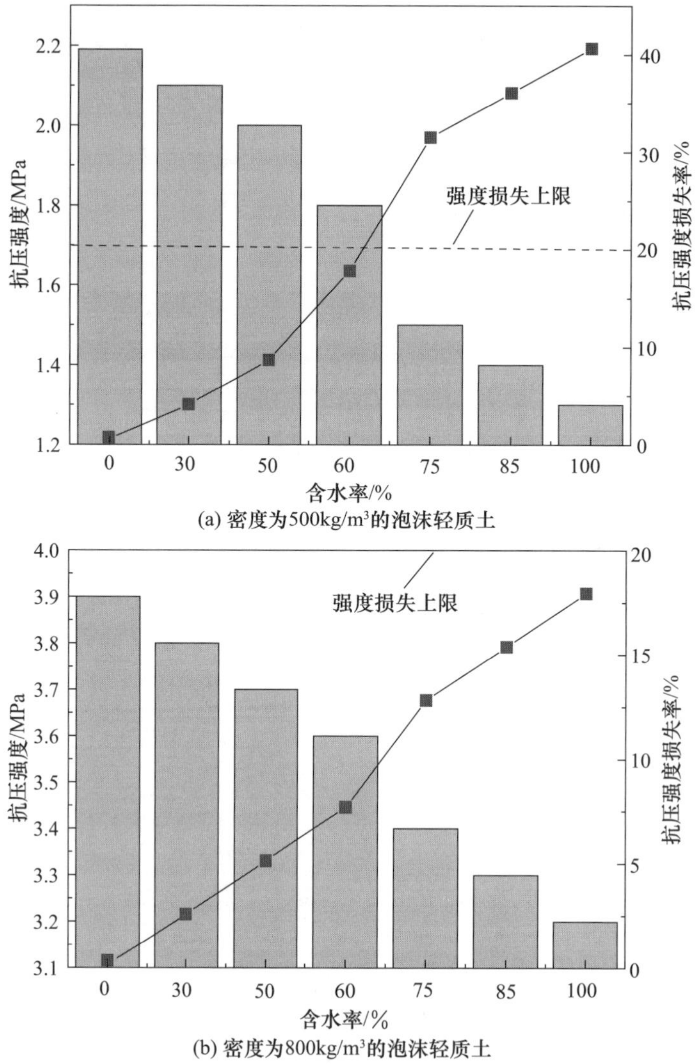

图 8.21　泡沫轻质土抗压强度随含水率的劣化规律

3）干湿循环条件

不同湿密度泡沫轻质土冻融前后抗拉强度变化规律如图 8.23 所示。随着湿密度的增大，泡沫轻质土的抗拉强度逐渐提高，湿密度从 400kg/m³ 变化至 1000kg/m³ 时，抗拉强度从 0.02MPa 增大到 0.61MPa，两者变化趋势整体呈二次多项式相关关系。随着湿密度的增大，泡沫轻质土的抗拉强度损失率呈逐渐增大趋势。

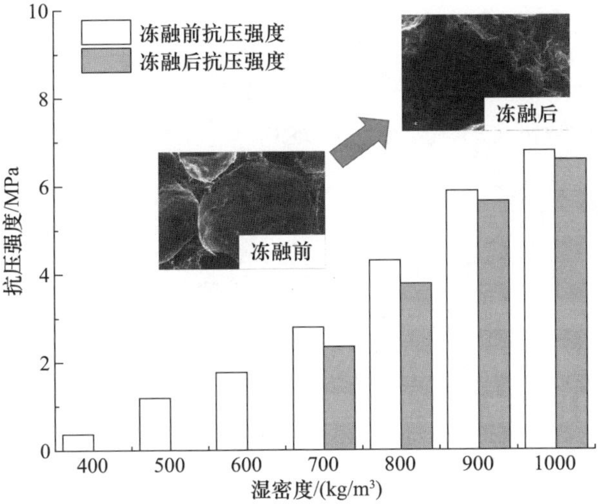

图 8.22　不同湿密度泡沫轻质土冻融前后抗压强度变化规律

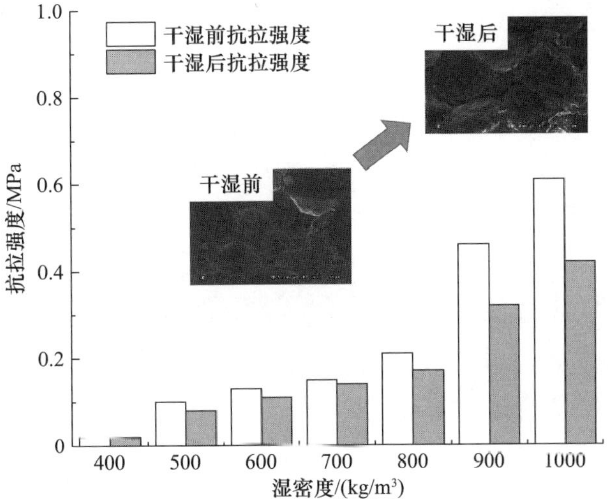

图 8 23　不同湿密度泡沫轻质土冻融前后抗拉强度变化规律

8.6.2　泡沫轻质土路基结构形式

结合泡沫轻质土轻质、高强的特点，泡沫轻质土路基可应用于路基帮宽地段、软土路基地段、过渡段轻质土路基以及陡坡路段轻质土路基[18]。

1. 路基帮宽地段

在邻近既有线路基帮宽时，泡沫轻质土减小了路基帮宽对既有线路基内的附加应力，降低了既有线路基产生沉降变形的风险。同时，泡沫轻质土路基施工无须大型机械作业，施工场地可以灵活安排。

2. 软土路基地段

利用泡沫轻质土容重小的工程特性，以其置换地基软土层，使路基底部以下的土体承受的土压力显著降低，从而减小地基工后沉降。

3. 过渡段轻质土路基

为减轻挡土墙、桥台等构造物以及在软弱地基上施工的构造物基础的侧面压力，可以采用取泡沫轻质土作为填土。

4. 陡坡路段轻质土路基

泡沫轻质土良好的自立性、轻质性与施工性有效解决了陡坡路基的填筑问题。

结合我国高速铁路建设，泡沫轻质土路基已在高速铁路路基帮宽、过渡段、软土路基和陡坡路段等地段应用，其结构形式主要包括：①泡沫轻质土＋L形或悬臂式挡墙帮宽路基结构形式，如大西高速铁路忻州西站(见图 8.24)、沪昆高速铁路曲靖北站(见图 8.25)；②泡沫轻质土＋钢筋混凝土保护壁帮宽路基结构形式，如商合杭高速铁路肥东站(见图 8.26)；③泡沫轻质土包心路基(即两侧均有路基，中间区域用泡沫轻质土填筑的路基结构)帮宽路基结构形式，如京沪高速铁路德州东站(见图 8.27)。

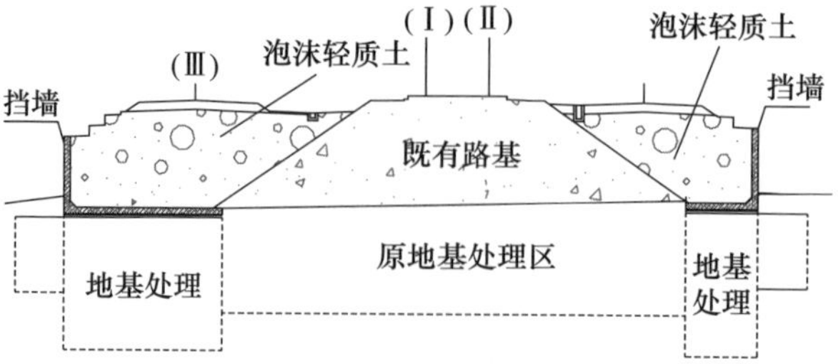

图 8.24　大西高速铁路忻州西站路基断面图

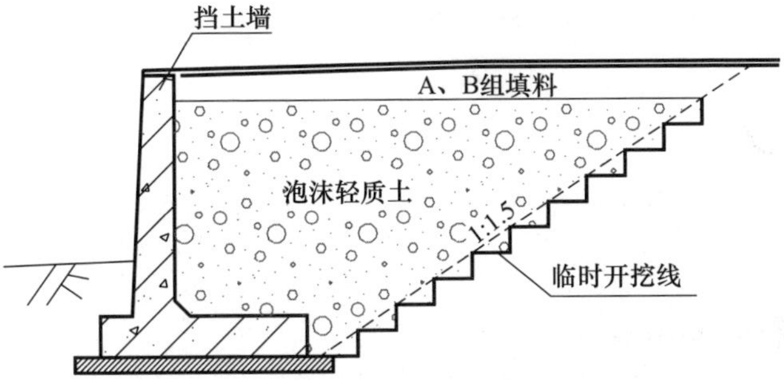

图 8.25　沪昆高速铁路曲靖北站路基断面图

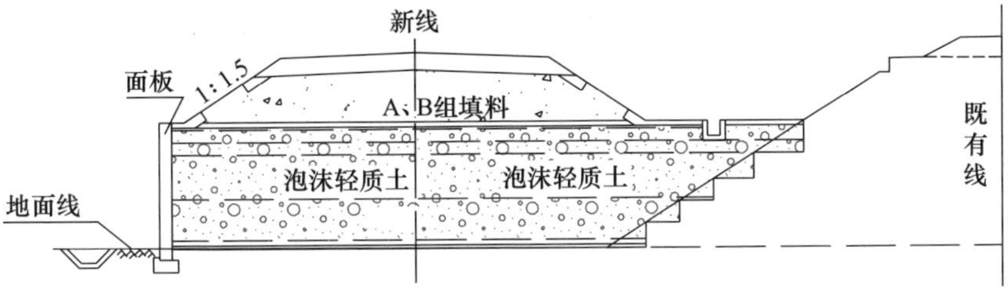

图 8.26　商合杭高速铁路肥东站路基断面图

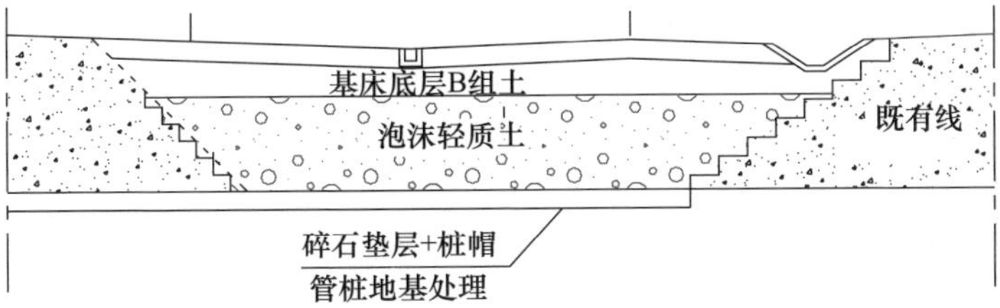

图 8.27　京沪高速铁路德州东站路基断面图

8.6.3　泡沫轻质土路基施工工艺

泡沫轻质土路基的施工工序主要包括水泥浆制作与输送、泡沫制备、泡沫轻质土制作、泡沫轻质土输送与浇筑等。其中泡沫轻质土的生产采用集“发泡-混合-浇筑”于一体的高精度、全封闭、自动化生产装备，实现了泡沫轻质土智能化生产。施工时，应将施工区域按面积划分为若干个浇筑区域，并采用加气混凝土块砖墙结合侧壁高密度聚苯乙烯泡沫板的分隔措施，分隔浇筑区域，如图 8.28 所示。浇筑时应分层施工，单层厚度控制在 0.6m 左右，单个浇筑区采用一次性浇筑完成。浇筑时，严禁采用喷射方式进行浇筑，而应将管口埋入泡沫轻质土浆体表面不少于 10cm，减少引入空气的大气泡到泡沫轻质土中;浇筑时管口由中心向四周扩展或后移式多点浇筑,禁止一点式浇筑;浇筑至顶面时,采用后移式拖动管口,而后进行人工扫平;浇筑过程或浇筑完成后,应减少对泡沫轻质土的扰动。

图 8.28 加气混凝土块分区

8.6.4 泡沫轻质土路基工程实践

泡沫轻质土路基已成功应用于大西高速铁路忻州西站路基帮宽、鲁南高速铁路曲阜东站路基帮宽、京沈高速铁路重载路基、太焦高速铁路 U 形槽路基等工程中,如表 8.8 所示。历经高低温、行车及环境作用考验,泡沫轻质土路基质量稳定,工后沉降小,对临线扰动少,有效解决了既有高速铁路近接帮宽和软土地基处理的变形控制和安全运营难题,降低了工程造价,缩短了建设工期。

随着我国高速铁路的快速发展,新线接入既有高速铁路所需的帮宽工程逐渐增多,线路沉降和变形难以控制,安全运营面临着严峻挑战。泡沫轻质土以其低密度、高强度、施工便捷的特点,对解决路基帮宽、过渡段、软土地基、陡坡路基等特殊地段沉降控制具有明显优势,完善了我国高速铁路沉降控制技术体系。

表 8.8 泡沫轻质土路基相关工程应用

施工年份	应用情况	工程量/万 m^3
2018	大西高速铁路忻州西站路基帮宽	5.5
2019	鲁南高速铁路曲阜东站路基帮宽	8.0
2019	京沈高速铁路重载路基	1.25
2019	太焦高速铁路 U 形槽路基	2.2

参考文献

[1] 中华人民共和国行业标准. 铁路工程地基处理技术规程(TB 10106—2010). 北京：中国铁道出版社，2010.

[2] 中华人民共和国行业标准. 铁路特殊路基设计规范(TB 10035—2018). 北京：中国铁道出版社，2018.

[3] 董亮，叶阳升，蔡德钩，等. 高速铁路软土地基处理方法对比试验. 岩土力学，2006，27(10)：1856-1860.

[4] 姚建平，李琦，李泰灃，等. 流塑状软土复合地基桩土相互作用机理的研究. 铁道建筑，2015，55(12)：80-83.

[5] 叶阳升，蔡德钩，姚建平，等. 高速铁路特殊土路基工后沉降变形控制技术//第 14 届中国科协年会第 13 分会场：软土路基工程技术研讨会. 北京，2012.

[6] 马明正，海振雄，叶阳升，等. 高速铁路 CFG 桩复合地基沉降计算适用方法研究. 中国铁道科学，2014，35(2)：7-13.

[7] 王瑞，程建军，祁延录，等. 高铁无砟轨道路基填料微膨胀机理试验研究. 工程地质学报，2020，28(5)：1-10.

[8] 姚建平，蔡德钩，闫宏业，等. 湿陷性黄土铁路路基原位浸水试验研究. 中国铁道科学，2011，32(2)：1-7.

[9] 叶阳升，王仲锦，程爱君，等. 路基的填料冻胀分类及防冻层设置. 中国铁道科学，2007，28(1)：1-7.

[10] 蔡德钩. 高速铁路季节性冻土路基冻胀时空分布规律试验. 中国铁道科学，2016，37(3)：16-21.

[11] 蔡德钩，闫宏业，张千里，等. 寒区高速铁路路基冻胀规律及控制技术. 高速铁路技术，2017，8(S1)：34-39.

[12] Alonso E E, Ramon A. Massive sulfate attack to cement-treated railway embankments. Geotechnique，2013，63(10)：857-870.

[13] 尧俊凯，叶阳升，王鹏程，等. 硫酸盐侵蚀水泥改良路基段上拱研究. 岩土工程学报，2019，41(4)：782-788.

[14] 程冠之. 制备参数对泡沫轻质土工作性能和力学性能的影响. 铁道建筑，2017，57(1)：56-60.

[15] 张千里. 铁路路基轻质材料路用性能与控制参数研究报告. 北京：中国铁道科学研究院，2014.

[16] 蔡国庆，韩博文，蔡德钩，等. 高速铁路泡沫轻质土路基动力响应分析. 北京交通大

学学报,2019,43(3):8-15.
[17] 张栋,韩自力,蔡德钩,等.重载铁路泡沫轻质土路基结构变形试验研究.铁道建筑,2019,59(2):37-40.
[18] 蔡德钩.轻质材料路基工程应用结构型式研究.北京:中国铁道科学研究院,2015.